守望中国价值

中国传统文化理念二十六讲

顾作义　钟永宁　编著

SPM

南方出版传媒

广东人民出版社

· 广州 ·

图书在版编目（CIP）数据

守望中国价值：中国传统文化理念二十六讲／顾作义，钟永宁编著．—广州：广东人民出版社，2019.1

ISBN 978-7-218-13145-0

Ⅰ．①守…　Ⅱ．①顾…　②钟…　Ⅲ．①中华文化—研究　Ⅳ．①K203

中国版本图书馆 CIP 数据核字（2018）第 193366 号

SHOUWNAG ZHONGGUO JIAZHI：ZHONGGUO CHUANTONG WENHUA LINIAN ERSHILIU JIANG

守望中国价值：中国传统文化理念二十六讲

顾作义　钟永宁　编著

出 版 人：肖风华

责任编辑：张贤明

装帧设计：彭　力

责任技编：周　杰　易志华　吴彦斌

出版发行：广东人民出版社

地　　址：广州市大沙头四马路 10 号（邮政编码：510102）

电　　话：(020) 83798714（总编室）

传　　真：(020) 83780199

网　　址：http：//www.gdpph.com

印　　刷：广州市浩诚印刷有限公司

开　　本：787mm×1092mm　1/16

印　　张：26.75　　插　页：4　　字　数：380 千

版　　次：2019 年 1 月第 1 版　2019 年 1 月第 1 次印刷

定　　价：68.00 元

目　　录

前言　不忘本来 ·························· 1

第一讲　天人合一 ······················ 1

一　纷繁的天人之说 ···················· 3

二　"天人合一"观的是与非 ·············· 9

三　如何实现人与自然的和谐共生？ ········ 12

四　"天人合一"与我们的人生 ············ 14

附："天人合一"论

——中国文化对人类未来可有的贡献 ·········（钱穆）18

第二讲　民为邦本 ······················ 21

一　千年不歇的重民思想 ················ 23

二　君主制下的重民观 ·················· 28

三　中国古代政治思想精华 ·············· 30

四　如何以百姓心为心？ ················ 31

附：谈孟子和民主 ···················（冰心）35

第三讲 中庸之道 ································ 37

一 不偏不倚，顺势而为 ···················· 39

二 中国中正平和气韵得以养成 ············ 42

三 成天下之事，全在"适度"二字 ········ 43

附：致中和（节录） ··············（冯友兰）45

第四讲 和谐共生 ································ 49

一 可贵的"贵和"思想 ···················· 51

二 中国"和"文化要义 ···················· 53

三 如何对待"和"文化？ ·················· 54

四 让传统"和"文化精神充溢于我们的社会 55

附：以和为贵（节录） ··············（张岱年）61

第五讲 革故鼎新 ································ 63

一 "日新之谓盛德" ························ 65

二 "生生之谓易" ·························· 69

三 中华文明活力之源 ······················ 71

四 改革创新，未有穷时 ···················· 72

附：守古与维新 ··················（林语堂）77

第六讲 居安思危 ································ 79

一 古人的"忧"思 ························ 81

二 "忧"从何来？ ·························· 85

三 忧患意识与中国社会 ···················· 86

四 值得珍视的哲学智慧 ···················· 88

五 为了国家长治久安 ······················ 90

附：论且顾眼前 ··················（朱自清）92

第七讲　天下为公 ⋯⋯⋯⋯⋯⋯⋯⋯⋯⋯⋯⋯⋯⋯⋯ 95

一　"私天下"江山下的"公天下"理想 ⋯⋯⋯⋯ 97

二　共有·共享·公心 ⋯⋯⋯⋯⋯⋯⋯⋯⋯⋯⋯ 101

三　一面传统社会审视现实政治的镜子 ⋯⋯⋯⋯ 102

四　如何以"天下为公"情怀为官做事？⋯⋯⋯⋯ 103

附：广州岭南学生欢迎会的演说（节录）⋯⋯（孙中山）106

第八讲　公平正义 ⋯⋯⋯⋯⋯⋯⋯⋯⋯⋯⋯⋯⋯⋯⋯ 109

一　古人对公正的孜孜以求 ⋯⋯⋯⋯⋯⋯⋯⋯⋯ 111

二　传统公正观之得失 ⋯⋯⋯⋯⋯⋯⋯⋯⋯⋯⋯ 116

三　建设一个公平正义社会 ⋯⋯⋯⋯⋯⋯⋯⋯⋯ 118

附：正义 ⋯⋯⋯⋯⋯⋯⋯⋯⋯⋯⋯⋯⋯⋯（朱自清）122

第九讲　博施众利 ⋯⋯⋯⋯⋯⋯⋯⋯⋯⋯⋯⋯⋯⋯⋯ 125

一　救济穷民的政治思想 ⋯⋯⋯⋯⋯⋯⋯⋯⋯⋯ 127

二　传统救助事业得以兴起 ⋯⋯⋯⋯⋯⋯⋯⋯⋯ 130

三　如何推动我国社会保障上新台阶？⋯⋯⋯⋯⋯ 132

附：博爱及公益 ⋯⋯⋯⋯⋯⋯⋯⋯⋯⋯⋯（蔡元培）135

第十讲　隆礼重法 ⋯⋯⋯⋯⋯⋯⋯⋯⋯⋯⋯⋯⋯⋯⋯ 139

一　以荀子为嚆矢的政治思想 ⋯⋯⋯⋯⋯⋯⋯⋯ 141

二　如何看"隆礼重法"？⋯⋯⋯⋯⋯⋯⋯⋯⋯⋯ 144

三　"隆礼重法"思想与当下社会治理 ⋯⋯⋯⋯⋯ 146

附：论礼让及法律 ⋯⋯⋯⋯⋯⋯⋯⋯⋯⋯（蔡元培）150

第十一讲　自强不息 ⋯⋯⋯⋯⋯⋯⋯⋯⋯⋯⋯⋯⋯⋯ 153

一　积极奋进，刚健不屈 ⋯⋯⋯⋯⋯⋯⋯⋯⋯⋯ 155

二　中华民族生生不息的精神力量 ·················· 157

三　今天，我们如何自强不息？ ·················· 162

　　附：君子 ··························（梁启超）167

第十二讲　厚德载物 ························· 169

一　容载万物的大地之德 ·················· 171

二　开启中华民族的尚德传统 ·················· 175

三　如何做一个有德之人？ ·················· 177

　　附：谕纪泽纪鸿（节录） ··············（曾国藩）179

第十三讲　仁者爱人 ························· 181

一　何谓"仁者"？何谓"爱人"？ ·················· 183

二　儒家伦理思想的灵魂和核心 ·················· 188

三　让我们的社会充满爱 ·················· 191

　　附：大宇宙中谈博爱（节录） ··············（胡适）195

第十四讲　孝老爱亲 ························· 197

一　孝，传统道德之本 ·················· 199

二　传统孝文化要义及价值 ·················· 203

三　做一个有德有成之人，从孝敬父母开始 ·················· 205

　　附：论孝悌 ··················（曾国藩）211

第十五讲　见利思义 ························· 213

一　传统义利之辩 ·················· 215

二　如何看儒家义利观？ ·················· 219

三　我们要秉持怎样的义利观？ ·················· 222

四　义、利之外，还可以过一种审美人生 ·················· 224

附：人生的境界（节录） …………………………（冯友兰）225

第十六讲　谦和好礼 ……………………………………… 227

一　重"礼"的国度 …………………………………… 229

二　何谓"好"礼？ …………………………………… 233

三　如何看传统礼文化？ ……………………………… 235

四　做一个谦卑有礼之人 ……………………………… 237

附：谈礼 …………………………………………（梁实秋）241

第十七讲　讲信修睦 ……………………………………… 243

一　千古"信"德 ……………………………………… 245

二　诚信之"用" ……………………………………… 249

三　怎样才能建成一个诚信社会？ …………………… 251

附：戒失信 ………………………………………（蔡元培）257

第十八讲　包容会通 ……………………………………… 259

一　传统包容思想 ……………………………………… 261

二　如何看传统包容文化？ …………………………… 264

三　包容有多少，拥有就有多少 ……………………… 265

四　包容性发展是怎样一条路？ ……………………… 268

附：容忍 …………………………………………（季羡林）271

第十九讲　清廉自守 ……………………………………… 273

一　古人的廉政观 ……………………………………… 275

二　何谓"清廉"？ …………………………………… 278

三　如何建立廉洁政治和清廉政府？ ………………… 280

附：廉 ……………………………………………（梁实秋）285

第二十讲　勤俭节约 ························· 287

一　一脉相承的勤俭思想 ··················· 289

二　古人眼中的"勤"与"俭" ··············· 291

三　勤劳精神如何养成？ ··················· 295

四　消费主义时代我们如何传承俭德？ ········· 298

五　共产党人务必保持艰苦奋斗的作风 ········· 300

六　如何"使人人都有通过辛勤劳动实现自身发展的机会"？ ··· 301

附：励勤俭 ······················ （冯友兰）305

第二十一讲　扶危济困 ························· 313

一　中华"善"德 ························· 314

二　传统慈善思想映照下的慈善事业 ··········· 319

三　扶危济困、助人为乐风尚如何形成？ ········· 323

四　更新慈善观念，发展现代慈善事业 ········· 326

附：关心群众生活，注意工作方法 ······ （毛泽东）330

第二十二讲　敬业乐群 ························· 335

一　"敬业乐群"究竟何意？ ··············· 337

二　传统对业之"敬" ····················· 338

三　旧时的职业道德 ····················· 340

四　做一个敬业有为之人 ··················· 342

附：敬业与乐业（节录） ·············· （梁启超）347

第二十三讲　精忠报国 ························· 351

一　"尽己之谓忠" ······················· 353

二　从君臣平等到"君叫臣死，臣不得不死" ····· 355

三　忠德孕育的中国传统爱国主义 ··········· 357

    四　今天我们怎样爱国？ ……………………………… 358

　　附：与妻书 …………………………………………（林觉民）363

第二十四讲　经世致用 …………………………………… 365

    一　实学，中国文化的重要一脉 …………………… 366

    二　一股浩荡的文化思潮 …………………………… 368

    三　助推中国近代化 ………………………………… 371

    四　如何改进我们的政风和学风？ ………………… 373

　　附：他们的学风，都在这种环境中间发生出来（节录）………

　　………………………………………………………（梁启超）377

第二十五讲　求是务实 …………………………………… 379

    一　一种治学态度和方法 …………………………… 380

    二　悠长的务实传统 ………………………………… 381

    三　可贵的求真精神 ………………………………… 385

    四　毛泽东思想的精髓和灵魂 ……………………… 388

    五　领导干部要做实事求是的表率 ………………… 389

　　附：改造我们的学习（节录）…………………（毛泽东）392

第二十六讲　民富国强 …………………………………… 395

    一　传统富民强国思想 ……………………………… 397

    二　何以"民富"？何以"国强"？ ……………… 401

    三　走适合中国国情的民富国强之路 ……………… 404

　　附：原强 …………………………………………（严复）411

后记 ……………………………………………………… 413

前言　不忘本来

一

当人走到岔路口犹豫不知何往时，一般都会回望来路；大调整时代的复杂多变，常常引致人们反思传统和文化。

那么，何谓传统？何谓文化？何谓传统文化？又何谓文化传统？

传统是历史流传下来的社会习惯，或显或隐于我们的制度、思想、文化之中。"文化"的界定很多，但一般认为文化是相对于政治、经济而言的人类精神活动及其产品，涉及精神文化、实物文化和制度文化。但凡历史上人类创造的文明遗产均可纳入传统文化范畴。但传统文化不同于文化传统，文化传统是内在于传统文化的"道"，是传统文化的精神、灵魂、气质。

传统文化的核心是价值观念。价值观高居人类道德和精神的制高点，反映的是人对人自身、人与自然、人与社会、人与国家等层面的基本理念。每个人都会有自己的价值观，一个企业、一个社会、一个民族、一个国家也会有它的价值观。

文化是有根的，要使文化长成参天大树，必须厚植其根。这个根就是价值理念或者说价值观。我们虽然主张价值多元化，但从历史和现实观之，一个民族、一个国家必须具有共同的核心理念，否则将是行无依归，一盘散沙，失却民族凝聚力。而文化的力量在于使民族精神、民族智慧得以传承、凝聚、升华，永不衰竭。

当代社会价值观来自于传统深处，这个传统可能是本民族的传统，也可能是别的民族传统。现代性离不开传统性，培植现代文化之树需要从人类创造的先进文化中吸取养分。因此开创未来，必须不忘本来，吸收外来。

当前，中国在经济方面已经创造了世界奇迹，文化也在不断进步。但当代中国社会由于近代以来长期反传统和现代市场功利主义的冲击，一些人的价值观处于混乱的状态，有的人奉行功利主义、物质主义、享乐主义、拜金主义等价值观，有的人不守信用、不讲真话、不讲孝心、不讲同情心、不讲礼义廉耻，人与自然环境的关系也空前紧张。现在很多人有钱了，却精神空虚。

文化认同，其核心是对一个民族的价值理念的认同。为促进中国当代文化的繁荣发展和中华民族的伟大复兴，我们有必要从中华优秀传统文化中汲取丰厚滋养，建构人们的价值理念系统。

二

中华民族在几千年的文明发展中，形成了独具特色的价值理念，它们发源于远古，经受历史长河的淘洗，仍释放出穿透时代的光彩。如处理人与自然关系和人与自身关系的天人合一、和谐共生、自强不息、居安思危的理念，处理人与人关系的厚德载物、仁者爱人、孝老爱亲、见利思义、谦和好礼、讲信修睦、包容会通、中庸之道、扶危济困的理念，处理国与民关系的民为邦本、民富国强、隆礼重法、天下为公、公平正义、博施众利的理念，处理己与群关系的精忠报国、经世致用、求是务实、革故鼎新、清廉自守、勤俭节约、敬业乐群的理念等。

中国传统价值理念特征是鲜明的，主要体现在：

1. 重德性

中国传统文化是儒家思想主导的文化。儒家文化是伦理性文化，道德教化是其本质属性。儒家主张厚德载物，从建立在自然感情之上的亲亲之爱出发，由家人到社会到国家，形成一套道德价值体系，从孔子的"三达德"（智、仁、勇）、董仲舒的"五常"（仁、义、礼、智、信），到宋儒的"八德"（孝、悌、忠、信、礼、义、廉、耻），孝老爱亲、见利思义、谦和好礼、讲信修睦、包容会通、中庸之道、扶危济困、精忠报国、敬业乐群、天下为公等理念，都是我国文化传统中不同层面德性的展现。

2．包容性

中国文化历来都是一种多元的、包容的文化，包容会通是其重要特征。中国传统文化在形成自己主体的根基上，吸取其他文化有益的成分来充实发展自己。西汉时期，儒、法走向了结合，魏晋时期儒、道又走向了兼容，并吸取了佛学的精华。中国传统价值理念，首先是国内多种文化思想流派交融的结果，同时也不断吸收了外来的优秀文化。

3．人文性

中国传统文化浸润了浓重的人文精神。世界古代文明的文化传统都是以神为本，中华文明早期也崇拜神祇，但从西周开始，逐渐转向以人为本。中国传统文化凸显人的自我价值，"人能弘道"，强调人的道德主体性和文化自觉性。民为邦本、自强不息、革故鼎新等理念都在强调人的独立地位、人的作为、人的主观能动性。对道德价值理念的崇尚，强调人的道德自觉而不是神启，也是在张扬人文精神。

4．和谐性

与西方文化传统重个体、重自我、重竞争、重斗争不同，中国传统文化理念重他人、重群体、重合作、重共存，天人合一、和谐共生、包容会通、中庸之道、厚德载物等理念，乃至所有道德理念，要么在推崇人与自然的和谐，要么在倡导人与他人或人与人自身的和谐，中国传统中的"贵和"思想、"和文化"精神，是中国最具特色的价值理念。

5．重民性

就政治思想而言，中国传统文化是一种重民的文化，中国从很早的时代起就有"民为邦本"的思想，民贵君轻、民富国强、扶危济困、天下为公、博施众利，都是重视民众地位和利益的政治思想，在中国历史中，不同程度地构成了对专制统治者的制约力量，一些重民的政策施行，有利于中国古代经济的发展和中华文明的延续。

6. 务实性

中国传统文化注重务实。在中国历史中，占主流的儒家文化是入世的学说，正是社会广泛存在的务实理念，儒家才成为被广泛接受的学派。中国的实学传统源远流长。求是务实、经世致用、勤俭节约、居安思危、隆礼重法、革故鼎新等传统价值理念，不仅形成得早，而且都反映了中国文化务实的一面。到了近代以后，中国文化中的务实传统，更是被一些知识精英不断发掘利用，成为号令民众维新、革命的精神武器。

三

中国传统文化理念绵延几千年，在经受了近现代的冲击之后，今天，站在现代化、全球化的当口，在追求中华民族伟大复兴之时，我们应该如何看待、传承中国传统文化的核心理念？现在国家提出了"创造性转化、创新性发展"（简称"双创"）的传承传统文化方针，我们觉得对传统文化理念"双创"，必须处理好以下几个方面的关系。

1. 自律与法治

正如上文所言，以儒家思想为核心的中国传统文化，是以德为本的文化，强调人的道德自觉。儒家创始人孔子自己的志向就是"修己以安人"，主张"为仁由己""我欲仁，斯仁至矣"，认为道德的动力来源于主体自身的道德自觉。中国传统文化的自觉自律精神，通俗地说就是要管好自己、管住自己。现在的问题是，人能单靠道德自觉管好自己吗？历史表明，忽视政令、刑罚的作用，是行不通的。荀子试图提出隆礼重法来进行纠偏，但中国历史上法律制度不是建立在人格平等基础上的，最多是"法制"，而非"法治"，现在我们在继承传统重德文化理念的同时，必须与现代法治相结合。这有两重意思：一是，必须将传统道德自律精神与现代法治精神相结合。二是，道德是法律的基础，在法律的实践过程中，必须有传统道德理念、准则的辅助和约束。

2. 群体与个体

继承文化传统，建立正确的价值观，必须处理好群己关系。中国传统文化强调以人为本，但这个"人"不是个体的人，而是群体性的"人"，传统文化强调整体性，群体是高于个人的。但有时对整体的过高要求，忽视了个体权利和群体间成员间的平等性。群体先于个人，集体利益高于个人利益，重视个人对家国的义务，以伦理为本位，无疑是中国文化传统的特质，但在强调群体利益的同时，也要承认和满足多元个体的需求。我们反对不讲集体利益，只图索取不讲奉献的极端个人主义，但人的自由原则和平等原则是社会现代化的要求，构建当代中国价值理念，必须融入这些现代理念。

3. 人本与敬畏

中国传统文化高扬人文主义，相信人的作用。但人要有所敬畏，心存敬畏，方行有所止，不然人会无法无天。古人主张天人合一，对大自然要怀敬畏之心，很多思想家除了讲"人道"，也讲"天道"。儒家主张"敬天法祖"，教导人们不要忘记天生地养，不要忘记祖宗。荀子说："礼有三本：天地者，生之本也；先祖者，类之本也；君师者，治之本也。"（《荀子·礼论》）民间有"举头三尺有神明"的说法，做了坏事，就要受到天谴和祖宗的惩罚。人是有限的存在，人在大自然中不是无所不能的，我们还有许多未知的领域，人类要常怀敬畏之心，敬畏自然，敬畏道德，敬畏法律，敬畏生命，敬畏人类的基本信念。

4. 实用与无用

中国文化传统具有务实的一面，这在本书的"求是务实""经世致用"部分已经讲述。但中国文化也有务虚的一面，所谓"虚"，就是古人对"无用"事物和领域的追求，包括对形而上领域的思索，对文学和艺术、对美的探求等，正是那些"不切实际"的人们，创造了影响千年的思想和传世的文化艺术经典。现在"没用"的东西，没有市场。实用主义像空气一样，充满了社会的每一个角落，不仅充斥国人的物质生活，也在精神领域弥漫。浮躁的人们在金钱名利大网之中，左冲右突，没有心思看天上的星星，因而难于产生思想、艺术和科学的巨人和经典。

5．重民与公正

正如前文所言，我国具有重民政治思想，但其含义主要是富民、利民、乐民，关注的是民生问题；我国古代也有公平正义思想，但追求的主要是经济上平等、选官上公正等。儒家的义义观一直与道德为伴，凡是道德的都是正义的，关心的也是民生福祉，这无疑是值得肯定的。但现代的以人为本思想超越了民生的范畴，必须满足人们的权益诉求；现代的公正，被赋予了机会平等、法权平等等理念，随着我国社会经济的发展和人民生活水平的大幅提高，人们日益关注自身的权益和社会公平正义，因此如何阐释和践行公平正义理念，成为我国文化建设和社会建设的重要课题。

四

鉴于价值理念是传统文化和文化传统的核心，继承和弘扬中华优秀传统文化，必须注重传统价值理念的梳理和现代性阐释。本书即从26个传统价值理念切入，讲述中国传统文化和文化传统。这些理念的绅绎，肯定有不全面之处，有些理念是从一些核心理念中派生出来的，重义反复之处在所难免，我们这样取舍，意在将文化传统精髓尽量网罗，另一方面也是出于促进现实的考量。

继承传统理念是要在传统的根基上建立现代文化体系，因此阐释这些理念必须有现代文化体系视野，我们在阐释和品评这些理念时，一方面注重该文化理念对中国社会历史和文化的影响，另一方面，注意从现代性的视角去观察。我们认为只有努力学习和吸取人类文明的优秀成果，才有可能对自己的传统进行创造性转化。

阐释传统主要是为了服务现实、面向未来，因而与许多同类主题书籍不同，我们花了较多的笔墨，讲述现实中如何传承这些理念的问题，以传统理念回应现实关切，构建现代新理念，探求社会问题的解决新路径，是本书旨趣所在。

第一讲

天人合一

夫"大人"者，与天地合其德，与日月合其明，与四时合其序，与鬼神合其吉凶。

——《周易·乾卦》

人与天调，然后天地之美生。

——《管子·五行》

尽其心者，知其性也。知其性，则知天矣。

——《孟子·尽心上》

天有其时，地有其财，人有其治，夫是之谓能参。

——《荀子·天论》

天地与我并生，而万物与我为一。

——《庄子·齐物论》

天地之帅，吾其性。民吾同胞，物吾与也。

——《正蒙·乾称篇》

脍炙人口的《兰亭集序》是这样开篇的：

永和九年，岁在癸丑，暮春之初，会于会稽山阴之兰亭，修禊事也。群贤毕至，少长咸集。此地有崇山峻岭，茂林修竹，又有清流激湍，映带左右，引以为流觞曲水，列坐其次。虽无丝竹管弦之盛，一觞一咏，亦足以畅叙幽情。是日也，天朗气清，惠风和畅。仰观宇宙之大，俯察品类之盛，所以游目骋怀，足以极视听之娱，信可乐也。

说的是，王羲之等一群士人于暮春时节，在崇山峻岭间的会稽兰亭集会。兰亭四周树木葱茏。一条溪流，清澈见底，辉映着两岸，在亭子边蜿蜒流过。这一天，天清气爽，风和日丽。他们排列坐在曲水旁，喝酒畅叙，仰观浩大的宇宙，俯察繁盛的大地，尽耳目之欲，无比畅快。

他们在天设地造的仙境中，怡然自得地洗濯、唱和，俯仰、陶醉于天地之间，宛如一幅天、地、人和美的画卷。

其实，这样的描述，这样的场景，在中国古代文献中，比比皆是，因为这是中国古代士人们向往的一种生活和精神境界——天人合一。

一 纷繁的天人之说

"天人合一"一语，一般认为最早出现于北宋名儒张载《正蒙·乾称篇》，话是这样说的：

> 儒者则因明致诚，因诚致明，故天人合一，致学而可以成圣，得天而未始遗人。

对于"天人合一"，中国历史上只有少量比较明确的表述，如董仲舒的"天人一也"、张载的"天人合一"、程颢的"天人不二"。但天人合一的思想、观念早就出现。

I.远古的神灵之天

远古时期，由于生产力水平低，人们将自然界的一切视为神灵而加以崇拜，天是其中之一，而且由普通之神，演变为有超常能力、能主宰世间一切的至上神，或称其为"上天""昊天"，有时又呼作"皇天""上帝"。殷商时期，人们认为天人可以相通，常常通过占卜，听取上天之意。西周也十分重视天的意志，并从殷商的灭亡中，萌生了"天命靡常"（《尚书·多士》）、"以德配天"（《尚书·召诰》）的观念。

《周易》中有较为明确的"天人合一"思想，如《周易·乾卦》说："夫'大人'者，与天地合其德，与日月合其明，与四时合其序，与鬼神合其吉凶。先天而天弗违，后天而奉天时。"提出了天人合德的思想，这是"天人合一"思想的早期内涵——人与天有相通的德性。

II.先秦儒家的天人合德

春秋时期，随着人们对自然认识和改造能力的提高，人们对天的认识要理性得多，天人观念也丰富多了，不同学派有自己独到的解说。

孔子十分关注天人关系。孔子认为可能只有上天才了解他。（"知我者，其天乎！"《论语·宪问》）有次孔子患大病，奄奄一息，学生子路让孔子的门徒去做孔子的家臣，负责料理后事。没想到，孔子转危为安。等病向好，孔子略带怒气地说："子路你很久以来就干这种弄虚作假的事情。我明明没有家臣，却偏偏要装作有家臣，我骗谁呢？我骗上天吗？"（"吾谁欺？欺天乎？"《论语·子罕》）孔子还说过："君子有三畏：畏天命，畏大人，畏圣人之言。小人不知天命而不畏也，狎大人，侮圣人之言。"（《论语·季氏》）以上我们可以看到，孔子是很看重天的，在他眼里，天不是自然的天，而是有意志能主宰人们命运的神。

那么"亚圣"孟子如何看待天和天人关系呢？孟子说："天不言，以行与事示之而已矣。"（《孟子·万章上》）意思是说，天是不会说话的，只是通过行为和事情给人一些启示而已。孟子还说："诚者，天之道也；思诚者，人之道也。"（《孟子·离娄上》）意思是说，诚是天的道德品性，而对于诚这一天德的体认，则是人道的根本。他还说"仁义忠信，乐善不倦，此天爵也"（《孟子·告子上》），认为天如人一样，具有仁义忠信等道德属性。人只要尽力发展、扩充自己的心，就能认识自己的善性，也就可以认识天命，所谓"尽其心者，知其性也。知其性，则知天矣"（《孟子·尽心上》）。

不难看出，孔孟关于天人关系的思想具有双重性，一方面，敬畏天威、信天命；另一方面，把人道上升为天命、天道，通过天命、天道来论证人道的合理性，从天人合德论说仁义道德的合理性。

Ⅲ. 道家的以人合天

道家在天人关系上走了另一条路。老子认为天只是与地相对应的自然，"天"与"人"为万物之一，都同源于道，统一于道，所谓"人法地，地法天，天法道，道法自然"（《道德经》）。老子赋予天以道的特性，这就是自然、无为，说"天地不仁，以万物为刍狗"（《道德经》）。在老子看来，天、地不存在人为的目的性（如仁），都是自然而然的。人们只要在精神上，与道保持一致，保持心态的清净、无知无欲，最终即可达到"天人合一"和心理上的自然无为状态。

庄子继承发展了老子和道家思想，也认为天与人皆出于道，所谓"天地与我并生，而万物与我为一"（《庄子·齐物论》）。他提出"天与人不相胜"（《庄子·大宗师》），呼吁"无以人灭天，无以故灭命，无以得殉名，谨守而勿失，是谓反其真"（《庄子·秋水》），告诫人们不要用人事毁灭天然，不要用造作毁灭性命，不要因贪婪而求声名。应该谨守这些道理，不违逆，才能恢复天然本性的状态。

在天与人的关系上，道家主张以人合天，人应以自然为师，顺应自然，放弃人为，方可达到"与天为一"的境界。

IV. 董仲舒的天人感应

两汉时期，天人关系已经成为一个重要的哲学命题。《淮南子》提出"天人类比"的思想，认为人与天具有类似关系，是模仿天而造成的。

汉初大儒董仲舒建立了庞杂的"天人合一"和天人感应思想体系。他认为天是"万物之祖""百神之大君"。他所说的"天"，是一种有意志、有意识、有目的的超越的实体，是人格化了的天。董仲舒认为，人是天的副本，人的形体、精神、思虑、情感、行为、伦理都取法于天。他说："天有喜怒之气，哀乐之心，与人相副。以类合之，天人一也。"因而天与人是相统一的。董仲舒在天人合一理论基础上，建立了"天人感应"说，主张天和人可以相互感应。他说："天有阴阳，人亦有阴阳。天地之阴气起，而人之阴气应之而起，人之阴气起，而天地之阴气亦宜应之而起，其道一也。"在董仲舒看来，天人同类，具有一种互相感应的关系，天能够通过自然现象警告于人或表示鼓励，人也

能够以行为改变天命。人只要遵循天道修身治国，就能实现"天人之际，合而为一"。（参董仲舒《春秋繁露》）

V．宋明儒学的义理之天和天人一理

宋明儒学家则沿着《中庸》、孟子思想路，对"天人合一"的思想做了更深层次的阐发。

如前文所言，北宋哲学家张载明确提出"天人合一"的命题，他说："儒者则因明致诚，因诚致明，故天人合一。"针对秦汉以来儒学"知人而不知天，求为贤人而不求为圣人"的"天人二本"之弊，他提出"性与天道合一"。他赋予"天"以道德性，认为天是人性亦是道德仁性之源。人能通过诚明互动，达到性、道合一，天人、物我一体的境界。（参《正蒙·乾称篇》）

程颐谏折柳

程颐曾经当过小皇帝宋哲宗的老师，一次，讲完课没走，小皇帝看见春天里嫩绿鹅黄的柳枝，清新可爱，正所谓"杨柳丝丝弄轻柔"。小皇帝站起来，倚着栏杆，情不自禁地伸手折下一枝玩赏。不料却被程颐厉声呵斥："住手！这柳枝的发芽体现了万物的欣欣生意，你折断它就摧残了它的生意。我不是给你讲过'仁者与天地万物为一体'吗？你这课白听了？"小皇帝把柳枝摔在地上，很不乐意，心里嘀咕："遇上了孟夫子，爱钱财、好色，都没什么。遇上了程夫子，柳条也动不得。苦啊！苦啊！"

故事出处：冯梦龙《古今谭概》

程颢和程颐创造了天理论，主张"理"存在于宇宙间一切存在物之中，而且主宰、支配着世界的秩序和变化，就其主宰的绝对性而言，它也可以称为天。所以说："天者，理也。神者，妙万物而为言者也。……问天道如何，曰：只是理，理便是天道也。且如说皇天震怒，

终不是有人在上震怒，只是理如此。"在二程这里，天理成为贯通天与人、自然与社会的最高主宰和形而上的存在。程颢还说："故有道有理，天人一也，更不分别。"程颐也说："道一也，岂人道自是人道，天道自是天道?"在二程看来，道即理，而且天道与人道本来没有区别，在这个意义上，天人是合一的。（参《二程遗书》）

南宋哲学家朱熹也将天道与人性合而为一，指出"天人一理""宇宙之间，一理而已"（《朱文公文集》）。他进一步把天道的元亨利贞与人道的仁礼义智直接统一起来，表述他的"天人合一"观。他认为天与人都来自理，因而从本原上讲，天人本是一理，不相为二的，不必言"合"。但是由于人们被物欲所蔽，忘却天理，所以必须通过"今日格一物，明日格一物"的积累过程，来把握绝对真理，唤醒心中的天理。

明代心学家王阳明，把人和宇宙看成一个整体，他说："夫人者，天地之心，天地万物本吾一体者也。"还说："盖天地万物与人原只一体。""人心是天渊，心之本体，无所不该，原是一个天，只为私欲障碍，则天之本体失了。""天地鬼神万物，离却我的灵明，便没有天地鬼神万物了。我的灵明，离却天地鬼神万物，亦没有我的灵明。如此，便是一气流通的，如何与他间隔得。"强调人与万物是"原只一体""一气流通"，浑然无别，做人的根本就是"精察天理于此心之良知"、祛除私欲蒙蔽、恢复人与天地万物一体的本然状态。（参《传习录》）

VI. 唯物论者的天人相分

唯物主义者的天人相分观，是中国传统天人观的另外一脉。同出儒家的荀子，在天人关系上，主张"明天人之分"，反对传统天神观念，说"天行有常，不为尧存，不为桀亡""天有其时，地有其财，人有其治，夫是之谓能参"。（参《荀子·天论》）认为天是自然现象，有其自身运行的规律，天和人各有其职分，天不干涉社会人事。他反对孔孟的天人合德思想，提出"制天命而用之"的命题。

东汉时期的唯物主义哲学家王充认为天是自然界的物质实体，反对当时流行的董仲舒"天人感应论"。认为既不存在宗教的天，也不存在道德的天，灾异只是自然自身的变化，与人类社会无关。他说，"人不晓天所为，天安能知人所行"（《论衡·变虚》），"夫人不能以行感天，天亦不随行而应人"（《论衡·明雩》），旗帜鲜明地否定当时流行的"天人感应"之说。

唐代文学家柳宗元对天人感应也持否定态度。他认为天不是神灵，没有意志，只是一个自然存在。天和人互不相干，其功能是不同的。他说："生植与灾荒，皆天也；法制与悖乱，皆人也。二之而已。其事各行不相预，而凶丰理乱出焉。"（《答刘禹锡天论书》）他觉得，自然界的变化和人行为之间的主要区别，在于有心或无心。自然的变化都是无意识的，人的行为是有意识的，"天人感应论"就是在这一点上混淆了天和人的分别。

刘禹锡也主张天与人相分，他说："天，有形之大者也；人，动物之尤者也。天之能人固不能也，人之能天亦有所不能也。故余曰天与人交相胜耳。"认为天所能的，人不一定能，人所能的，天也不一定能，天与人的关系是"交相胜"，天道不能主宰人事。（参《天论》）

明清之际的思想家王夫之，对中国古代哲学中自然之天学说做了很好的总结。他认为天是无意志的太和之气和阴阳五行的总名，继承和发展了荀子"明于天人之分"的思想，把"天"区分为"天之天"（离开人们意识而独立自存的物质世界）和"人之天"（进入人们活动领域的物质世界），认为"天之天"可以转化为"人之天"。关于天人关系，他在肯定"以天治人"的同时，提出"以人造天"的著名论点，发展了荀子"制天命而用之"的思想。他还把人性的形成和发展看作天人合一、天人交互作用的过程。他说"夫性者生理也，日生则日成也。则夫天命者，岂但初生之顷命之哉"（《尚书引义·太甲二》），认为人在和自然界的交往过程中，不断地改造自己，培养德性。

VII. 难说清的"天人合一"

综观各个历史时期思想者的"天人合一"之论可以看到：

"天人合一"之"天"主要有神灵之"天"、义理之"天"、人格之"天"。

"天人合一"之"人"，或为自然人类，或为人力、人道、人为、人欲。

"天人合一"之"合"，除了叠加、合拢之义，也有你中有我、我中有你的"和合"之义。

因此，"天人合一"，作为我国重要文化价值观，含义复杂，意蕴深厚，不能一概而论，更不能想当然地望文生义，要做历史、具体的考察。大量学者对其做了研究阐释。当代哲学家、文化学家张岱年的观点具有一定代表性，他与程宜山合著的《中国文化精神》认为，中国传统"天人合一"的基本思想包括四个方面：一是人是自然界的一部分，是自然系统不可缺少的要素之一。二是自然界有普遍规律，人也服从这普遍规律。三是人性即天道，道德规则和自然规律是一致的。四是人生的理想是天人调谐。

二 "天人合一"观的是与非

对于"天人合一"，历史学家钱穆说"天人合一"论是中国文化对人类最大的贡献。学者季羡林说"天人合一"，"这个代表中国古代哲学主要基调的思想，是一个非常伟大的、含义异常深远的思想"（《"天人合一"新解》，《传统文化与现代化》1993 年第 1 期）。

中国古代的"天人合一"学说源远流长，内容丰富，其中既有正确的理念，也存在不足之处。

其积极面表现在：

I．尊重自然，保护自然

"天人合一"思想，视天人为整体，认为人是自然界的一部分，历代思想家所倡导的"仁民爱物""民胞物与"与"天人并生""天与人一也"等思想，都把宇宙看成一个不可分割的整体，认为万物无不相互依存，共生共荣，要尊重和爱护天地间的一切生命，强调人类与自然相互协调，重视生命价值，兼爱宇宙万物。

古代流传的不杀幼兽、不捕杀怀孕的母兽、不能随意将河水改道、不能砍伐一座山上全部树木等说法，尽管往往掺和了神话和宗教的内涵，但无一例外地体现了人民对大自然的敬畏。春秋时期，孔子讲"知者乐水，仁者乐山"（《论语·雍也》），把自然界纳入爱的范围。齐国的管仲主张用立法和严格执法的办法来保护生物资源。孟子主张："不违农时，谷不可胜食也；数罟不入洿池，鱼鳖不可胜食也；斧斤以时入山林，材木不可胜用也。"（《孟子·梁惠王上》）宋代理学家程颢说："仁者，以天地万物为一体。"（《二程遗书》）人不仅要爱人类，而且还要爱鸟兽、草木，凡有生命之物，都要尽力加以爱护，勿使其

放鲸知德

有一次，孔子到卫国去，让巫马期暗访弟子宓子贱的政绩，当时宓子贱正在单父当官。到了单父，巫马期见一渔夫夜晚打鱼，他放掉小鱼，只留下大鱼。巫马期问其原因，渔夫说："宓子贱大夫告诫我们，要等小鱼长大后再捕。"巫马期回去告诉孔子："宓子贱具有仁爱之心，注重道德教化，百姓因此都自觉地做事。"

故事出处：《孔子家语·屈节解》

遭破坏。这些都体现了尊重自然、敬畏自然、保护自然的意识和观念。

Ⅱ. 追求人与自然的和谐发展

"天人合一"思想是天人和谐、均衡、统一的宇宙观。"天人合一"早期思想，有媚神求福的色彩，所反映的是小农经济对自然的依赖性，是生产力低下时祈求"风雨时至"、靠天吃饭的心理，是人对自然的顺应与屈从。但后来"天人合一"思想，主张人性与天道一体，或互相感应，或互为理互为道，它既有"天"是人们生活、行为的道德和法律基础，人敬畏天的内容，又强调了人在自然中的能动性，因而能促进人与自然的良性互动、和谐共存。而西方人类中心主义，将人与自然置于对立状态，则不利于人与自然的和谐发展。

鸟

（唐）白居易

谁道群生性命微，一般骨肉一般皮。
劝君莫打枝头鸟，子在巢中望母归。

Ⅲ. 塑造了中国文化的整体思维特征

"天人合一"的观念反映出原始朴素、模糊的主客体相融、互含的思维方式。由于当时人这一主体不能支配自然，更多的是成了自然的"奴隶"。他们把天、人一律加以对待，形成了"天地万物与吾一体"的原始宇宙观念。"天人合一"思想，形成了国人从宏观、从整体上来把握世界的思维方式。这种思维方式，催生了我国独具特色的医学、天文学、算学等。

"天人合一"思想的缺陷在于：

Ⅰ. 掩盖了人与自然界的分立

儒家主流"天人合一"思想，把人与天地万物均视为宇宙总体的一部分，忽视了人与自然界的分立，过多地强调自然界与人类具有共同的规律，忽视了或在一定程度上掩盖了自然界与人类历史各有其特殊规律，使人们追求道德上、精神上的"天人合一"，而忽视对自然界的改造和斗争。

II. 为封建等级制度张本

儒家"天人合一"思想，力图从自然原则引申出道德原则来，借助于高高在上的天来证实宗法制度的合理性，并要求人们遵从这种宗法等级制度，"天人合一"思想，成为我国长期君主专制统治的思想基石。"天人合一"观，过分看重整体性而忽视人的独立和个性，人的尊严、平等得不到张扬，民主、平等精神受到钳制。

IV. 抑制了自然科学的发展

"天人合一"意味着主体与客体无分，主客不分不仅妨碍自然科学的发展，而且也会影响人文学科的发展。"天人合一"思想，基本上停留在对人生存于自然界的各种活动的直观认识，既没有能够总结人类活动的规律，也无助于促进对自然规律的认识，断绝了像西方近代哲学那样系统认识自然界的路。

自然科学认为天与人是相分的，天是自然之天，人是进化之人，各有各的演化路径和运行规律。人是认识活动的主体，自然环境为客体。随着西学东渐，传统文化的自然之天、主宰之天和义理之天的独特理解及其所建构起来的天人关系，逐渐被科学的人与自然关系所取代。

三　如何实现人与自然的和谐共生？

I. 一种人与自然和谐共生智慧

传统"天人合一"思想，认为天与人是一个统一的整体，人是自然界的一部分，天人息息相关，不能分离。庄子说："天地与我并生，而万物与我为一。"（《庄子·齐物论》）意为，天地与我共同生长，天地万物与万物中的我，都源于浑然一体的大道。就此，有人甚至认为，"天人本无二，不必言合"（《二程遗书》），就是说天人本来就是一体的，不存在合不合的问题。传统"天人合一"思想所持人与天、人与万物统一观念，与西方天、人绝对二分哲学完全不同，表达了人与自然和谐共生的智慧。

Ⅱ. 天人对抗之殇

天人绝对二分论，强调人的独立和人的作为，促进了科学的发展，催生了工业革命，使世界经济发展驶入快车道，带来了社会的进步。但由此也产生了生态破坏、环境污染、气候变暖及资源枯竭等问题，严重威胁着人类的生存和发展。当前，环境问题已经成为全人类必须共同正视和认真处理的全球性问题。

从根本上讲，这是由人和自然界对立与分裂所致。人类中心论把人类自身存在的价值置于"绝对中心"位置，使人与自然处于一种对立、分裂状态，人类对自然的掠夺，使自然环境系统遭受失衡，自然就以其自有的方式来换回其本身的平衡，而人类只得承担由此而来的环境恶果，人与自然关系异化，酿成天人对抗之殇。

Ⅲ. 敬畏与我们一体的自然

人类未来的命运在很大程度上取决于自然而不是人类自己。因此，要从根本上解决环境危机，就要改变那种人与自然对立的态度，纠正以人为中心的天人二分的对立观点，树立人与自然统一的整体观，尊重、敬畏与我们本为一体的自然，与自然建立和谐共生的关系。

"天人合一"的思想是尊重和敬畏自然的思想，因为它把包括人在内的整个自然界，看作是一个统一的生命系统，把"生生"看作天地的大德，把尊重自然界的一切生命看作人类的崇高道德职责。我们确实要吸取古人"天人合一"的智慧，明了人与自然为生命共同体，对天地万物长怀感激感恩之情，尊重自然，顺应自然，保护自然。

Ⅳ. 走绿色发展之路

在我国近几十年的经济发展中，不少地方管理者和经济主体，没有天人一体观念，忽视了人与环境协调发展关系，以损害自然环境、破坏生态平衡为代价进行掠夺式的发展，造成了一系列环境问题，使得自然环境成为经济发展的壁垒，也成为人民群众诟病的重大民生问题。实现中华民族伟大复兴离不开发展，但是这种发展必须是可持续的发展，我们所要建设的现代化也是人与自然和谐共生的现代化。

《管子·五行》说："人与天调，然后天地之美生。"认为人类与自然界保持协调，就会产生天地之美。今天，我们要"生"出天地之美，就必须走绿色发展的现代化之路，即人与自然和谐共生之路。

在对待自然方面，我们要做的调整很多。一是要调整对自然的态度，尊重和爱护自然，把自然当朋友。如辛弃疾所言："一松一竹真朋友，山鸟山花好弟兄。"（《鹧鸪天·博山寺作》）其行动就是还自然这位老友的欠账，积极治理恢复自然生态环境。二是要调整经济发展方式，放弃以消耗自然资源为主的发展模式，多发展低能耗、低物耗、节能、环保产业。三是要调整生活方式，引导人们抑制贪婪的物欲，倡导简约、低碳的生活方式，防止奢侈浪费和不合理消费。

四 "天人合一"与我们的人生

Ⅰ. "天人合一"瞄准的是人间问题

其实，中国传统的"天人合一"思想，其旨趣是为了解决人间的问题，包括人与人关系的问题、人与自身关系的问题。儒家的"天人合一"，旨在"天人合德"，就是劝导人修养和陶冶道德，以铸造一种伟大的人格，从而德配天地，参赞化育。道家的"天人合一"，旨在以人合天，使人摆脱世俗追求的桎梏，进入自由和谐的状态。

中国传统"天人合一"思想认为人性即天道，人间的道德原则与自然规律是一致的。程颢说："道未始有天人之别，但在天则为天道，在地则为地道，在人则为人道。"（《二程遗书》）即说，"道"在天、地、人中是没有差别的，道德准则，如日月经天、江河行地，是人间不可移易的铁律，因而将处理人与人关系的道德提高到神圣之境。明确提出"天人合一"一语的张载，从"天人合一"思想中推衍出"民胞物与"的思想。他说，天地是人类父母，万物与人类都是天地所生，因此，他人都是自己的同胞兄弟，万物都是自己的同伴朋友（"民吾同胞，物吾与也"），落脚点是高扬儒家的仁爱之德。

Ⅱ．一条心灵解困之路

在科学昌明的今天看来，我国传统"天人合一"思想具有一抹神秘主义的色彩，但他们并不是故意虚妄言之，而往往是出于对天与人的一片至诚。由此引发的要在人间形成"民胞物与"式道德天堂，建立人与人和谐的关系，对人类而言，未始不是一种福音。

当今人类社会面临的一个突出问题，是随着科学和经济的发展，人与人的关系日益疏远、隔膜，以及不断增长的焦虑、恐惧、苦闷和不安。这需要人类反思其中的根源并寻找出路。中国传统"天人合一"思想，强调人与自然一体性的同时，也强调人与人的一体性，主张人不断加强道德修养，实现人与人的和谐，进入人与天地万物本来一体的状态，这不失一条解决现代人心灵困境之路。

Ⅲ．过合乎天性的生活

"天人合一"不仅是"人"对"天"的认知，而且也是"人"应追求的一种生存境界。"人"需要不断修炼自己，以达到"同于天"的超越境界。

孔子说"五十而知天命"。什么是天命？知天命是一种怎样的生存状态？哲学家汤一介说，"天命"，就是上天赋予的使命，也是个人命运的走向。孔子苦行一生，到五十岁的时候，才得知什么事情是自己命中注定该去做的，才明白了自己的人生使命的神圣性，并笃信、践履之。孟子说："尽其心者，知其性也，知其性，则知天矣。"（《孟子·尽心上》）意思是尽自己的善心，就是觉悟到了自己的本性。觉悟到了自己的本性，就是懂得了天命。保存自己的善心，养护自己的本性，以此来对待天命。

而道家追求"天人合一"，追求"道法自然"，主张人返璞归真，回归自然的本真状态，在那种状态中，人与天地万物合为一体，人与我，人与物的分别，不复存在。汤一介说，这种状态就是王国维服膺的"采菊东篱下，悠然见南山""寒波澹澹起，白鸟悠悠下"的"无我之境"。与"有我之境"（比如"泪眼问花花不语，乱红飞过秋千去"）不同，"无我之境"因为"不知何者为我、何者为物"，更贴近"天人合一"的境界。（参《"天人合一"的几点启示》）

秋日偶成

（北宋）程 颢

闲来无事不从容，睡觉东窗日已红。

万物静观皆自得，四时佳兴与人同。

道通天地有形外，思入风云变态中。

富贵不淫贫贱乐，男儿到此是豪雄。

庄子是道家"天人合一"人生境界的践行者。他一生贫寒，却安贫乐道，不为外物所役使，他认为人的心灵应该是自由的，不能让外

界蒙蔽了自己，人生应该是幸福的，不要让它套上太多人为的枷锁。他的生存状态，就像他梦蝶一样，是一种物我交融的状态。几千年来，庄子的这种道法自然的人生哲学影响甚深，被历代士人向慕的王羲之《兰亭集序》，反映的就是这样的人生理念——过一种合乎人"天"性的生活。

"天人合一"论

——中国文化对人类未来可有的贡献

钱 穆

中国文化中，"天人合一"观，虽是我早年已屡次讲到，惟到最近始彻悟此一观念实是整个中国传统文化思想之归宿处。去年九月，我赴港参加新亚书院创校四十周年庆典，因行动不便，在港数日，常留旅社中，因有所感而思及此。数日中，专一玩味此一观念，而有彻悟，心中快慰，难以言述。我深信中国文化对世界人类未来求生存之贡献，主要亦即在此。

惜余已年老体衰，思维迟钝，无力对此大体悟再作阐发，惟待后来者之继起努力。今适中华书局建立八十周年庆，索稿于余，姑将此感写出，以为祝贺。

中国文化过去最伟大的贡献，在于对"天""人"关系的研究。中国人喜欢把"天"与"人"配合着讲。我曾说"天人合一"论，是中国文化对人类最大的贡献。从来世界人类最初碰到的困难问题，便是有关天的问题。我曾读过几本西方欧洲古人所讲有关"天"的学术性的书，真不知从何讲起。西方人喜欢把"天"与"人"离开分别来讲。换句话说，他们是离开了人来讲天。这一观念的发展，在今天，科学愈发达，愈易显出它对人类生存的不良影响。

中国人是把"天"与"人"和合起来看。中国人认为"天命"就表露在"人生"上。离开"人生"，也就无从来讲"天命"。离开"天命"，也就无从来讲"人生"。所以中国古人认为"人生"与"天命"最高贵最伟大处，便在能把他们两者和合为一。离开了人，又从何处来证明有天。所以中国古人，认为一切人文演进都顺从天道来。违背了天命，即无人文可言。"天命""人生"和合为一，这一观念，中国古人早有认识。我以为"天人合一"观，是中国古代文化最古老最有贡献的一种主张。

西方人常把"天命"与"人生"划分为二，他们认为人生之外别有天命，显然是把"天命"与"人生"分作两个层次、两个场面来讲。如此乃是天命，如此乃是人生。"天命"与"人生"分别各有所归。此一观念影响所及，则天命不知其所命，人生亦不知其所生，两截分开，便各失却其本义。决不如古代中国人之"天人合一"论，能得宇宙人生会通合一之真相。

所以西方文化显然需要另有天命的宗教信仰，来做他们讨论人生的前提。而中国文化，既认为"天命"与"人生"同归一贯，并不再有分别，所以中国古代文化起源，亦不再需有像西方古代人的宗教信仰。在中国思想，"天""人"两者间，并无"隐""现"分别。除却"人生"，你又何处来讲"天命"。这种观念，除中国古人外，亦为全世界其他人类所少有。

我常想，现代人如果要想写一部讨论中国古代文化思想的书，莫如先写一本中国古代人的天文观，或写一部中国古代人的天文学，或人生学。总之，中国古代人，可称为抱有一种"天即是人，人即是天，一切人生尽是天命的天人合一观"。这一观念，亦可说即是古代中国人生的一种宗教信仰，这同时也即是古代中国人主要的人生观，亦即是其天文观。如果我们今天亦要效法西方人，强要把"天文"与"人生"分别来看，那就无从去了解中国古代人的思想了。

即如孔子的一生，便全由天命，细读《论语》便知。子曰："五十而知天命"，"天生德于予"。又曰："知我者，其天乎！……获罪于天，无所祷也。"倘孔子一生全可由孔子自己一人作主宰，不关天命，则孔子的天命和他的人生便分为二。离开天命，专论孔子个人的私生活，则孔子一生的意义与价值就减少了。

就此而言，孔子的人生即是天命，天命也即是人生，双方意义价值无穷。换言之，亦可说，人生离去了天命，便全无意义价值可言。但孔子的私生活可以这样讲，别人不能。这一观念，在中国乃由孔子以后战国时代的诸子百家所阐扬。

读《庄子·齐物论》，便知天之所生谓之物。人生亦为万物之一。人生之所以异于万物者，即在其能独近于天命，能与天命最相合一，所以说"天人合一"。此义宏深，又岂是人生于天命相离远者所能知。果使人生离于天命远，则人生亦同于万物与万物无大相异，亦无足贵矣。故就人生论之，人生最大目标、最高宗旨，即在能发明天命。孔子为儒家所奉称最知天命者，其他自颜渊以下，其人品德性之高下，即各以其离于天命远近为分别。这是中国古代论人生之最高宗旨，后代人亦与此不远。这可以说是我中华民族论学分别之大体所在。

近百年来，世界人类文化所宗，可说全在欧洲。最近五十年，欧洲文化近于衰落，此下不能再为世界人类文化向往之宗主。所以可说，最近乃是人类文化之衰落期。此下世界文化又将何所向往？这是今天我们人类最值得重视的现实问题。

以过去世界文化之兴衰大略言之，西方文化一衰则不易兴，而中国文化则屡仆屡起，故能绵延数千年不断。这可说，因于中国传统文化精神，自古以来即能注意到不违背天，不违背自然，且又能与天命自然融合一体。我以为此下世界文化之归趋，恐必将以中国传统文化为宗主。此事涵义广大，非本篇短文所能及，暂不深论。

今仅举"天下"二字来说，中国人最喜言"天下"。"天下"二字，包容广大，其涵义即有，使全世界人类文化融合为一，各民族和平并存，人文自然相互调适之义。其他亦可据此推想。

（《中国文化》1991 年第 4 期）

第二讲
民为邦本

政之所兴，在顺民心。政之所废，在逆民心。

——《管子·牧民》

乐民之乐者，民亦乐其乐；忧民之忧者，民亦忧其忧。

——《孟子·梁惠王下》

齐桓公问管仲曰："王者何贵？"曰："贵天。"桓公仰而视天。管仲曰："所谓天者，非谓苍苍莽莽之天也。君人者，以百姓为天。百姓与之则安，辅之则强，非之则危，背之则亡。"

——《说苑·建本》

利民之事，丝发必兴；厉民之事，毫末必去。

——《周官辨非》

　　唐元和年间，文学家柳宗元因为永贞革新失败，被贬到湖南永州做司马。这时，他的山西河东同乡薛存义，在永州零陵县做了两年的代理县令，两年中，他夙兴夜寐，政声远扬。在薛存义离职启程之时，柳宗元急急忙忙提着酒肉，追到江边，为其饯行。推杯换盏间，柳宗元与好友说了一番震古烁今的话：

　　凡吏于土者，若知其职乎？盖民之役，非以役民而已也。凡民之食于土者，出其十一佣乎吏，使司平于我也。今我受其直，怠其事者，天下皆然。岂惟怠之，又从而盗之。向使佣一夫于家，受若直，怠若事，又盗若货器，则必甚怒而黜罚之矣。以今天下多类此，而民莫敢肆其怒与黜罚者，何哉？势不同也。势不同而理同，如吾民何？有达于理者，得不恐而畏乎！（《送薛存义序》）

　　这段话的意思是说，凡是在地方上做官的人，你知道你的职责吗？你们是老百姓的仆役，并不是来役使老百姓的。依靠土地生活的人，拿出田亩收入的十分之一来雇佣你，目的是让你为自己主持公道。现在很多官吏拿了老百姓的俸禄却不认真给老百姓办事，而且还要贪污、敲诈。假若你雇一个干活的人在家里，接受了你的报酬，不认真替你干活，而且还盗窃你的财物，那么你必然很恼怒地要将他赶走并处罚他。但官吏像这样的，老百姓除了恼怒却无可奈何，这是为什么呢？这是因为情势不同啊。情势不同但道理相同，我们的老百姓该怎么办？明白这个道理的人，能不惶恐吗？

柳宗元认为百姓与官吏应当是雇佣与被雇佣、主人与奴仆的关系，这些话我们是如此耳熟。

爱民、重民思想，在我国由来已久，我国可以说是世界上最早萌生民本思想的国家，早在三千多年前的商周时期，就出现了"民为邦本"的说法。

一　千年不歇的重民思想

I．"民为邦本"出自《尚书》的"五子之歌"

传说夏朝开国之君夏启去世后，继承人是他儿子太康，太康不理政事，喜好安乐，最大的乐趣就是打猎。有一回，太康在洛水的南面打猎，在外面玩了百天还不回来。这时有穷国的君主，当年"射日英雄"夷羿，带着心腹寒浞等东夷族人，组成了一支军队，占领了夏都，并在河北拦阻太康，不让他回国。太康只好往南逃，最后死在外头。太康的弟弟五人，总结太康的深刻教训，根据大禹的教导而写了五首歌，号曰"五子之歌"。第一首是：

皇祖有训，民可近，不可下，民惟邦本，本固邦宁。予视天下愚夫愚妇一能胜予，一人三失，怨岂在明，不见是图。予临兆民，懔乎若朽索之驭六马，为人上者，奈何不敬？

这段话可以翻译为："伟大的祖先曾有明训，人民可以亲近而不可看轻；人民是国家的根本，根本牢固，国家就安宁。我看天下的人，愚夫愚妇都能对我取胜。一人多次失误，考察民怨难道要等它显明？应当考察它还未形成之时。我治理兆民，恐惧得像用坏索子驾着六匹马；做君主的人怎么能不敬不怕？"

II．远古的敬天保民

其实，"民为邦本"思想早在神话传说中就有反映，比如神农尝百草、有巢造屋、燧人取火、大禹治水等，都反映了部落首领对部落成员的责任感。

夏朝末年，夏桀由于"不敬德"而"虐于民"（《尚书·多方》），引发了"成汤革夏"。商朝的开国君主成汤，"轻赋薄敛，以宽民氓。布德施惠，以振困穷。吊死问疾，以养孤孀"，从而"百姓亲附，政令流行"（《淮南子·修务训》）。到了商纣王统治时期，则"劳民力，夺民财，危民死，冤暴之令，加于百姓"（《管子·形势解》），致使民怨沸腾。周公从殷亡的教训中看到了民众的力量和作用，提出了"敬德保民"的主张。在他看来，民意是上帝意志的一种反映，上帝的威严与诚心，从民情上可以看出。

III．春秋战国的由神本到人本

春秋战国时期是我国民本思想的确立阶段。大批思想家，从数以百计的诸侯、大夫覆宗灭祀的惨剧中，深刻认识到民与"国""家"安危存亡的关系。这时，神民关系开始由神向民倾斜。《左传·桓公六年》记载了季梁对随侯说的话："夫民，神之主也，是以圣王先成民而后致力于神。"《国语·鲁语上》说："民和而后神降之福。"在君民关系上，也更加重视民的作用。齐国政治家管仲提出"令顺民心"的主张："政之所兴，在顺民心。政之所废，在逆民心。"（《管子·牧民》）

Ⅳ. 儒家的民贵君轻

"民为邦本"思想是儒家政治理论的基石。孔子说:"百姓足,君孰与不足? 百姓不足,君孰与足?"(《论语·颜渊》)孔子还论证了君之所以为君,在于得民,失民则君不成其为君,他说:"民以君为心,君以民为体。""君以民存,亦以民亡。"(《礼记·缁衣》)有一天他上朝回来,家中的马厩失了火,看到被火烧得一片狼藉的现场,孔子只是十分焦急地问有没有人被烧伤,不问财产与马匹。听说没有人受伤,心方释然。

赵威后问民不问君

齐襄王派遣使者问候赵威后,还没有打开书信,赵威后问使者:"今年收成还可以吧? 百姓安乐吗? 你们大王无恙吧?"

使者有点不高兴,说:"臣奉大王之命向太后问好,您不先问我们大王状况却打听年成、百姓的状况,这有点先卑后尊吧?"

赵威后回答说:"话不能这样说。如果没有年成,百姓凭什么繁衍生息? 如果没有百姓,大王又怎能南面称尊? 岂有舍本问末的道理?"

她接着又问:"齐有隐士钟离子,还好吧? 他主张有粮食的人让他们有饭吃,没粮食的人也让他们有饭吃;有衣服的给他们衣服,没有衣服的也给他们衣服,这是在帮助君王养活百姓,齐王为何至今未有重用他? 叶阳子还好吧? 他主张怜恤鳏寡孤独,振济穷困不足,这是替大王存恤百姓,为何至今还不加以任用? 北宫家的女儿婴儿子还好吗? 她摘去耳环玉饰,至今不嫁,一心奉养双亲,用孝道为百姓作出表率,为何至今未被朝廷褒奖? 这样的两位隐士不受重用,一位孝女不被接见,齐王怎能治理齐国、抚恤万民呢? 於陵的子仲这个人还活在世上吗? 他在上对君王不行臣道,在下不能很好地治理家业,又不和诸侯交往,这是在引导百姓朝无所事事的地方走呀! 齐王为什么至今还不处死他呢?"

故事出处:《战国策·齐策》

孟子从夏、商、周三代更替中敏锐地体察到蕴藏于民众中的一股巨大力量，提出了"民贵君轻"思想："民为贵，社稷次之，君为轻，是故得乎丘民而为天子。"（《孟子·尽心下》）孟子强调君主要实现长治久安，必须得到民众的支持，他说："桀纣之失天下也，失其民也。失其民者，失其心也。"（《孟子·离娄上》）

荀子肯定百姓是国家的主体，认为君主和官吏是为百姓设立的，其职责在于为百姓服务。荀子说："天之生民，非为君也；天之立君，以为民也。"（《荀子·大略》）荀子深刻认识到君民荣辱与共的关系。他以舟水比喻君民关系："君者，舟也；庶人者，水也。水则载舟，水则覆舟。"（《荀子·王制》）

V. 诸子重民说

不仅儒家重民，先秦时期，墨、道、农等各家也有民本思想。墨家主张兼爱天下，道家主张顺民之情、无为而治，还说出"常无心，以百姓为心"（《道德经》），管子最早提出"以人为本"之说："夫霸王之所始也，以人为本。本理则国固，本乱则国危。"（《管子·霸言》）

VI. 汉唐间的重民实践

秦统一中国后，秦始皇并未充分吸纳民本思想，反而推行严刑峻法，导致二世而亡。

汉唐时期，"民为邦本"的思想得到了进一步发展。代秦而起的西汉统治集团全面总结了秦亡的历史教训，对民本思想进行了完善。西汉思想家贾谊从秦施暴政而遽亡中，认识到民众的力量，总结秦之教训是"仁义之施"，提出"民者，万世之本"的思想："闻之于政也，民无不为本也。国以为本，君以为本，吏以为本。故国以民为安危，君以民为威侮，吏以民为贵贱，此之谓民无不为本也。"（《新书·大政上》）

唐太宗李世民从隋朝灭亡教训中总结出"为君之道，必须先存百姓"（《贞观政要·君道》）的道理，认为"君依于国，国依于民。刻民以奉君，犹割肉以充腹，腹饱而身毙，君富而国亡"（《资治通鉴》）。他特别服膺荀子以舟水喻君民关系的观点，说："君，舟也；人，水也；水能载舟，亦能覆舟。"（《贞观政要·政体》）

新制布裘（节录）

（唐）白居易

安得万里裘，盖裹周四垠。

稳暖皆如我，天下无寒人。

VII. 从"民胞物与"到反君主专制

宋元明清时期，民本思想得到进一步强化。北宋张载宣传"民胞物与"；司马光认为民是"国之堂基"（《惜时》）；理学家程颢、程颐宣称"君道以人心悦服为本"（《粹言》）；朱熹认为"天下之务莫大于恤民"（《宋史·朱熹传》）。明代中后期以后，思想家如黄宗羲、顾炎武、王夫之等已经触及了传统民本思想的要害。黄宗羲提出"天下为主，君为客"（《明夷待访录·原君》），王夫之认为"君以民为基……无民而君不立"（《周易外传》）。这时的民本思想具有了更多的自由平等、反对专制的内容。

春日杂兴

（南宋）陆 游

夜夜燃薪暖絮衾，禺中一饭直千金。

身为野老已无责，路有流民终动心。

Ⅷ. 近代民权思想

近代，主张君主立宪的资产阶级改良派在宣传"民权"思想时，援引了传统民本思想作为变法的理论依据。康有为在给光绪帝的奏折中，引古训"先王之治天下，与民共之"，提出了"君民共治"的主张。梁启超也说："国者积民而成，舍民之外，则无有国。"（《论近世国民竞争之大势及中国前途》）革命先行者孙中山更是提出了"民族、民权、民生"三民主义思想，它不仅吸收了中国传统民本思想的精华，而且借鉴了西方的民主主义思想。

己亥杂诗八十三

（清）龚自珍

只筹一缆十夫多，细算千艘渡此河。

我亦曾糜太仓粟，夜闻邪许泪滂沱。

二　君主制下的重民观

在汉字结构中，"本"与"末"相对，"本"是树根，"末"是树梢。《说文解字》说："本，木下曰本。""本"字后来引申为事物的主体、核心、本源等。"民为邦本"指民众是立国安邦的根本，是中国古代典型的政治观念。这一思想主要是着眼于如何处理君主及其国家同民众之间的关系，是我国远古就萌生的民本主义思想。其思想内涵主要表现在以下两个方面：

Ⅰ. 百姓在国家中处于重要地位

由"民为邦本"肇始的民本主义思想，首先强调的是民与君主、国家的关系中，民是根本之所在。孟子的"民贵君轻"之说，荀子的

"君舟民水"之说，贾谊的民为"万世之本"之说，董仲舒的"天为民立王"之说，李世民的"国以民为本"之说，柳宗元的"吏为民役"之说，黄宗羲的"民主君客"之说，唐甄的"众为邦本"之说，等等，都是主张百姓相对于国家、君主更为重要，突出其在国家政治中的主体地位。

Ⅱ．统治者应该对百姓施行善政

作为重民的结果，民本思想论者主张执政者爱民、顺民、利民，推行有利于百姓生存发展的政策，让百姓过上富足、安定的生活。《尚书·皋陶谟》说："安民则惠，黎民怀之。"意为，除非你对人民有恩惠，否则人民就不会想念你、支持你。孔子主张"为政以德""节用而爱人，使民以时"（《论语·学而》）。孟子提出了"善政"主张。李觏、张载、王安石、王夫之等人提出过相似的，均平土地、合理征税，抑制豪强，保护百姓利益的主张，都要求统治者爱惜民力、保护百姓利益。

县令挽纤

唐朝文宗太和年间（827—835），何易于当上益昌（今四川广元南）县令不久，利州刺史崔朴带着一群宾客、侍从泛舟春游，顺嘉陵江而下。从利州到益昌约有40里水路，一般情况下，需要纤夫拉纤而行。刺史崔朴是何易于的顶头上司，到了益昌境内，自然要通告何易于派人拉纤，可是，崔朴一看来拉纤的人，竟是一身农民打扮的县令何易于，办公用的笏版就插到腰带上，没容崔朴质疑，何易于已把纤绳搭到肩上，拉动了船。崔朴忙喊停船，问："何易于，你身为一县之长，为何亲自当纤夫，难道连一个百姓也喊不到吗？"何易于正正经经地回话说："眼下，正是春耕大忙季节，全县百姓非耕即蚕，哪有一个闲人啊！为了不违农时，也为了不误大人的游程，只好由我这个闲人充当纤夫啦。"崔朴听了此话，顿时羞愧满面，连忙呼叫宾客、随从下船，骑马回程了。

故事出处：《新唐书·循吏传》

三　中国古代政治思想精华

"民为邦本"所体现的民本思想，是古代德治思想的核心内容，是中国古代政治思想的精华和最大特色。

Ⅰ．在一定程度上具有制约权力的作用

民为邦本思想主张重民、爱民、顺民、利民，施行德治、仁政、节用，遏制君欲的无限膨胀。思想家们利用"民为邦本"的口号，针砭时弊，要求统治者重民，加强自身的道德修养，律己正人，为民请命。当君主和官吏过于残暴，他们便以之劝说，劝诫统治者不要过分欺压百姓，轻徭薄赋，与民休息，在近代民主政治未成熟以前，具有一定的限制、防范权力的作用。

Ⅱ．具有浓郁的人文主义精神气息

"民为邦本"，除了否定以君为本，也否定了以神为本。我国古人在很早的时候就认识到决定祸福吉凶的是民而非神，否定唯神独尊、天神崇拜。《尚书·皋陶谟》说："天聪明，自我民聪明；天明畏，自我民明威。"《尚书·泰誓》说："民之所欲，天必从之。"这种早期重民轻天思想，排斥迷信，彰显理性，充满了人文主义精神气息。"民为邦本"体现的人文主义理性精神，对中国文化思想产生了深远影响，中国历史和文化中神权不昌、重实用，都与"民为邦本"肇始的民本思想有幽深的关联性。

Ⅲ．对我国历史上的社会秩序稳定、百姓安居乐业起了积极作用

在我国历史上，民本思想不只是思想者的空谈，它们对政治实践产生了实际的指导作用。纵观历史，凡是"民为邦本"思想高扬的时代，当政者即施行善政，汉代和唐代前期的几任君主，以及明成祖、康熙帝

等，采取了与民休息、轻徭薄赋、减轻刑罚、抑制土地兼并等安民措施，成就了"文景之治""贞观之治""开元盛世""康乾盛世"。

传统"民为邦本"思想具有局限性。首先，中国传统的"民为邦本"思想，本质上是统治阶级的驭民之术或治民之策。古代重民思想，并不是给民以人格尊严和监督统治者执政的权力，而只是为了"兴国"，即维护统治秩序。其次，"民为邦本"体现的"民本"不等于"民主"，其区别在于，前者是"为民作主"，后者是"由民作主"。民本思想认为人民是国家的根本，认为统治者应善待人民；民主思想则认为人民不仅是国家的根本，还是国家的主人。中国传统民本思想，缺乏公民权内容，与现代民主思想有着本质的区别，只是一种在君主制下的爱民、重民、保民、利民观。

四　如何以百姓心为心？

我国源远流长的"民为邦本"思想，重视、承认民众在社会生活中的重要地位和作用，一定程度上认识到劳动人民所从事的生产与国家安定、社会发展的关系，认识到民心向背决定着政治的兴衰和国家的兴亡。继承和发展民为邦本的价值理念具有重要的现实意义。

I．"得其民有道，得其心"，以百姓心为心

孟子曾经说："得天下有道：得其民，斯得天下矣；得其民有道：得其心，斯得民矣；得其心有道：所欲与之聚之，所恶勿施，尔也。"（《孟子·离娄上》）

这段话，言简意赅，讲明了"得天下""得民""得民心"的逻辑递进关系：获得天下的办法，就是获得百姓的支持；获得百姓支持的办法，就是获得民心；获得民心的办法，就是要给予老百姓需要的，不要给予老百姓所厌恶的。

其实，中国传统各式各样的"文化"，都讲透了"得民心者得天下、失民心者失天下"这条颠扑不破的道理，为政者要实现社会长治

久安，务必奉行顺应民心这条执政的基本理念。

中国共产党自成立之日起就立下"为天下劳苦大众谋幸福"的誓言，以为中国人民谋幸福、为中华民族谋复兴作为自己的初心和使命。

今天，每个中国共产党人不要忘了这个初心，要把增进人民福祉、促进人的全面发展，作为改革、发展的出发点，做任何工作都要回到"人民"这个原点，满足人民的获得感、幸福感和安全感，给予老百姓所需要的，不要给予老百姓所厌恶的。这才是对中华民族源远流长的民本智慧的真正弘扬。

Ⅱ．"达人无不可，忘己爱苍生"，常怀一颗爱民之心

用心爱民，自得民心。感情和态度是做好工作的基础，是否带着深厚感情和务实态度去思考群众关心的问题和困难，决定着工作的深度和效度。一些领导干部作风浮漂、工作不实、效率低下，不急群众之所急，不想群众之所想，最根本的原因，是缺少一颗爱民之心。

心有所念，方有所为。有了深厚的百姓情怀，才会有为民利民的自觉。有了爱民之心就会心里装着老百姓，时时刻刻想着老百姓，事事处处贴近老百姓。

唐代著名诗人王维曾经作《赠房卢氏琯》诗，第一句云："达人无不可，忘己爱苍生。"说心胸豁达之人，没有做不到的，主要是忘却自己，爱护天下百姓。今天领导干部真正要做到执政为民，首先要用心爱民。

为什么要用心爱民？这除了人之为人的基本道德，我们的领导干部还要心中明白，人民不仅是自己的衣食父母，而且是自身权力的赋予者。权力来自人民，衣食来自人民，怎能不对人民倾注一片赤诚？

潍县署中画竹呈年伯包大中丞括

（清）郑板桥

衙斋卧听萧萧竹，疑是民间疾苦声。

些小吾曹州县吏，一枝一叶总关情。

归根结底，我们的干部要树立基本的道德观和正确的权力观，尊重普通民众的人格，以现代政治意识认清手中的权力，真正用敬畏之心尊重百姓，用谦卑之心对待百姓，用公仆之心服务百姓。

Ⅲ. "利民之事，丝发必兴"，保证全体人民有更多的获得感

改善民生是治国理政的最后归宿。中国古代政治智慧的重要体现就在于为了改善百姓生活，讲求"重德""利用""厚生"。清初经学家万斯大说："利民之事，丝发必兴；厉民之事，毫末必去。"（《周官辨非》）意思是，有利于百姓的事，再小也要做；危害百姓的事，再小也要除。我们坚持执政为民，重在保民利民乐民，必须关心普通民众的切身利益，即遵循中国共产党人"一切为了群众"的思想。执政者要制定富民政策和措施，增加人民收入，使人民富起来。要通过制度建设，确保人民群众的利益，"把人民利益放在首位"，不停留在口头上和文件中，而要落实在官员的行动上，使老百姓看到实实在在的好处和利益，有更多的获得感。

保障和改善民生要坚持问题导向，聚焦突出问题和明显短板，回应人民群众的诉求和期盼。保障和改善民生要抓住人民最关心最直接最现实的利益问题，尽心尽力而为，一件事情接着一件事情办，一年接着一年干。第一，优先发展教育事业。努力让每个孩子都能享有公平而有质量的教育。第二，提高就业质量和人民收入水平。实现更高质量和更充分就业，使人人都有通过辛勤劳动实现自身发展的机会，拓宽居民劳动收入和财产性收入渠道。第三，加强社会保障体系建设。确保全体人民老有所养、病有所医、住有所居。第四，坚决打赢脱贫攻坚战。让贫困人口和贫困地区同全国一道进入全面小康社会。第五，解决人民群众更加关心的食品安全、空气污染、水源卫生等影响人民生活质量的问题。

Ⅳ. 变"民本"为"民主"，使人民群众真正当家做主

传统民本思想认识到人民的主体性，但其落脚点是要统治者为民

做主，而未认识到应由民做主。尊重民意是执政的基本途径，我们对传统民本思想要批判地继承，变"民本"为"民主"，坚持人民当家做主。人民是国家的主人，一切权力属于人民，发展社会主义民主政治就是要体现人民意志、保障人民权益、激发人民创造活力，用制度体系保证人民当家做主。为此，要进一步深化政治体制改革，推进中国社会主义民主建设，扩大人民有序政治参与，保证人民依法实行民主选举、民主协商、民主决策、民主管理、民主监督。要完善基层民主制度，保障人民知情权、参与权、表达权、监督权，使广大人民群众在国家经济、政治、社会、文化建设中发挥更多的主导作用，保证人民当家做主落实到国家政治生活和社会生活之中。

Ⅴ．注重人们意义价值系统建设，增进人民的幸福感

人类与其他动物的重要区别之一，在于其社会性。人活着既有物质需要，也有精神需要，人的幸福感来源，除了利益系统，还有意义系统。改革开放四十年，我国的社会主义现代化建设取得了举世瞩目的成就，但是，与此同时伴随着出现了一系列社会问题。如过于追求GDP增长，一些地方用牺牲环境的代价发展经济，破坏人与资源的和谐。某些地方政府重生产，轻分配，不重视发展公共服务，城乡、区域经济发展不平衡，贫富差距拉大。某些人的物质金钱观念恶性膨胀，用金钱衡量一切，唯利是图，坑蒙诈骗，不讲诚信等。因而很多人虽然生活水平提高了，幸福感却没有随之增加。

我们要对我们的经济发展模式和社会建设出现的问题进行反思，在注重经济建设的同时，重视人们意义价值系统的建设，调整学校教育、社会教育、政治宣传教育的目标和方式，有效地塑造人们生活的意义价值体系；更加重视公共服务、民生社会建设，使人们拥有更强的获得感，减少不公平感；更加重视社会道德和法制建设，加强对违反社会道德和法律行为的讨伐和打击。

谈孟子和民主

冰 心

　　听说日本著名作家井上靖先生，写了一本叫作《孔子》的书，在日本大受欢迎，成了畅销书之一。对于至圣先师孔子，我当也极尊崇。我小时候在私塾里，也读过背过一部《论语》，以后又读、背过《孟子》，可惜只读了一章，我便进了学校，改读"国文教科书"了。

　　前年我托朋友买了一本《十三经》，想自己阅读古人的书，以补我的对于祖国古典经史知识之不足。这十三经是：1. 周易，2. 尚书，3. 毛诗，4. 周礼，5. 仪礼，6. 礼记，7. 春秋左传，8. 春秋公羊传，9. 春秋谷梁传，10. 论语，11. 孝经，12. 尔雅，13. 孟子。

　　我不厌其烦地写出了《十三经》每一卷的名字，因为我读了前几卷，有的不懂，如《周易》，有的太繁琐了，如《礼记》之类，只有《毛诗》还看得进去。一直看到第十三卷《孟子》，我心里忽然感到豁然开朗，没想到两千多年以前的古人，就主张"民主"，且言论精辟深刻！我希望读者们都自己去找出这本古书来，细细地读它一遍！在这里我只能举出一些给我印象最深的几点：

　　他主张"与民同乐"，他处处重视"人民"，把"人民"放在"君主"之上。

　　他说，国人皆曰可用，则用之；国人皆曰可杀，则杀之。

　　这里的"国人"，就是"老百姓"，就是"人民"。凡事不能由"君王"擅自做主。

　　他主张君臣平等，他说君之视臣如土芥，则臣视君如寇仇。意思是当君王把人民踩在脚下的时候，人民就可以把君王当做敌人。这话说得多么直接痛快！

他的"大丈夫"的定义，也是极其深刻的。"大丈夫"用现代的话说，就是"堂堂男子汉"，是个极其自豪的名词。孟子说："富贵不能淫，贫贱不能移，威武不能屈，此之谓大丈夫。"他把"富贵不能淫"放在首位，足见"贫贱不能移，威武不能屈"凡是有操守的人都还容易做到，富贵了而能不被淫是比较困难的。因为富贵了必然有权，有权就有了一切，"一朝权在手，便把令来行"；有了权就可以胡作非为，什么民意，都可以不顾了！这些都是富贵能淫的人。富贵了而能不被淫的人，从我国几千年的封建历史上看，几乎数不出几个来！

写于 1989 年 11 月 29 日

（《中国文化》1990 年第 4 期）

第三讲
中庸之道

子程子曰："不偏之谓中，不易之谓庸。中者，天下之正道；庸者，天下之定理。"

——《中庸章句》

中者，不偏不倚，无过不及之名。

——《中庸章句》

怵勤是美德，太苦则无以适性怡情；淡泊是高风，太枯则无以济人利物。

——《菜根谭》

清高太过则伤仁，和顺太过则伤义，是以贵中道也。

——《曾国藩全集》

颜之推，这个生活在南北朝至隋朝之间的文学家，写了一部影响很大的《颜氏家训》。在这部家训中，关于治家，有这样一句话：

笞怒废于家，则竖子之过立见，刑罚不中，则民无所措手足。治家之宽猛，亦犹国焉。（《颜氏家训·治家》）

意思是说，如果家中去掉了责罚，那么孩子的过错立刻表现出来。如果刑罚不恰当，那么百姓就手足无措。治家的宽容和严厉，如同治国一样。

对此，颜之推举了梁孝元帝时期的一个中书舍人的例子，这位中书舍人因为对待妻妾过于苛刻，以致妻妾们联手买通刺客杀了他。颜之推同时又说到一些名士由于太宽厚甚至于懦弱，致使家人侮辱宾客，侵犯乡里，受到众人的唾骂。他的治家原则，就是不能过于严厉，又不能太宽厚忍让。

《颜氏家训》中这种不能过严、又不能太宽的思想，是儒家中庸思想的体现。

"中庸"一词为人们所熟悉，但其含义，误解、错解颇多。有的将"中庸之道"理解为中立，不做坏事也不做好事；有的认为"中庸之道"是和稀泥，不作为，是不温不火的平庸之道；还有将中庸之道解释为没棱没角的滑头哲学……

这些说法似是而非，不得其要。

一 不偏不倚，顺势而为

"中庸"一词，最早出现在《论语·雍也》中，子曰："中庸之为德也，其至矣乎！民鲜久矣。"孔子的意思是说，"中庸"作为一种道德，已经达到很高的境界了，一般人是很少能坚持的。一次，他还说："我有知识吗？没有啊，有一个乡民问我一些事情，我是空空如也，我只不过是从事情的两种极端状态入手，认真推敲研究，仔细体会把握，寻求处于两种极端中间最完美的点。"（"吾有知乎哉？无知也。有鄙夫问于我，空空如也。我叩其两端而竭焉。"《论语·子罕》）

曾参种瓜

孔子的学生曾参修整瓜地，不小心锄断了瓜苗的根，他的父亲曾皙大怒，举起大木棍来击打他的背，曾参倒地不省人事。过了很久，他才醒过来，高高兴兴地从地上爬起来，对曾皙说："刚才我得罪了父亲大人，父亲大人用尽力气教训我，您是累病了吗？"曾参回到房间里拉起琴弦唱起歌来，他是想要让曾皙听到，知道他身体无恙。

孔子听说了这件事后，非常生气，他对他的学生说："如果曾参来了，你们不要让他进来。"曾参没觉得自己有什么过错，就派人向孔子请教。孔子说："你没听说吗？从前瞽叟有个儿子叫舜，舜侍候瞽叟时，瞽叟想要使唤他，他在身边，瞽叟想要找他而杀了他，却找不到。如果是小棰就等着被处罚，如果是大木棍就逃走。所以瞽叟没有犯下不称职父亲的过错，而舜也没有失去淳厚的孝道。如今你侍候你父亲，放弃身体来等着被父亲暴打，朝死里打也不躲一下，打死之后就会陷你父亲于不义，哪一个更加不孝啊？你不是天子的百姓吗？杀了天子的百姓，那罪过怎么样？"曾参听说了这些话，说："我的罪过大啊。"于是拜访孔子为自己的过错道歉。

故事出处：《孔子家语·六本》

孔子将"中庸"视为最高的道德境界，并且一再感叹"中庸之道"难行。那么，在孔子的眼中，"中庸"的含义到底是什么呢？

汉代的郑玄对先秦儒家提出的"中庸"做了解释："中庸者，以其记中和之为用也；庸，用也。"（《礼记正义》）郑玄将"庸"解释为"用"，"中庸"就是中道的运用。朱熹则说："中庸者，不偏不倚，无过不及，而平常之理，乃天命所当然，精微之极致也。"（《中庸章句》）意思是说，"中庸"是一种不偏不倚、无过无不及的最恰当、最合理的状态，是我们所追求的最高的行事境界。

因而儒家的"中庸"是一个极高极难的标准。孔子说："无适也，无莫也，义之与比。""过犹不及。"打个比方，比如勇敢，过了就是鲁莽，不及就是懦弱，只有恰如其分的勇敢，才是真正的勇敢。

我国传统"中庸"思想，主要体现在以下几个方面：

Ⅰ．尚中

"尚中"就是崇尚中道，不偏不倚，无过无不及。孔子在评价他的弟子子夏和子张时，说子张超过了，而子夏却又达不到，结论是"过犹不及"，这就是中庸之道崇尚中道的最佳注脚。但"尚中"并不是"折中主义"。孔子对"折中主义"是深恶痛绝的，对于像"折中主义"的典型"乡原"，孔子甚至用了很严重的词"贼"去批评。儒家的"尚中"之意，犹如宋玉在《登徒子好色赋》中描述"东家之子"："增之一分则太长，减之一分则太短；着粉则太白，施朱则太赤。"

Ⅱ．中正

"中庸之道"，还有很深的道德意蕴。孔子特别重视"礼"在"中庸"中的意义和作用。"以礼制中"，就是把"礼"作为"中"的规范准则和尺度。讲究礼义，目的也是为了达到"中"，也就是"礼乎礼，所以制中也"。孔子曾说，过分恭敬，而不约之以礼，就未免劳倦；过分谨慎，而不约之以礼，就难免流于胆怯懦弱；过分敢作敢为，而不约之以礼，就难免盲动闯祸；过分直率，而不约之以礼，就难免尖酸刻薄。恭敬、谨慎、勇敢、直率，本来都属于人的好品德，但孔子认为，如果发挥不当，或不用礼来约束，其结果往往适得其反。很明显，在这里，"礼"是成就人之恭、慎、勇、直四德，使之适中的规范原则。

III．中和

"中庸之道"的精髓之一是主张中和。《礼记·中庸》："喜怒哀乐之未发，谓之中，发而皆中节，谓之和；中也者，天下之大本也，和也者，天下之达道也。致中和，天地位焉，万物育焉。"意思是说，喜怒哀乐没有表现出来，叫作中；发而皆中节度，谓之和。中道是天下的根本；和道是天下能达到本的大道。君子达到中和，天地会处于应有的位置，万物都会得到养育。说白了，一个人尽仁尽善，表现于外的言行就是和，仁是里，和是表。君子做到中和，则天、地、人可进入和谐、和美的境界。

鲁侯养鸟

有一只美丽的海鸟，飞到鲁国京城的郊外，停在一棵树上。京城的人谁也没见过这种鸟，都以为是一种吉祥鸟。

鲁国国王看到了，也高兴得不得了。心想："飞来了神鸟。这可是个好预兆。"他就叫人把那鸟逮住了。怎么喂养呢？鲁王又想："神鸟可不能像一般的鸟那样，关在笼子里养着。我一定要让它的生活跟我的一样。否则，让神鸟怪罪下来可不得了。"

于是，好心的鲁王就吩咐仆人，把那只鸟供养在庙堂里。每天叫人吹乐打鼓给它听，献出最好的美酒请它喝，杀猪宰羊，把最肥最鲜的肉献给它吃。对鸟照顾得够好了，可是那只鸟却一点儿也不领鲁王的情，反而吓得惊慌失措，在庙堂的顶棚上，一会儿害怕得飞来飞去，一会儿恐惧地躲藏起来。什么美酒啊，肥肉啊，音乐啊，它根本不知道那是鲁王专门献给它的。一天，两天，海鸟不吃也不喝。到第三天，那只海鸟就死了。

故事出处：《庄子·至乐》

二 中国中正平和气韵得以养成

Ⅰ．对民族性格的涵养

"中庸"思想不仅是儒家崇尚的道德范畴，而且也是一种精致的认识论、方法论。"中庸"思想作为传统中国人的核心价值观，是中国人修身养性、为人处世的最高标准和最低起点。按照"中庸之道"为人处世，追求中常之道，内外协调，在"过"与"不及"之间找寻"恰如其分，不偏不倚"的均衡点。在处理人与人之间的关系上奉行"忠恕之道""君子和而不同"。

"中庸"思想，塑造了中国人的人格和中华民族的品格。中国一直被称为"礼仪之邦"，中国人提倡勤劳、善良、朴实、谦逊、不走极端，中国人追求自信、自足，贫而乐、富而好礼、温而厉、恭而安，中华民族的这些优秀品格，很大程度上是"中庸"思想长期滋养形成的。

Ⅱ．对王朝政策的影响

中国幅员辽阔，民族复杂，但在千年的治乱更替中，中国能够长时期保证社会的和谐稳定，主要不是因为皇朝的强大或者行政命令、法律制度、军队的强悍等因素，而是在很大程度上得力于历朝历代选拔出来的知识分子、士绅阶层，自觉修养、自觉践行、自觉维护"中庸之道"的社会道德。他们既秉持儒家"仁义礼智信"等核心价值，是非分明，同时又讲求"中庸"，"和而不同"、权变，表现出灵活性，注意兼顾各阶层的利益和诉求，有效地调节人际关系，促进社会和谐，稳定社会秩序。

中国在大部分历史时期中，以"中庸"思想处理不同国家之间、不同民族之间、不同文化之间、不同宗教之间的关系，不偏不倚，无过无不及，和而不同，促进了民族和谐，也极大地影响了其他国家和地区处理争端的思维，为和谐世界的建立作出了历史贡献。

三 成天下之事，全在"适度"二字

I．"极高明而道中庸"，达致中庸境界，需要不断调适

《礼记·中庸》中有一句很精辟的话，那就是"极高明而道中庸"。冯友兰认为这句话道出了中国文化的根本特点——要达到高明的境界，必须通过"中庸"的途径。

何谓"中庸的途径"？"中庸"就是不偏不倚，无过无不及，用今天的话说，就是"适度"，适度地对人对己，适度地看待和处理一切事物，这是中国一种极高明的处世智慧。那么如何才能适度呢？那就是不断地调整，这不断调整的功夫，就是"道中庸"的过程。

人人都可能偏离目标、走弯路，这是可以理解的。关键是走弯之后要善于调整，即"道中庸"，从而达到最合适的位置、最准确的目标。以盖高楼为例，楼层每加高到一定的程度，就必须先测量一下它是否平衡，调适到平衡状态，再往上建。假如底下已经倾斜了，上面还在继续加高，那肯定是要倒塌的。其实，大到社会发展，小到一个人的事业，如要达到高明的境界，都必须不断地调整以使平衡。

II．"执其两端，而用其中"，做人处事"适当"最重要

"执其两端，而用其中"是中庸之道的基本原则。两端就是"过"与"不及"这两个极端。这两个极端我们都是要避免的，在对立的两端间找到统一，就是"中"。我们做人处世都要善于找到这个"中"点，即最适当的点。"攻乎异端，斯害焉已"，对对立的双方都要有全面深入的认识，就能避免危害。

在做人上要适度，不能偏激。人的身心矛盾是起于人对外部物质的过度追求。过度重物质，心被身主宰，必然失掉自我，造成精神空虚、堕落，人格扭曲，不得安宁。"中庸之道"要求人恰到好处地掌握好各种事物的分寸，避免走极端，做到无过无不及，保持适度。虽然

恭敬、谨慎、勇敢、直率都是人的美德，但必须做到适度，一旦偏激，美德也就成了毛病：太恭敬了则很辛苦，太谨慎了则很窝囊，太勇猛了则容易冲动而添乱，太直率了则容易伤人而误事。

在做事上要适度，因时、因事、因势、因地、因人制宜，力求做到恰如其分。不能因循守旧，要审时度势，与时俱进，灵活变通。在处理日常事务中，能够恰如其分，准确地处理和办理事务。要善于在适当的时候，对适当的对象，用适当的方式，做适当的事情。适当意味着不一定要求用最好的，更不是要求用最坏的，而是用最合适的。

Ⅲ. "致中和"，过中道节制生活，进入"中和"境界

《礼记·中庸》说："喜怒哀乐之未发，谓之中，发而皆中节，谓之和；中也者，天下之大本也；和也者，天下之达道也。致中和，天地位焉，万物育焉。"此段话上文已经阐释，劝慰人进入心平气和、性情中正从容的生存状态。

儒家"致中和"思想就是要求节制欲望、情感，不要被贪欲和喜怒哀乐冲决恬适生活的堤坝。人生理、心理要求的满足，要有一个度，不能太过，也不能不及，太过和不及都会影响身体和心理的健康。冯友兰说："若一个人各方面生理的及心理的要求，都是这样中节，都各得到相当的满足，而又都各不相冲突，这种状态，即谓之和。一个人在生理方面，若得到和，则即可有一健康的身体；在心理方面，若得到和，则即可有一健全的人格。"（《致中和》）中国传统"中庸之道"，主张人过一种有中道、节制的生活，让"天地自位，万物自育"，使人进入与天地自然和谐和美的境界。

致中和（节录）

冯友兰

　　一个人生理的、心理的要求，是多方面的。这各方面底要求，都要于相当程度内得到满足，然后一个人才能保持一个健全的身体、健全的人格。有许多生理的或心理的疾病，都是由于人的某方面生理的或心理的要求，太被压抑所致。这是我们所都知道的。人的生理的或心理的要求，怎样算是"于相当程度内得到满足"呢？怎样的满足，算是在相当程度内？又怎样的满足，算是超过相当的程度呢？

　　一种生理的或心理的要求的满足，若达到一种程度，以至与别种生理的或心理的要求发生冲突，此即是此种要求的满足超过相当程度。超过相当程度，即是太过。若此种要求的满足，尚未达到此程度，而即受压抑，或此种要求，根本即未得任何满足，此即是此种要求的满足未达到相当程度。未达到相当程度，即是不及。此种要求的满足，若到一恰好的程度，既不与别种要求冲突，亦不受不必要的压抑，无太过亦无不及，则其满足即是得中，即是中节。

　　例如，对于有些人，喝酒是一个很强烈的要求。在普通的情形中，一个人喝酒，若至一种程度，以致其身体的健康，大受妨碍，则其喝酒即为太过。若其喝酒，有一定的限度，并不妨碍其身体的健康，而却因别种关系（例如美国政府行禁酒律之类），而不喝酒，则其喝酒的要求，即受到不必要的压抑。如此则其喝酒的要求的满足，即是不及。此所谓不必要，是对于此人的本身说；此所谓不及，亦是对于此人的本身说。喝酒的过或不及，本都是因人而异的。若一个人喝酒，只喝到恰好的程度，既不妨碍他的身体健康，亦不使其喝酒的要求受不必要的压抑，则其满足即是得中，即是中节。

　　若一个人各方面生理的及心理的要求，都是这样中节，都各得到相当的满足，而又都各不相冲突，这种状态，即谓之和。一个人在生理方面，若得到和，则即可有一健康的身体；在心理方面，若得到和，则即可有一健全的人格。旧日谓人有病，为"身体违和"。这句话是很有道理的。

一个健康的身体，健全的人格，都可以说一个和。这和中有许多不同的原素。这些原素，在其适当的分量下，是"相成"的。但若一过了适当的分量，则即"相反"了。若其相反，则和即没有了。例如在普通情形下，一个人一顿吃三碗饭，是有益于他的健康的，但若他一顿吃十碗饭，则不但不能有益于他的健康，而且有害于他的健康了。饭的增加，对于他的健康说，是由量变到质变。各种要求的满足，在恰好处是中，不到恰好处，或超过恰好处，是过或不及。这其间亦有由量变到质变的情形。

或可问：本书曾说尊理性，岂非教人使理性压抑其他各方面的生理的、心理的要求？于此我们说：理性的功用，并不是压抑其他各方面的生理的、心理的要求，而是指导，或节制那些要求，使其满足，无过不及。我们说，有道德的理性，有理智的理性。先就理智的理性说，其功用是如上所说，是显而易见的。一个人要喝酒，到哪里去喝酒，用什么方法去买酒，这都是要靠理性的指导。喝多少不至于妨害身体、妨害事业，这亦要靠理性的节制。如果一个人喝十杯酒，可以得到快乐，而不至于妨害身体，妨害事业，理性对于这种满足，只有赞助，决不禁止。所以孔夫子亦说："唯酒无量，不及乱。"我们于以上说人的生理的、心理的要求的冲突，只是就一个人的本身说。

就社会方面说，一个人生理的或心理的要求，亦可以与别人的生理的或心理的要求相冲突。道德的规律，对于人的要求，制定一个界限，使人与人不相冲突。就这一方面说，则人的生理的、心理的要求，合乎此界限者，是合乎中，是中节；其超乎此界限者，是太过；不及此界限者，是不及。

《诗序》有几句话，说："发乎情，止乎礼义。发乎情，人之性也；止乎礼义，先王之泽也。""发乎情"是就人各方面的生理的、心理的要求说，"止乎礼义"是就道德的规律说。发乎情是人之性，止乎礼义是社会的制裁。社会中的人，每人都应该完全如此行。所谓道德的理性的功用，即在于使人知道这些界限，使人的各方面的生理的、心理的要求，都合乎这方面的中。一个社会中人的各方面生理的、心理的要求，如皆合乎这方面的中，则这个社会，即是一个健全的社会。一个健全的社会，亦可以说是一个和。在这一方面，各人的各方面生理的、心理的要求，亦有相反相成，由量变到质变的情形。

　　人的生理的、心理的要求的满足，在其本身看，是合乎中者，但在社会方面看，不一定是合乎中，而或者是太过，或者是不及。如其是太过，则社会必须制裁之，其个人的道德的理性，亦应制裁之。因此，常有些人的生理的或心理的要求，受到压抑。这压抑，就这些人的本身方面看，是不必要的。但在社会方面看，则是必要的。这一点常引起许多思想上的混乱。有些人常把这两方面的必要或不必要弄混，以为在一方面是必要或不必要者，在其他方面，亦是必要或不必要。这"以为"是完全错误的。

　　例如一个人的所谓领袖欲特别强，但他的才能，都很不配当领袖。就他本身方面看，他的这欲若得不到相当的满足，他或者要疯。在其个人方面看，他的领袖欲的相当满足是合乎中，但在社会方面看，他的领袖欲的相当满足是太过。在这种情形下，社会只能向他说：你的才能，不能当领袖，你若因不能当领袖而疯，我们只好把你送入疯人院。社会的这种办法，我们不能说它有什么错误。

　　在社会方面看，"发乎情"而不能"止乎礼义"的要求，是应该制裁的。这种要求，宋明道学家谓之欲，或私欲，或人欲。他们说欲是恶的。这是一定不错的，因为所谓欲者，照定义是超过道德的规律的要求，照定义它即是恶的。所以说欲是恶，实等于说，凡是不道德的即是不道德的。但后来反道学的人，如戴东原等常说，人的生理的、心理的要求是不可，亦不应该压抑的，而宋明道学家却专爱压抑之。所以宋明道学家是"以理杀人"，太不讲人道。这种辩论，不是误解了宋明道学家所谓欲的意义，即是陷入上所说思想上的混乱。

　　我们于以上说中和，是就一个人的本身说，或是就一个社会中的各个人对于社会及别个人的关系说。若就一个社会中的各种人对于社会及别种人的关系说，则亦有中和可说。此所说社会中的各种人，指社会中的各种职业的人说。例如当学校教员的人、做生意的人，等等，皆此所谓各种人。

旧说"七十二行，行行出状元"。各行的人，即此所谓各种人。此各种人中，每种人皆有他们对于社会的权利及职分，及对于别种人的权利及职分。在普通的情形中，人对于求权利，总易偏于太过，而对于尽职分，则总易偏于不及。社会中的各种人亦是如此。他们对于要权利总易偏于太过；对于尽职分，总易偏于不及。此所谓过或不及，又是以什么为标准呢？各种人要他们的权利，有一个界限，过了这界限即与社会中的别种人的权利，发生冲突或妨碍。这个限度，即是中，合乎这个限度的，即是得中，即是中节，超乎这个限度的，即是太过。

每种人尽他们的职分，亦有一个界限，如不到这个界限，则即不能满足社会对于这一种事的需要。这个限度即是中，合乎这个限度的即是得中，即是中节，不及这个限度的，即是不及。如果一个社会中的各种人，要权利、尽职分，皆合乎中，则此社会，即得到和。一个社会，不是只一种人所能组织成的，它需要许多种不同的人，它需要"异"。这些异，就其是异说，是"相反"。但它们都合在一起，方能组织成社会。就其合在一起说，是"相成"。它们的相成，靠它们的要权利、尽职分，都合乎中，以构成一个和。

（冯友兰：《冯友兰随笔：理想人生》，北京大学出版社 2007 年版）

第四讲

和谐共生

万物负阴而抱阳，冲气以为和。

——《道德经》

君子和而不同，小人同而不和。

——《论语·子路》

万物各得其和以生，各得其养以成。

——《荀子·天论》

刚柔得适谓之和。

——《新书·道术》

德莫大于和。

——《春秋繁露·循天之道》

太和，和之至也。

——《张子正蒙注》

千里家书只为墙，让出三尺又何妨？

万里长城今犹在，不见当年秦始皇。

这首版本很多的诗，来自广为传播的"六尺巷"故事，故事说的是，清康熙年间，张英担任文华殿大学士兼礼部尚书。他与一位姓吴的侍郎都是安徽桐城人。他桐城老家的府邸与吴家为邻，两家院落之间有条巷子，供双方出入使用。后来吴家要建新房，想占这条路，张家人不同意。双方争执不下，将官司打到当地县衙。县官考虑到两家人都是名门望族，不敢轻易了断。这时，张老夫人一气之下写了封加急信送给张英，要求他出面解决。张英看了信后，认为邻里之间要谦让和谐，互相包容，于是他给家人写了前文所述的那首诗。家人阅罢，明白其中含义，主动让出三尺空地。吴家见状，深受感动，也主动让出三尺房基地，"六尺巷"由此得名。

"六尺巷"浸润着中国传统文化中的谦和礼让、和谐共生精神。它的"宽"不是宽在"六尺"上，而是"宽"在人们的心灵境界上。

一 可贵的"贵和"思想

Ⅰ．太史伯："和实生物，同则不继"

"和"字在我国文献中早已出现，《尚书》中有"百姓昭明，协和万邦"（《尚书·尧典》）、"八音克谐，无相夺伦，神人以和"（《尚书·舜典》）等记载。《诗经》中有"兄弟既具，和乐且孺""既和且平，依我磬声"等诗句。

西周末年思想家、太史伯阳父评论西周政事，提出著名的"和实生物，同则不继"之说。他认为不同事物相配合而达到平衡，就叫做"和"，只有"和"才能产生新事物，如果以相同的东西合在一起，不会有生命力。他说先王们善于将不同的东西调好统一起来，达到了和的境界：将金木水火土五行之气结合一起，来制造器皿；把各种音调组合就制造了美妙音乐；把各种味道调和在一起，就烹调出了可口的饭菜。（参《国语·郑语》）

Ⅱ．孔子："和为贵""和而不同"

春秋战国时期，儒家代表人物有"贵和"的思想。儒家学派的创始人孔子将"和"作为处世之道和君子之德，他说："礼之用，和为贵。先王之道斯为美，小大由之。有所不行，知和而和，不以礼节之，亦不可行也。"（《论语·学而》）

孔子虽然"贵和"，但不是无原则的。孔子说："君子和而不同，小人同而不和。"（《论语·子路》）何晏的解释是"君子心和然其所见各异，故曰不同；小人所嗜好者同，然各争利，故曰不和"（《论语集解》）。意思是君子和谐而不同流合污，小人只求完全一致，而不讲求协调。孔子还说："有所不行，知和而和，不以礼节之，亦不可行也。"意思是如有行不通的，只知道为和顺而求和顺，不用礼制去约束它，也是不可行的。强调"礼"对"和"的约束作用。《礼记·中庸》中也说"和而不流","流"就是"同",随波逐流,同流合污。

III. 孟子：天时、地利不如人和

孟子也贵"和",提出"天时不如地利,地利不如人和。三里之城,七里之郭,环而攻之而不胜。夫环而攻之,必有得天时者矣,然而不胜者,是天时不如地利也。城非不高也,池非不深也,兵革非不坚利也,米粟非不多也,委而去之,是地利不如人和也"(《孟子·公孙丑下》)。这里可以看出,孟子重视人和的作用。

IV. 道家重自然的"和合"状态

道家讲究清静无为的生活方式和处世态度,这本身就是一种"和合"的态度。《道德经》一书中有丰富的"和合"言论。如"万物负阴而抱阳,冲气以为和""知和曰常""和其光,同其尘""终日号而不嗄,和之至也"等。庄子强调人应该追求"与天和",《庄子·天道》中说道："夫明白于天地之德者,此之谓大本大宗,与天和者也。所以均调天下,与人和者也。与人和者,谓之人乐;与天和者,谓之天乐。"

IV. 秦汉以后"贵和"思想的发展

秦汉以后,适应封建大一统的政治要求,儒家的贵和思想得到继承发展。董仲舒说"德莫大于和"(《春秋繁露·循天之道》),将和标高为大德。东汉末年,学者荀悦将"和而不同"理解为一种和谐的君臣关系和臣僚关系,他说百官之间"和而不同,让而不争,勤而不怨,无事惟职是司"(《申鉴·政体》)。北宋年间,思想家张载建立体系化的"太和"说,他说"心和则气和,心正则气正"(《经学理窟·气质》)、"仇必和而解"(《正蒙·太和篇》),丰富了"和而不同"思想。

二 中国"和"文化要义

"和"在甲骨文与西周前的金文中作"龢",原意为一种类似于笙的乐器。《说文》载:"龢,调也;从龠,禾声。"《甲骨文字典》载:"龠之声须相谐和,故能引申为调义。"人们从音乐、烹调等日常事物中体会到多种因素的相谐之美,所谓"声一无听,物一无文,味一无果,物一不讲"。《国语·郑语》一种声响不成音乐,一种颜色不成文采,一种味道不成美食。

中国历代的"贵和"思想及其对政治、社会和文化的影响,形成了中国特有的"和"文化,在中国文化里,"和"是事物的本原状态,是一种理想社会关系,是处理人际关系的准则,也是一种人生的境界。

中国古代"和"文化,其要义主要表现在以下几个方面:

Ⅰ.和为贵

"和"文化,主张以"和"建立我与世界万事万物的关系,如自我身心之"和",家族邻里之"和",国家人民之"和",国与国之"和",天地人之"和"。在人际交往过程中,中华民族自古以来始终把和谐作为交往的目的。其表现在言语上,就是力求措辞有度,含蓄婉约;表现在处事原则上,就是"以仁爱之心示人""以宽广之心对人",即严于律己,宽以待人;表现在心态上,就是"得饶人处且饶人"。

Ⅱ.和必中节

在儒者看来,"和"不是不同因素的简单堆砌、叠加,而是有其准则、有其限定性的。"和",容纳多种因素,但这多种因素不是随便凑在一起,而是必须持一定的配比关系,无过无不及,才能达到"和"。所谓"发而皆中节,谓之和"。中节,即符合一定的关系准则,做得恰到好处,不偏不倚。

III．和而不同

孔子说："君子和而不同，小人同而不和。"（《论语·子路》）"和"指不同东西的和合和统一，"同"指相同东西的简单相加或同一。"和而不同"，意思是君子与他人保持和谐融洽的关系，但他对待任何事情都有自己的独立见解，并非人云亦云、盲目附和，强调人与己、人与人、人和物、社会和自然和谐统一而又不千篇一律，相互不同而又不互相冲突，和谐相处，共生共长。"和而不同"，在古代很长时期内，被思想家、政治家们特指为和谐的君臣关系和臣僚关系，主张处于下位的人，不能盲目讨好，要勇敢地表达自己的不同看法；而在上位的人，要广纳谏言。

三　如何对待"和"文化？

I．"和为贵"思想不能断

和谐思想是我国优秀的哲学思想，和谐也是人类普遍追求的价值。我国悠久的"和"文化传统，崇尚和合协调，反对单调、死板和简单对立，铸造了温和有礼的民族性格，促进了中华文明的延续发展。曾几何时，极"左"的"斗争哲学"，闹得鸡犬不宁、人人自危。那时，人们唯恐丧失斗争原则，鄙夷"和为贵"，造成了灾难性的后果。今天，我们建设现代化国家，和谐社会乃为目标之一，为实现民族伟大复兴的梦想，更需要打造和谐的社会环境。准确把握传统"贵和"思想，传承"和"文化精神，有着重要的时代价值。

II．不要把"贵和"思想等同于不分是非的一团和气

中国传统"和"文化，主张"和而不同""和而不流""和必中节"，所崇尚的"和"不是无原则、无立场的迎合附和，不是提倡不分

是非、丧失原则立场的一团和气。当今社会生活中有违"贵和"精神的一个重要现象，就是一些人，其中不乏领导干部，以"同"为"和"，以"流"为"和"，缺乏独立性，唯上唯书，是非不分，媚上欺下，影响了社会公平正义，败坏了社会风气。传统"贵和"思想浸润了君子的气节，培养了社会精英的浩然正气。正气在，方和谐，建设和谐社会、推进中国特色社会主义建设，需要继承"和而不同""和而不流"的思想传统，在全社会形成充满正气、昂扬奋进的精神风貌。

Ⅲ. "和而不同"是一种值得我们继承的领导智慧

我国历史上最早的和同之辩，产生于对国家治理活动的反思。西周末年太史伯提出和同思想时，就是批评周幽王重用佞臣，"去和而取同"，主张提拔重用犯颜直谏之人，让他们提出不同意见，认为单独的意见不足以治国，要多听取不同意见。在中国很长的历史时期内，"和而不同"都是被理解为君臣、臣僚间兼听广纳的领导作风。

不同意见有利于形成英明决策。对于领导者而言，完全相同的意见，可能于实际并没有什么好处，而恰恰是不同的意见，可以用来反思自己的想法，从而能形成一个全新的方案。"和而不同"是一种值得我们很好地继承的领导智慧。

四 让传统"和"文化精神充溢于我们的社会

崇尚"和"、追求和谐，是中国传统文化的一个显著特点，中国"和"文化有益于人的身心和谐、人际关系的和谐和社会关系的和谐，对实现人民的福祉和建设和谐社会，具有重要意义和价值，我们要从多层面传扬古代"和"文化思想，让"贵和"精神充溢于天地之间。

将相和

秦、赵渑池（今河南省渑池县）相会，蔺相如为赵国挣得了颜面。赵惠文王回国以后，拜为上卿，地位在大将廉颇之上。这引起了廉颇的强烈不满，廉颇生气地说："我是赵国的大将，攻城略地，立了多少功劳！他靠着一张嘴，就爬到我上面来了。况且他出身微贱，在他底下，我感到羞耻。"廉颇公开扬言，碰到蔺相如，非给他点颜色看看不可！这些话传到了蔺相如耳朵里，每逢上朝，蔺相如就装病，免得同廉颇碰面。

有一天，蔺相如出门，廉颇也出门，蔺相如远远看见廉颇的车子过来了，连忙叫车夫把车子赶到旁边躲起来。蔺相如的门客都气坏了，对他说："我们离开父母妻子来投奔您，还不是因为钦佩您的高尚品德么？您跟廉颇将军同事，职位比他高，廉颇恶言恶语对您，您不反击，还老是躲着他。我们受不了这口气，只好向您辞职了！"蔺相如拉他们坐下来，心平气和地说："诸位看廉颇将军同秦王，哪个厉害呀？"门客都说："当然是秦王了。"蔺相如说："秦王有那么大的威势，我都敢在大庭广众之下斥责他，侮辱他的群臣，我怎么会害怕廉将军呢？"门客们都不作声。蔺相如接着说："我之所以躲着廉将军，是考虑到秦王不敢侵犯赵国，不外乎是有我们文武两人在。秦国如果知道我们发生冲突，必定要侵犯赵国。我这样做，是把国家利益放在第一位，哪是怕廉颇将军啊？"众门客听了都很感动，更加钦佩蔺相如了。

这些话传到廉颇耳朵里，他惭愧地说："蔺相如品德高尚，我比他差远了。"于是他打着赤膊，背上荆条，直奔蔺相如府上请罪："我是个粗人，气量狭窄，不知道您宽宏大量，实在是愧对您啊！"说着，跪倒在地。蔺相如连忙把他搀扶起来，说："我们都是国家的大臣，一起为国家出力，将军能体谅我的苦心，我就很感激了，哪里还要您道歉呢？"从此以后，两人成为生死与共的朋友，共同为赵国的富强出谋划策，使秦国长期不敢来犯赵国。

故事出处：《史记·廉颇蔺相如列传》

Ⅰ. 保持身心和悦

每个人都有身心两个方面，身指人体的生理组织，心指人的心理或称精神活动，协调身心关系以及身心与外部环境的关系，以保证人自身系统的健康和活力，是保持身心和悦健康的关键。

中国传统"贵和"思想，在个人身心方面主张"致中和"。何谓"中和"？人的身体接触到的社会现实会在人的心理上产生喜怒哀乐的各种反应，"中和"要求人身心反应达到不偏不倚、不走极端的和谐境界。"喜怒哀乐之未发谓之中，发而皆中节谓之和。"

身心和谐，即保持平静、悠然、恬淡心态。怎样才能保持这种心态呢？孔子认为必须寡欲。孔子曾说："君子有三戒，少之时，血气未定，戒之在色；及其壮也，血气方刚，戒之在斗；及其老也，血气既衰，戒之在得。"（《论语·季氏》）主张人寡欲、平和、知足常乐。孔子赞赏学生颜回"一箪食，一瓢饮，在陋巷，人不堪其忧，回也不改其乐"（《论语·雍也》）。孟子主张存心养性："存其心，养其性，所以事天也。夭寿不二，修身以俟之，所以立命也。"（《孟子·尽心上》）意思是保持善心，培养善性，就是在行使天道；不管生命寿夭，始终坚持如一，这就是安身立命的方法。庄子认为理想的精神形态，如平静之水："平者水停之盛也，其可以为法也，内保之而外不荡也，德者，成和之修也。"（《庄子·德充符》）南朝医学家陶弘景说："养性之道，莫大忧愁莫大哀思，此所谓能中和。能中和者必久寿也。"（《养性延命录》）他认为内心少哀愁方能少病、长寿，也崇尚"致中和"。

保持身心和谐，关键是维持内心的平静。维持内心的平静，一方面需要树立正确的世界观、人生观、价值观，使内心超越现实限制，不为物质所累，做到不以物喜不以己悲；另一方面要重视内心的修养，对身体所受到的各种压力要用健全的心态去承受，用合理的方式来排解，以使其不对个人的内心压制，磨炼过后，波澜不惊，达致中和状态。

Ⅱ．维持人际和谐

人生活在家庭、社区和社会之中，人际关系主要有个人与家庭成员、邻里、同事、朋友等"熟人"和其他的社会"生人"的关系。保持人际和谐，就是家庭和美、邻里和睦、人我和敬等。在竞争日益激烈、人际关系日益复杂的当代社会，可凭借中国传统"和"文化精神调谐个人与他人的关系。

首先，以"和"文化精神处理个人与他人的关系，意味着注重和合协调。如果一个人以和谐相处作为处世原则，他将会以仁爱之心示人，在处理个人与他人的关系上，将推己及人，尽量去了解他人的需要，理解他人的想法和做法。与人为善，助人为乐，没有理由不形成和谐的人际关系。

其次，以"和"文化精神处理个人和他人的关系，意味着注重中正平和。传统"和"文化的中和思想，要求个体管控自己的情绪和好恶，待人（包括自己）处事恰如其分。坚持这个理念，我们就会理性公允地处理个人与他人的关系，在与人交往中就不会非理性地戴上有色眼镜，嫌贫爱富，也不会因为他人家庭、地位、经历、特长、能力等方面的因素而对人心存歧视，另眼相看，从而有利于形成和谐的人际关系。

再次，以"和"文化精神处理个人与他人关系，意味着注重和而不同。在与他人交往中，由于性格、经历、文化和修养等差异的存在，或有误会、不解和意见分歧，产生人际矛盾乃至冲突是不可避免的，这个时候需要抱持"和"文化和而不同的精神，求同存异，包容他人，尊重他人个性和选择，化干戈为玉帛，和谐的人际关系自然形成。

和谐的人际关系，能实现家庭和美、邻里和睦、人我和敬。

第一，家庭和美。"家和万事兴"，处理好家庭人际关系，首先要有爱心，父慈子孝、夫妇恩爱、手足有情；其次，需要有责任感，家庭成员需要履行相应的责任；再次，就是要有宽容忍让之心。学会忍让不是一件简单的事，但我们还是得忍让，家庭里的每个成员都必须要相互体谅、相互包容。

第二，邻里和睦。处理邻里关系需要"和"的精神，"六尺巷"故事，其实就是一个以"和"的精神感染邻里的生动事例。好的邻里关系必然是相知、互助、包容的关系。发展邻里友情，关键是相互尊重、以礼相待、互谅互让、互帮互助。

第三，人我和敬。处理个人与同事、朋友和其他人的关系，也需要"和"的精神，包括仁爱、平等、互惠互利、合作共赢。当代社会既是一个强调个人能力的社会，更是一个重视合作的社会。有合作就会有意见的不同和观点的分歧，这就要合作者懂得"和而不同"和"求同存异"的道理。

III. 构建和谐社会

孟子提出了"天时不如地利，地利不如人和"的思想，足见"人和"之重要。"人和"就是人与人之间和谐。怎样才能做到和谐呢？《管子·兵法》说："和合故能谐。"不同心性和利益诉求的人，要在社会共处中达到和谐的状态，必须做到信仰和价值观的趋同一致，必须互相尊重，尊重各自的权益和尊严。传统"贵和"以及"和而不同"的思想，无关宗教，却体现了对他人人格和权益的尊重，有利于和谐社会的建成。可以说"和为贵"的人文精神，正是现阶段和谐社会建设中不可多得的宝贵精神资源。

要实现一个社会的和谐还有赖于消除两极分化，由于社会经济成分、利益关系和分配方式的多样性，社会成员间的经济收入不可避免地存在差距。当前我们所面临的一个重大社会问题，表现在我国的贫富差距拉大。人民的利益得不到满足势必会影响到社会的和谐。传统"中庸"思想认为，任何事物太过犹不及，社会贫富悬殊大，会影响民众的公平感，极不利于社会的和谐。因此我们一方面要做好扶贫脱贫工作，消灭社会贫困；另一方面要通过深化经济社会改革，改善就业创业环境、调节税收、健全社会保障制度等，增加中低收入阶层的收入，让全体社会成员走向共同富裕。

IV. 维护世界和平

中华民族以和为贵的传统，还表现在与世界其他民族，特别是相邻国家的和平共处、互利互惠、相互尊重、友好往来上。早在 2500 多年前的先秦时期，墨子就提出"非攻"思想。享誉世界的中国万里长城，是典型的防御型工程。16 世纪意大利传教士利玛窦写道："在这样一个几乎具有无数人口和无限幅员的国家，而各种物产又极为丰富，虽然他们有装备精良的陆军和海军，很容易征服邻近的国家，但他们的皇上和人民却从未想过要发动侵略战争。他们很满足于自己已有的东西，没有征服的野心。在这方面，他们和欧洲人很不相同，欧洲人常常不满意自己的政府，并贪求别人所享有的东西。"(《利玛窦中国札记》) 中华民族自古就是一个以和为贵、爱好和平的民族。

随着经济全球化的不断推进，国与国之间的交往日益频繁，彼此和平共处、相互支持、共同发展就显得尤其重要。但是，由于国与国之间的社会制度、意识形态、价值观念和宗教信仰等方面存在诸多的不同，国与国之间的交往难免会存在冲突和摩擦。我国应以"和为贵""和而不同"理念协调国际关系、缓和民族矛盾，与其他国家一起走"和谐共生"的发展道路，竭力维护世界和平。

以和为贵（节录）

张岱年

中国古代以"和"为最高的价值。孔子弟子有若说："礼之用，和为贵。先王之道斯为美，小大由之。"（《论语·学而》）孔子亦说："君子和而不同，小人同而不和。"（《论语·子路》）区别了"和"与"同"。按和同之辩始见于西周末年周太史伯的言论中。《国语》记述史伯之言说："夫和实生物，同则不继。以他平他谓之和，故能丰长而物归之。若以同裨同，尽乃弃矣。"（《国语·郑语》）这解释"和"的意义最为明确。不同的事物相互为"他"，"以他平他"即聚集不同的事物而达到平衡，这叫做"和"，这样才能产生新事物。如果以相同的事物相加，这是"同"，是不能产生新事物的。春秋时齐晏子也强调"和"与"同"的区别，他以君臣关系为例说："君所谓可，而有否焉，臣献其否，以成其可。君所谓否，而有可焉，臣献其可，以去其否。"这称为"和"。如果"君所谓可"，臣亦曰可；"君所谓否"，臣亦曰否。那就是"同"，而不是"和"了。晏子说："若以水济水，谁能食之？若琴瑟之专一，谁能听之？同之不可也如是。"（《左传》）这是说，必须能容纳不同的意见，兼容不同的观点，才能使原来的思想"成其可""去其否"，达到正确的结论。孔子所谓"和而不同"也就是能保留自己的意见而不人云亦云。"和"的观念，肯定多样性的统一，主张容纳不同的意见，对于文化的发展确有积极的促进作用。

老子亦讲"和"，《老子》四十二章："万物负阴而抱阳，冲气以为和。"又五十五章："知和曰常，知常曰明。"这都肯定了"和"的重要。但是老子冲淡了"和"与"同"的区别，既重视"和"，也肯定"同"。五十六章："塞其兑，闭其门，挫其锐，解其分，和其光，同其尘，是谓玄同。"这"和光同尘"之教把西周以来的和同之辩消除了。

墨子反对儒家，不承认和同之辩，而提出"尚同"之说，墨家有许多进步思想，但是"尚同"之说却是比和同之辨后退一步了。

儒家仍然宣扬"和"的观念，《周易大传》提出"太和"观念，《象传》说："乾道变化，各正性命，保合太和，乃利贞。"这所谓"太和"指自然界万物并存共育的景况。儒家认为，包含人类在内的自然界基本上是和谐的。《中庸》云"万物并育而不相害，道并行而不相悖"，这正是儒家所构想的"太和"景象。

孟子提出"人和"，他说："天时不如地利，地利不如人和。三里之城，七里之郭，环而攻之而不胜。夫环而攻之，必有得天时者矣；然而不胜者，是天时不如地利也。城非不高也，池非不深也，兵革非不坚利也，米粟非不多也，委而去之，是地利不如人和也。故曰：域民不以封疆之界，固国不以山溪之险，威天下不以兵革之利。得道者多助，失道者寡助。寡助之至，亲戚畔之；多助之至，天下顺之。"（《孟子·公孙丑下》）这所谓"人和"指人民的团结，人民的团结是胜利的决定性条件。"得道多助，失道寡助"，这是今天仍然必须承认的真理。

儒家的以和为贵的思想在历史上曾经起了促进民族团结、加强民族凝聚力，促进民族融和。加强民族文化的同化力的积极作用。在历史上，得民心者得天下，失民心者失天下，已成为长期起作用的客观规律。在历史上，汉族本是由许多民族融合而成的；在近代，汉族又和五十几个少数民族融合而合成中华民族。中华民族内部密切团结而成为一个统一的整体。中华民族是多元的统一体。中国文化也是多元的统一体。多元的统一，正是中国古代哲学家所谓"和"的体现。所谓"和"，不是不承认矛盾对立，而是认为应该解决矛盾而达到更高的统一。

（题目为编者所加。摘自张岱年为《20世纪儒学研究大系》所作序《中国文化的基本精神》，中华书局2003年版）

第五讲
革故鼎新

为学须觉今是而昨非，日改月化，便是长进。

——《朱子语类》

天地之德不易，而天地之化日新。日之有昼夜，犹人之有生死，世之有鼎革也。

——《思问录·外篇》

世道必进，后胜于今。

——《天演论》

　　战国时期，赵国国君赵武灵王一天对臣子楼缓说："我们东边有齐国、中山（古国名），北边有燕国、东胡，西边有秦国、韩国和楼烦。如果我们不发奋图强，随时会被人家灭了。要发奋图强，就得好好来一番改革。我觉得咱们穿的服装，长袍大褂，干活打仗都不方便，不如胡人（泛指北方的少数民族）短衣窄袖，脚上穿皮靴，灵活得多。我打算仿照胡人的风俗，把服装改一改，你看怎么样？"

　　楼缓听了很赞成，说："咱们仿照胡人的穿着，也能学习他们打仗的本领了。"赵武灵王说："对啊！我打算学胡人的穿着，就是要学胡人那样骑马射箭。"这个议论一传开去，就有不少大臣反对。

　　赵武灵王第二天上朝时穿着胡人的服装出来，大臣们都吓了一跳。赵武灵王把改胡服的事向大家说了，可是大臣们总觉得这件事太丢脸，不愿这样办。

　　赵武灵王有个叔叔公子成，是赵国一位很有影响的老臣，他听到赵武灵王要改服装，以装病不上朝表示发对。赵武灵王知道要推行这个新办法，首先要做通他那老叔叔的思想，就亲自上门找公子成，跟公子成反复地讲穿胡服、学骑射的好处。公子成终于被说服了。赵武灵王立即赏给公子成一套胡服。大臣们一见公子成也穿起胡服来了，没有话说，只好跟着改了。

赵武灵王看到条件成熟，就正式下了一道改革服装的命令。过了没多久，赵国人不分贫富贵贱，都穿起胡服来了。接着，赵武灵王又号令大家学习骑马射箭。不到一年，训练了一支强大的骑兵队伍。公元前305年，赵武灵王亲自率领骑兵打败邻近的中山，又收服了东胡和邻近几个部落。到了第7年，中山、林胡、楼烦都被收服了。

后来赵国成为战国七雄之一，这与其实施胡服骑射的重大军事改革有很大的关系。从其改革可以看到，这是一个富有见识和气魄的革故鼎新过程。

一 "日新之谓盛德"

"革故鼎新"出自《周易·杂卦传》："革，去故也；鼎，取新也。"东汉魏伯阳《周易参同契》言："御政之首，鼎新革故。"指朝代更迭之后，除旧布新。

Ⅰ. 商汤："苟日新，日日新，又日新"

商朝的开国君主汤，在"盘"上刻着告诫自己的铭文：

苟日新，日日新，又日新。

"新"的本意与洗澡有关，即今天把身体洗干净，以后天天都要洗干净，这样一天天地坚持洗净身体，让自己每天都是干净的。商汤要求自身在道德方面如同沐浴一样，能天天洗去自身的过失，使自己的道德修养日日自新。通过这一阐发，中国传统思想领域出现了一个新词——"日新"。我们今天常用的"日新月异"，就是在这个基础上发展而来的。

到了商朝末年，王朝自身的积弊严重阻碍了社会的发展，最后一个国王纣荒淫无道，激化了社会矛盾。"周虽旧邦，其命维新"（《诗经·大雅·文王》），周朝高举"革新"的旗号，顺应天命推翻商朝。但到了东周以后，奴隶制逐渐衰落，封建制开始建立。中国历史上出现首个政治大变革时代。当时的各国纷纷掀起变法运动，如魏国的李悝变法、楚国的吴起变法等，封建制度逐渐确立。

三年和五个月

周武王伐纣，取了殷人的江山，大封诸侯。武王的弟弟周公姬旦分封到今天的曲阜一带，是为鲁公，而武王的军师姜太公被分封到今天山东的海边，是为齐公。

武王去世后，周公姬旦因为辅佐年幼的君主成王，一直在首都做官，鲁公由他的儿子伯禽担任。伯禽到鲁国上任，过了三年才给周公汇报他治理的情况。周公问："为什么这么迟才来？"伯禽回答说："变更当地的习俗，改革其礼，服丧三年然后才能变更当地的习俗，所以迟了。"而姜太公到齐国后，过了五个月就向周公汇报工作。周公问："为什么这么快？"太公说："我简化当地的君臣之礼，顺从当地的习俗。"两相对比，周公慨叹说："唉！鲁国今后要向齐国俯首臣服了！国政不从简，百姓不敢亲近。平易亲近百姓，百姓必定归附。"

周公的预见是准确的。在这之后，随着周天子衰落，诸侯们乘机发展壮大起来。第一个壮大的是齐国。齐国在桓公和管仲的治理下，成为春秋第一个霸主。齐桓公九合诸侯一匡天下，当时的诸侯国都对齐国俯首听命，鲁国当然不例外。

故事出处：《史记·鲁周公世家》

II.《周易》："不可为典要，唯变所适"

关于变化的思想，在《周易》中有集中的反映。《周易》强调天地处于永恒的周流变动之中，并更进一步，在《周易·系辞上传》说："富有之谓大业，日新之谓盛德。生生之谓易。"还说："《易》之为书也不可远，为道也屡迁，变动不居，周流六虚；上下无常，刚柔相易，不可为典要，唯变所适。"认为新事物的产生、旧事物之灭亡是天地的盛德大业，极力主张"日新""生生"。

Ⅲ．老子："周行而不殆"

先秦时期，道家著作蕴含了丰富的辩证法思想。道家代表人物老子认为，变是自然趋势，他说："有物混成，先天地生。寂兮寥兮，独立而不改，周行而不殆，可以为天下母。"认为道"先天地生"，是天地万物的根源，而且运行不息。司马迁在《论六家要旨》中说道家"与时迁移，应物变化，立俗施事，无所不宜"，更是指出了道家思想中顺应事物的特性变化的思想。

Ⅳ．董仲舒："变而有常"

秦汉之后，主张"日新""变化"的思想家，代代不绝。汉初，贾谊提出"变化因时"（《过秦论》）。董仲舒认为"天之道，有序而时，有度而节，变而有常"（《春秋繁露·天容》）。

Ⅴ．张载："日新者，久而无穷"

到了宋代，儒家学者们对"日新"做了进一步的阐发。如北宋张

酬乐天扬州初逢席上见赠

（唐）刘禹锡

巴山楚水凄凉地，二十三年弃置身。
怀旧空吟闻笛赋，到乡翻似烂柯人。
沉舟侧畔千帆过，病树前头万木春。
今日听君歌一曲，暂凭杯酒长精神。

载在解释"日新之谓盛德"时就说："日新者，久而无穷。"意思是，能够日日更新的事物，就可以长期存在、无穷无尽。他所说的"日新"，显然不止"道德的自我完善"，而是囊括世间万物，意指一切事物都要不断革新，以求生存和发展。

Ⅵ. 王安石："天变不足畏，祖宗不足法，人言不足恤"

北宋时期政治改革家王安石认为"尚变者，天道也"，还说"天变不足畏，祖宗不足法，人言不足恤"（《宋史·王安石列传》）。意思是说，天象的变化不至于畏惧，祖宗的规矩不一定效法，人们的议论也不必要担心。今天的人们对天象的变化已有科学的认识，对祖宗的规矩似乎也并不以为然，对人们的议论就更司空见惯了。但在王安石那个时代，天象之变、祖宗之法和人言之可畏都是十分严重的事情，能够提出这样的真知灼见，需要极大的勇气。

Ⅶ. 程颐：随时变易为常道

这时的理学奠基者程颐，强调变化是常道，事物只有在不断变化中才能保持恒常。他说："凡天地所生之物，虽山岳之坚厚，未有能不变者也，故恒非一定之谓也，一定则不能恒矣。唯随时变易，乃常道也。"（《二程集·周易程氏传》）

Ⅷ. 朱熹："日改月化，便是长进"

南宋朱熹说："为学须觉今是而昨非，日改月化，便是长进。"（《朱子语类》）他对"日新"也做了诠释。他为《大学》作注时，认为"苟日新，日日新，又日新"这句话除了有"新"（与"旧"相对）和"日日"（日复一日，无有间断）的意思之外，还可以解释为日日之新、又日之新，都是以最初的一日之新为基础；而每天的"新"，其实都是一日之新，第二日便成为"旧"，因此除旧立新不可停止。

IX. 王夫之："天地之化日新"

生活在明末清初的王夫之，在总结张载和朱熹等人思想的基础上，论证了自然界和人类社会处于不断地变化之中。他说："天地之德不易，而天地之化日新。"（《思问录·外篇》）

论 诗

（清）赵 翼

李杜诗篇万古传，至今已觉不新鲜。
江山代有才人出，各领风骚数百年。

X. 近代资产阶级改良派和革命派的变易思想

到了近代，资产阶级改良派和革命派，都从古代思想中寻找变革思想资源，如《周易》中的"穷则变，变则通，通则久"之类，倡言进化变易思想，高擎革故鼎新的大旗。清末改良主义者康有为在《论语注》中说："德贵日新。"梁启超在《少年中国说》中提出"惟进取也，故日新"。革命派孙中山在香港接受美籍牧师洗礼时即署名"日新"。"日新"精神成为先进知识分子的思想共识和实践动力。

二 "生生之谓易"

如果进一步探讨历代思想家对变化思想的论说，就会发现中国传统文化中的"革故鼎新"思想，还有以下内涵：

I. "革故"和"鼎新"是两个不可分割的过程

俗话说，"旧的不去，新的不来"，强调的是"革故"；而"青出于蓝而胜于蓝"说的则是"鼎新"。"革故鼎新"是新事物和旧事物的更替，是新事物在旧事物的基础上变化和发展的结果。西汉扬雄在《太玄经·玄莹》中所说："因而循之，与道神之。革而化之，与时宜之。故因而能革，天道乃得。革而能因，天道乃驯。"即指出了"革故"和"鼎新"之间的关系。

那么革故鼎新之后，我们应该做些什么呢？王弼给出了答案："革既变矣，则制器立法以成之焉。变而无制，乱可待也。"（《周易正义》）这告诉我们：变革之后，就要将"改革成果制度化"，否则，没有制度依靠的话，混乱就不远了。

II. "出新"与"守正"相结合

"守正"是中国传统文化中的核心价值之一。守正不是守成，不是冥顽不化，而是在不断变革的社会背景下，审时度势，推陈出新。但"出新"与"守正"必须相统一。中华文明历经数千年而不坠，正是因为兼顾了"出新"与"守正"，两者相互搭配而持盈保泰。一味教条，陷于僵化，不懂得变革，就会被时代抛弃；一味求变，事事盲动，就会打破矛盾的统一，违背事物发展规律。

III. 永不停息地自我更新

"日新"要求我们要每日更新，《周易·乾卦》说："天行健，君子以自强不息。"这种"自强"，不是受外力胁迫或强迫，而是因为君子总能看到自身的缺点，于是不断反省，要求自己变得更好，因此自新自强、永不停息。几千年来，"自强不息"式的"革故鼎新"已经深深融入我们民族的性格中，培养出中国人独立自主、自尊自强、坚韧不拔、不屈不挠的精神。

此外，在"革故鼎新"思想里，还包含着尚学的思想。中华民族具有悠久的尚学传统。自古以来，有识之士都把学习看作充实自己、不断前进的重要途径。他们主张"圣人无常师",强调"三人行,必有我师焉"。到了近代,先进人士看到本国的落后和不足,更是主张向西方学习,从而掀起了一次次改革与思想解放思潮。

三 中华文明活力之源

"革故鼎新"思想是中华文明永葆生命力的一个重要因子,它在推动社会、国家向前发展,推动文明进行自我更新,推动文明内部族群进行自我完善等方面起到极其重要的作用。

I．推动王朝更迭、社会变革

中国社会经历了不同社会制度、不同王朝的更迭,"革故鼎新""日新"等思想是每一种社会制度更迭以及不同社会制度的不同王朝更替的合法性依据。《周易·革卦》说:"天地革而四时成。汤武革命,顺乎天而应乎人。"荀子解释说:"汤、武非取天下也,修其道,行其义,兴天下之同利,除天下之同害,而天下归之也;桀、纣非去天下也,反禹、汤之德,乱礼义之分,禽兽之行,积其凶,全其恶,而天下去之也。天下归之之谓王,天下去之之谓亡。"(《荀子·正论》)先哲们认为,革故、改革、革命是"顺天应人"。

II．推动人通过内省进入更高的人生境界

柏拉图在《理想国》中说,哲学家必须从感觉世界的"洞穴"上升到理智世界。哲学家到了理智世界,也就是到了天地境界。这是代代中国人的自觉追求。中国人倾向于强调成为圣人,并按照圣人的准则规范自己。但不同的人对最高人生境界追求不同,对成圣有不同的理解。老子追求"道法自然";孔子追求"从心所欲,不逾矩";孟子追求"穷则独善其身,达则兼济天下";范仲淹追求"先天下之忧而

忧，后天下之乐而乐"；郑板桥追求"难得糊涂"等。我们中国人就是通过不断自视内省，改正旧的，完善新的，从而追求更高的人生境界。

自省精神是儒家的基本精神，为古代士人所推重。曾子曰："吾日三省吾身：为人谋而不忠乎？与朋友交而不信乎？传不习乎？"孟子提出了"反求诸己"。荀子则把自省和学习结合起来，作为实现知行统一的一个环节："君子博学而日参省乎己，则知明而行无过矣。"西汉扬雄在《逐贫赋》中说道："三省吾身，谓予无愆。"意为每天多次自我反省，就可以避免过失。宋代朱熹在《论语集注》中说："日省其身，有则改之，无则加勉。"自省才能不停地发现自己的不足，才能"革故"。能够"自省"，认识到错误不难，但要用坦诚的心灵面对它却不是人人都能做到的，就像一个人亲手割掉自身的毒瘤，需要巨大的勇气。就连孔子都发出感慨："已矣乎！吾未见能见其过而内自讼者也。"（《论语·公冶长》）所以说，懂得自省是大智，敢于自省则是大勇。

III. 推动中华文明蓬勃演进

中华文明传承了数千年，一直保持着蓬勃的生机，并且成为世界上少有的未曾间断的人类文明，这得益于中华民族自身所具有的自净能力，得益于中华文化包容会通、吐故纳新的内生品质。从思想文化艺术的发展来看，中华民族更是表现出卓越的改革创新品质与能力。从结绳记事到仓颉造字的飞跃，从甲骨文、金文、篆书到隶书、楷书、行书和草书的演变，中国文字的革故鼎新在世界文字史上可以说是无与伦比的；而从诗经、楚辞、汉赋、唐诗、宋词、元曲和明清小说的演变与兴盛，更是可以体现中国文化的推陈出新的创造力。

四　改革创新，未有穷时

"革故鼎新"思想推动着中国社会向前发展和中华文明不断演进，

今天实现中华民族复兴的伟业，更需要继承传统革故鼎新精神。

Ⅰ. 继承弘扬传统革故鼎新精神和当代改革创新精神，在新的历史起点上全面深化改革

四十年前，以邓小平为首的中国共产党人，以巨大的政治勇气，推动经济体制改革，实行对外开放，发展社会主义市场经济，使中国经济发展驶入快车道，实现四十年的持续快速增长，经济总量居全球第二，中国的政治、社会、文化面貌也发生深刻变化。事实证明，改革开放是决定当代中国命运的关键抉择，没有改革开放就没有当代中国的发展进步。实现中华民族伟大复兴，必须在新的历史起点上全面深化改革。

现在，我国发展面临一系列突出矛盾和挑战，前进道路上还有不少困难和问题。比如发展不平衡不充分，发展质量和效益不高，创新能力不够强，民生领域还有不少短板，脱贫攻坚任务艰巨，城乡区域发展和收入分配差距依然较大，群众在就业、教育、医疗、居住、养老等方面面临不少难题；社会文明水平尚需提高；国家治理体系和治理能力有待加强；党的建设方面还存在不少薄弱环节，还有生态环境、食品药品安全、安全生产、社会治安、执法司法等关系群众切身利益的问题，等等。解决这些问题，关键在于深化改革。

中国已经进入改革的深水区，需要解决的都是难啃的硬骨头，全面深化改革，必须继承弘扬传统日新精神和当代改革创新精神。

《大学》说："苟日新，日日新，又日新。"《周易·系辞上传》说："富有之谓大业，日新之谓盛德，生生之谓易。"把不断更新的"日新"视为盛德。一个国家只有顺应时势，不断解放思想、改革创新，才能不断发展和进步。而那些故步自封、抱残守缺的国家，则会日益衰弱，甚至沦落到仰人鼻息的境地。近代中国，一大批有识之士主张以新学取代旧学、以新政取代旧政、以维新和革命改变旧体制，

継而"五四"运动以科学和民主为旗帜，指明了中国新文化运动的方向。这是因为他们明白：国家的前途在于革新，在于跟上时代的步伐。

鲁迅曾说，初生的婴儿总是不美的。所以，一切新生事物最初出现之时，招致的往往不是赞美。正因为此，历朝历代的变法改革，总是伴随着既得利益集团的强烈反对，推行过程都相当艰难。但是，正是这些为民请命的"民族脊梁"，无论是居庙堂之高，还是处江湖之远，都心系社稷苍生，以其大爱大勇精神，冲破艰难险阻，变法图强，励精图治，有力地推动着中国历史前行的脚步。当今全面深化改革，更需要我们继承这些"民族脊梁"的大爱大勇精神。

当代改革创新精神是时代精神的集中体现，是改革开放培育造就的伟大精神，也是推进改革开放须臾不可缺少的奋斗精神。改革创新精神，就是锐意改革、创新进取的精神，它表现为一种解放思想、突破陈规、大胆探索、勇于创造的思想观念，一种不甘落后、奋勇争先、追求进步的责任感和使命感，一种坚忍不拔、自强不息、锐意进取的精神状态。弘扬当代改革创新精神，就是要坚持解放思想、与时俱进，勇于开拓进取；就是要求真务实，一切从实际出发，既要胆子要大，又要步子要稳；就是要坚持以人为本，尊重人民主体地位，发挥群众首创精神，紧紧依靠人民推动改革。

Ⅱ. 创新是第一动力，加快建设创新型国家

东汉魏伯阳在《周易参同契》说："御政之首，鼎新革故。"为政最重要的是革故鼎新，就当下中国而言，革故鼎新意味着改革创新。

创新是引领发展的第一动力。历史和现实证明，不创新就要落后，创新慢了也要落后。现代国家竞争，主要是创新能力的竞争，创新强则国家强，创新已成为增强我国经济实力和综合国力、提高我国国际竞争力和国际地位的关键。

我国的创新能力决定了我国的发展的速度、规模、结构、质量和

效益，决定了我国赶超世界先进科技水平的能力和实力。为增强我国的创新能力，需要在全社会树立崇尚创新的发展观，形成抓创新就是抓发展、谋创新就是谋未来的共识；需要深化科技体制改革，转变政府职能，从研发管理转变为创新服务，加强人才建设；需要弘扬创新文化，倡导敢为人先、勇于冒尖的创新精神；需要激活民间智慧和创造力，推动大众创业、万众创新，让创新在全社会蔚然成风。

当然，创新还必须与"守正"相结合。"守正"讲的是恪守正道，守住根基。我们需要与时俱进，不断创新，但前提是必须把握事物本质，遵循事物的发展规律，相时而动，而不是主观盲动；必须尊重优秀的传统，不能将既有的东西一棍子全部打死，将孩子与水一起倒掉。

III. "日新者日进"，养成不断革新、超越自我的创造性人格

程颐说："君子之学必日新，日新者日进也。不日新者必日退，未有不进而不退者。"（《二程遗书》）我国物理学家、制造原子弹的总指挥彭桓武院士，对于原子弹研制成功的经验，曾用一副对联做了一个总结："日新、日新、日日新；集体、集体、集集体。"从这副对联中，我们可以看到《大学》中的"日新"精神对老一辈科学家的人生影响是多么深刻。人不能生而知之，必须通过学习来获取知识、提高修养。韩愈《师说》提出"圣人无常师""弟子不必不如师，师不必贤于弟子"的观点，呼吁人们努力学习他人的长处。然而，一个人如果没有"日新"的意识，就很难认识到自身的不足之处，会为一点成功而沾沾自喜、自高自大，于是不再学习和提高，落到"吃老本"的境地。在古代，由于知识更新速度较慢，这样的人或许还有容身之所；但在高速发展的当代，他的知识结构和思想观念很快就会与时代脱节，变为一个"老古董"，最终被时代所抛弃。从这个角度说，"汤之盘铭"确实值得每个人铭记在心，引为箴言。

德国哲学家康德有句名言："大海之所以伟大，除了它美丽、壮阔、坦荡外，还有一种自我净化的功能。"强调个体要有自我净化的能力。传承"革故鼎新"思想，于个人而言，重在养成开放包容、不断进取的心态，形成勇于自我革新、自我净化、自我完善的人格特征。

养成创造性人格，可从以下几个方面努力：一是培养追求科学和真理的兴趣和好奇心；二是培养促进社会进步、关心民生疾苦的高度社会责任感；三是培养广纳新知的开放心态；四是培养具有批判精神的独立意识。

守古与维新

林语堂

王充《论衡》说："知古不知今，谓之陆沉；知今不知古，谓之盲瞽。"这是每代学人所必有的问题。一代学人，必有守古与维新两派，就是必有"陆沉"与"盲瞽"的争执。守古不变则窒息僵化，知新而不温故则忘本盲从。温故而不知新则死，知新而能好古则生。知新而不知古则空疏浮泛，根底不深，结果驰骛新奇，人云亦云，了无着落。知古而不知今，则昏聩者耄，自己不能进德修业，沉湎于古经古史，与时代脱节，而且阻挠时代之迈进。竹老则必伐之，此无他，老气横秋，不能生笋也。

近人常讲文化复兴，复兴绝不是复古之义。复古必重温三代以上之旧梦，复兴不得。非先王之书不敢诵，非先王之道不敢言，这是必死之道。孔子研究夏礼殷礼，而结果还是"吾从周"。吾从周即吾从今。使孔子生于今日，考前代之宪章，参当时之得失，当亦不能以追思三代宪章为自足。何以故？孔子苟日新，日日新，是最好学不倦的人。孔子不做复夏复殷之梦，我们也正可不必做复汉复唐之梦。今日的"新"可知者正多，故重温旧梦之时应少，发愤图强之时应多。这样发愤图强，月无忘其所能，日知其所亡，自然有欣欣向荣之象，文化自然勃然复兴起来。

我想古有可尊者则当尊之，仁义礼智，人伦大端，是也。古不可尊者则当弃之，繁文缛节，等因奉此，阳奉阴违，杀人盈野，杀人盈城，官宦官刑，咿唔八股等是也。但是今人每好自足、自宽、自慰，凡有新知，每以"古已有之"四字向自己催眠。这是温故而知新的毛病。以"民主"二字而言，"民为贵，君为轻"，古已有之，但是古代民主制度在哪里？专制政体，何尝有君主立宪？说说两句"民为贵，君为轻"，就可以蜷伏而眠吗？以大炮卫星火箭而论，说说两句"火药是吾所发明"，就可以跌坐禅定以东方文明自豪吗？这也是必死之道。中国人讲格物致知讲了两千年，可以说是全盘失败的。无论鸟兽虫鱼天文地理，都格不出什么物来，致不了什么知来。王阳明坐着格竹子之理，向竹子呆看，格了九天便病下来。王阳明虽言致良知，实在与格物无关，凑合字样而已。

他人造卫星火箭，我们说"火箭古已有之，明末海军御倭寇，早就有之"（见《西湖二集》）。言外之意，似乎可以不必去学他人。这样行不行？知耻近乎勇，还是虚怀善学外人，这才可以有点生气。日本人就是走这一条路。时至今日，我们再不能如晚清士大夫做长寿眠那种样子了。

（林语堂：《我站在自由这一边》，万卷出版公司 2013 年版）

第六讲
居安思危

危者，安其位者也；亡者，保其存者也；乱者，有其治者也。是故君子安而不忘危，存而不忘亡，治而不忘乱。是以身安而国家可保也。

——《周易·系辞下传》

为之于未有，治之于未乱。

——《道德经》

谋先事则昌，事先谋则亡。

——《说苑·谈丛》

《诗经》中有一篇《鸱鸮》的诗，前几句说：

鸱鸮鸱鸮，既取我子，无毁我室。恩斯勤斯，鬻子之闵斯。迨天之未阴雨，彻彼桑土，绸缪牖户。今女下民，或敢侮予？

鸱鸮，就是猫头鹰。这几句诗的意思是：猫头鹰这恶鸟，夺走了我雏子，不要再毁去我的窝巢。我含辛茹苦，早已为养育雏子病了！我趁着天阴雨，啄取那桑皮桑根，将窗门缚紧。现在你们树下的人，还有谁敢将我欺凌！

这只母鸟痛定思痛，居安思危，趁着下雨之前，赶快筑好巢，以防危险。

北宋史学家、文学家宋祁在《直言对》中说了这样一句话："居安而念危，则终不危；操治而虑乱，则终不乱。"意指在国家安定、形势大好的时候，不可盲目乐观，忽视危险存在的可能性。只有居安思危，未雨绸缪，才能做到临阵不乱，处变不惊。

一　古人的“忧”思

I.“居安思危”一词牵出的感人故事

“居安思危”一词，据《左传》记载，最早出自《尚书》。《左传·襄公十一年》说：“《书》曰：‘居安思危。’思则有备，有备无患，敢以此规。”

当时，宋、齐、晋、卫等国联合围攻郑国，郑国向晋国求和，晋国同意后，其他国家停止了进攻。郑国君臣为了讨好征服者，用许多兵车、乐队和美女贿赂晋国。晋悼公打算把乐队的一半赏赐给臣子魏绛，并说：“您教会了我同戎狄的和睦之策，从而整顿了中原诸国。八年之中九次会合诸侯，如音律般协调，请与我一同享受快乐吧。”魏绛听了，没有受宠若惊，反而拒绝了晋悼公的赏赐，《左传》中他是这样说的：

夫和戎狄，国之福也；八年之中，九合诸侯，诸侯无慝，君之灵也，二三子之劳也，臣何力之有焉？抑臣愿君安其乐而思其终也！《诗》曰：“乐只君子，殿天子之邦。乐只君子，福禄攸同。便蕃左右，亦是帅从。”夫乐以安德，义以处之，礼以行之，信以守之，仁以厉之，而后可以殿邦国，同福禄，来远人，所谓乐也。《书》曰：“居安思危。”思则有备，有备无患，敢以此规。

魏绛的意思是说：“您能够同意和戎之策，这是国家的福分。八年之中九次会合诸侯，而诸侯能够顺从，没有什么邪念，这是君王的威灵，也是大臣们的功劳，我哪里有什么功劳呢？我希望君王能够身处安乐之中常思长远而已。《诗》上说，快乐啊君子，镇抚天子的家邦。快乐啊君子，他的福禄和别人同享。治理好附近的小国，使他们相率服从。音乐用来巩固德行，用道义对待它，用礼仪推行它，用信用保守它，用仁爱勉励它，然后能用来安定邦国、同享福禄、招来远方的人，这就是所说的快乐。《尚书》上说，处于安定之中要时刻想到危险。思虑要长远，有了防备就没有祸患，臣谨以此向君王规劝。"

晋悼公听了魏绛的话说："您的教导，我哪能不接受呢？而且要是没有您，我便无法对付戎人。赏赐是国家的典章制度，不能废除的，你还是接受吧。"经过这件事情之后，晋悼公时刻不忘居安思危，对魏绛更加敬重。

Ⅱ. 《周易》，一部忧患之书

在我国，"居安思危"思想起源较早。《周易》作为一本卜筮之书，也是一部忧患之书，其重要功用就是教人要防患于未然。《周易·系辞下传》道："《易》之兴也，其于中古乎？作《易》者，其有忧患乎？"《周易·乾卦》说："君子终日乾乾，夕惕若，厉，无咎。"说君子白天小心谨慎，晚上反思警醒，就不会有什么灾难降临到自己身上。

Ⅲ. 先秦诸子的忧患意识

春秋战国时期，天下大乱，诸子百家都有深深的忧患意识。孔子说："人无远虑，必有近忧。"（《论语·卫灵公》）老子说："为之于未有，治之于未乱。"（《道德经》）墨子说："心无备虑，不可以应卒。"（《墨子·七患》）这里的"卒"，就是我们今天常说的"突发事件"。墨子的意思是说，不在平时考虑好应对各种变故的方法，一旦发生紧急事件就会手足无措，无法应对。又如孟子说："国家闲暇，及是时，明其政刑。虽大国，必畏之矣。《诗》云：'迨天之未阴雨，彻彼桑土，绸缪牖户。今此下民，或敢侮予？'孔子曰：'为此诗者，其知道乎！能治其国家，谁敢侮之？'"（《孟子·公孙丑上》）这里孟子引了《诗经·豳风·鸱鸮》的句子，以及孔子的评论，来说明居安思危、有备无患、未雨绸缪的重要意义。再如荀子也曾说："知兵者之举事也，满则虑嗛，平则虑险，安则虑危，曲重其豫，犹恐及其祸，是以百举而不陷也。"（《荀子·仲尼》）意思是说，懂兵的人做事，圆满时考虑不足，顺利时考虑艰难，安全时考虑危险，周到地从多方面加以防范，就像时刻都害怕遭到祸害，所以办了上百件事也不会失误。

Ⅳ. 汉唐才子们的谆谆劝诫

自此之后，"居安思危"作为一种告诫他人和自我警醒的思想，为历代君臣所重视，出现了许多关于"居安思危"的著名言论。

西汉文学家扬雄写过一篇《冀州箴》。冀州地处今天的河北一带，在当时是经济实力数一数二的发达地区，赵、魏两个战国时期的大国都是从冀州起家的。然而，赵、魏两国由于国策不当，都走上了"初安如山，后崩如崖"的不归路。鉴于这一历史教训，扬雄告诫统治者要"治不忘乱，安不忘危"。西汉文学家司马相如在《谏猎疏》也曾言："盖明者远见于未萌，知者避危于无形。祸固多藏于隐微，而发于人之所忽者也。"

以直言进谏而闻名于世的唐代政治家、思想家魏徵在《谏太宗十思疏》中说："人君当神器之重，居域中之大……不念居安思危，戒奢以俭……斯亦伐根以求木茂，塞源而欲流长也。"魏徵之所以要特别向唐太宗提出"居安思危"的重要性，是因为唐太宗在统治国家十几年后，渐渐丧失了励精图治的干劲，喜好享乐、不恤民力的事情时有发生。魏徵是隋末群雄混战的亲历者，目睹了隋炀帝因役使百姓过甚而激起百姓反抗的全过程。他担忧唐太宗会重蹈隋炀帝的覆辙，因此才对唐太宗有这样的规劝。

我国古代"居安思危"思想，包括以下几个方面内涵：

第一，安中有危。这是"居安思危"的理论前提。在古代许多思想者看来，安中有危，危中有安，安、危是相互转化的，如庄子所说："安危相易，祸福相生。"（《庄子·则阳》）老子所说："祸兮福之所

倚，福兮祸之所伏。"（《道德经》）

第二，安中思危。这是"居安思危"精神的核心理念。所谓"思则有备""人无远虑，必有近忧"即是如此。在中国历史长河中，中华民族具有强烈的忧患意识。先秦时期，士大夫们忧患的是国家、百姓的安危。秦汉以后随着大一统封建王朝的确立，君主成为国家、政治、天下的象征，"忧君"成为士人忧患意识的主基调。近代以后，仁人志士忧患的是民族自强、独立和复兴。

曲突徙薪

古时有一户人家建了栋房子，许多邻居和亲友都前来祝贺，人们纷纷称赞这房子造得好。主人听了十分高兴。但有一位客人诚心诚意地向主人提出："您家厨房里的烟囱是从灶膛上端笔直通上去的，这样，灶膛的火很容易飞出烟囱，落到房顶上引起火灾。您最好改一改，在灶膛与烟囱之间加一段弯曲的通道。这样就安全多了。"顿了一顿，这个客人又说："您在灶门前堆了那么多柴草，这样也很危险，还是搬远一点好。"主人听了以后，认为这个客人是故意找茬出他的洋相，心里很不高兴。当然，也就谈不上认真采纳这些意见了。

过了几天，这栋新房果然由于厨房的毛病起火了，左邻右舍齐心协力，拼命抢救，才把火扑灭。主人为了酬谢帮忙救火的人，专门摆了酒席，并把被火烧得焦头烂额的人请到上座，而唯独没有请那位提出忠告的人。

这时，有人提醒主人："您把帮助救火的人都请来了，可为什么不请那位建议您改砌烟囱，搬开柴草的人呢？如果您当初听了那位客人的劝告，就不会发生这场火灾了。现在，是论功而请客，怎么能不请对您提出忠告的人，而请在救火时被烧得焦头烂额的人坐在上席呢？"主人听了以后，幡然醒悟，连忙把当初提出忠告的人请来了。

故事出处：《汉书·霍光传》

第三，安中防危。这是"居安思危"精神的落脚点。在不少古代思想者看来，灾难的苗头大多隐藏在细节之中，所谓"千里之堤，溃于蚁穴""祸固多藏于隐微，而发于人之所忽者也"（司马相如《谏猎疏》），必须防微杜渐，将灾祸消灭于未然之时。如王符所说："慎微防萌，以断其邪。"（《潜夫论·浮侈》）

二 "忧"从何来？

那么，"居安思危"的思想为什么会在我国古已有之，且成为朝野众人的共识呢？

Ⅰ. 靠天吃饭的"本"业

我国古代以农业为立国之本，而农业又与自然气候关系密切。在风调雨顺的年景，农民就可能丰收；若旱涝不时，百姓就有因粮食歉收而饿死的危险。这些自然灾害是客观存在的，不以人的意志为转移，更非人力所能消除。因此，为了规避自然灾害带来的风险，古代的学者们就主张，一户农家耕种三年，收获的粮食除上缴国家和田作自家口粮外，还要保留足够自家食用一年的积蓄，以此作为抗灾的"家当"。这种通过勤俭持家来备荒备急的思想和做法，可说是最简单又最实在的"居安思危"了。也就是说，"居安思危"是我们的祖先在正确认识自然灾害可能给自己的生活带来巨大风险的前提下所产生的一种应对思想，是一种活在当下而虑之久远的人生智慧。

在社会生产力不够发达的时代，需要"居安思危"的不只是农民。如果作为"兆民本业"的农业出了问题，统治者一样是在劫难逃的。所以，我国古代的统治者虽然在某些具体政策上有不同的思路，但大多数都是非常重视农业生产的。"图匮于丰，防俭于逸"这句话，出自西晋文学家潘岳的《藉田赋》。意为"丰收的时候，要想到可能有歉收的年份；过着安逸的生活，也要想着节俭"，这是从君主的角度"居安思危"。而封建社会能有这样的意识，又何尝不是从当时社会面临的现实威胁总结出来的呢？

Ⅱ．改朝换代的沉痛教训

"居安思危"思想之所以能在我国古代长期流行，也与历史上一个个鲜活的惨痛教训有莫大的关系。

秦朝末年，高呼"王侯将相宁有种乎"的陈胜、吴广，从揭竿起义，到称王立国，由他点燃的反秦烈火烧红了大半个中国，最终却落得兵败被害的结局，这很大程度上与他称王后骄横自满，与百姓关系疏离，丧失了忧患意识有关。

南唐后主的亡国故事被人们熟知并纷纷引以为戒。后主李煜因为整日沉溺于靡靡之音，荒废政事，不思进取，缺乏忧患意识而造成了亡国的惨剧。尽管当时已有大臣提醒他局势并不安稳，可惜他目光短浅，认为自己身居皇位，生活安逸，而未能想到有朝一日沦为亡国奴的悲惨境遇。

在我国历史上，像上面所举的缺乏忧患意识，未能做到"居安思危"而以失败收场的惨痛教训，不胜枚举。中国有重视历史记录、历史训诫的文化传统，因而下至普通百姓，上至国君大臣，无不从这众多的历史教训中，深刻体会到"居安思危"的重要性，从而培养了"居安思危"的思想意识。

三 忧患意识与中国社会

中华民族能越过无数历史沟壑走到今天，中华文明能五千年薪火相传，得益于国人的忧患意识。

Ⅰ．促使人们克服惰性、积极面对未来

"居安思危"，表面上看似乎有些悲观消极，但实质上是一种思虑

长远、积极应对不可预测风险的人生智慧。事物的发展既有必然性，也有偶然性，有一些突发的偶然事件是人们始料不及的。"天有不测风云，人有旦夕祸福"，说的就是这种情况。这些意外事件，可能使人陷入困境，甚至改变人的命运。因此，如果能在安全甚至是优越的环境中，提前意识到危机存在的可能性，那么当危机真正来临时，便可以从容应对，化解危机，从而立于不败之地。对于古代的劳动人民来说，在风调雨顺的时候想到来年可能发生的灾害和歉收，从而在丰收的好年景中更加辛勤劳作，争取获得更多的收成，并且提前做好储备，这不仅需要深谋远虑的智慧，更需要勇于克服自身的惰性和侥幸心理，以一种积极的、有备无患的心态去迎接未来可能遭遇的困境。

Ⅱ. 激励着一代代明君贤臣励精图治、奋发图强

"居安思危，思则有备，有备无患。"唐代宰相魏徵，辅佐唐太宗李世民治理国家的一个核心理念就是"居安思危，善始克终"。他常常以隋朝灭亡作为教训，规劝太宗要"居安思危，善始克终"。唐太宗"居安思危，戒奢以俭"，励精图治，从而造就了"贞观之治"的盛世基业。

太宗思危

有一次，唐太宗对亲近的大臣们说："治国就像治病一样，即使病好了，也应当休养护理，倘若马上就自我放纵，一旦旧病复发，就没有办法解救了。现在国家很幸运地得到和平安宁，四方的少数民族都服从，这真是自古以来所罕有的，但是我一天比一天小心，只害怕这种情况不能维持久远，所以我很希望听到你们的进谏争辩啊！"魏徵回答说："国内国外得到治理安宁，臣不认为这是值得高兴的，臣只对陛下能够居安思危感到喜悦。"

故事出处：《旧唐书·魏徵传》

Ⅲ. 警醒国人严整武备

"生于忧患，死于安乐。"古罗马帝国由兴盛走向衰亡，其主要原因之一在于，帝国兴盛时人们的尚武传统和自信精神在和平环境下逐渐退去，国家疏于防备，人们也渐以服兵役为耻。我国古代也有类似的例子。唐玄宗前期，国力达到了前所未有的高度。尔后由于国内承平日久，各项军事制度日益废弛。到玄宗执政后期时，外患无穷，内乱横生，唐王朝开始走向衰败。宋朝皇帝沉迷辞章，轻视武功，终致亡国。清朝国困兵弱，带来的是国家的腐败和衰亡。所以，武备强大，始终把外敌忧患放在心上者则国防盛，国家安；在和平时期迷失于优越的环境，躺在"功劳簿"上"吃老本"，最终必然坐吃山空，招致失败。纵观古今中外，莫不如是。孙中山也曾说过："所谓固国家不以山溪之险，威天下不以兵革之利，其道何在？精神为也。"孙中山告诉我们，一个国家的国防巩固与否，不应只以"山溪之险、兵革之利"来衡量，更重要的是，要看其国民的国防意识和精神状态如何。"山溪之险、兵革之利"属于国防建设的物质层面，固然重要，而"居安思危"的忧患意识才是巩固国防的核心精神，有了这种精神，才能使"山溪之险、兵革之利"发挥出其应有的作用。

四　值得珍视的哲学智慧

Ⅰ. 居安思危背后的哲学逻辑

"居安思危"是一种文化精神，更是一种值得我们珍视的哲学智慧。为什么要"居安思危"？必须领会居安思危背后的哲学逻辑。事物的发展是不断地以新易旧的过程，旧事物发展到成熟的时候，恰恰是新事物开始取代旧事物的时候，人们的成功，其实只是事物发展的一个阶段，是新事物正在逐渐生成的阶段。在我们一帆风顺的时候，在感到安全、安定、安逸的时候，新的矛盾已在潜滋暗长，隐患已慢慢从四周向我们袭来。事物发展永远是新事物代替旧事物的过程，需要我们在顺境中保持警觉，越是顺利的时候，越要警觉，越不能骄傲自满、得意忘形、忘乎所以。在顺境的时候，如果能保持"思"危险的警觉心态，就能远离危险，因为看到危险，人会自然防备、应对，最怕的是危险迫近而不自知。发现各种危机和问题后，我们的明智做法，就是要尊重事物发展规律，顺势而为，积极扬弃和超越自我，主动变革，使自己立于不败之地。

II. 居安思危蕴含着深刻的辩证法思想

老子说："祸兮福之所倚，福兮祸之所伏。"这里的"福"与"祸"，含义与"安"和"危"相近。

我国古人在看待和分析具体问题时，往往有着辩证法的思想和眼光。唐代贞观年间，宰相房玄龄曾说："思危所以求安，虑退所以能进。"他说的虽然是个人进退祸福之间的关系，却完全可以用以指导我们的生活和工作。在生活和工作中，如果我们不满足于当前的状况，平时能够针对当前的状况和存在的问题，多想想如何改进，出了问题应该如何应对，"安""进"自然就可以取代"危""退"。反之，如果平时麻痹大意，对一些细小的危险视而不见，小问题难免会演变成大麻烦。

III. "德之不修"是人生最大的隐忧

中国古代哲人给我们留下了许多关于"居安思危"的至理名言，如"生于忧患，死于安乐""人无远虑，必有近忧""凡事豫则立，不豫则废""思则有备，有备无患"等。"居安思危"是我国传统文化的一种智慧和境界。

但在中国传统文化特别是儒家思想看来，"居安思危"还是一种相对表层的智慧和境界。前面我们已经说过，人在成功、顺境的时候，更要谦卑自省、不骄不躁。这其实也是传统儒家倡导的一种道德修养。在传统儒家看来，养成良善道德是更本质的要求，有好的修养，必然会"居安思危"，因而传统儒家虽然满怀忧患意识，但最忧患的是"德之不修"。孔子曾经说到自己的忧患："德之不修，学之不讲，闻义不能徙，不善不能改，是吾忧也。"（《论语·述而》）因此，不断加强自己的修养，培养自己仁爱、谦和、宽容、诚信、勤勉等美德，能从源头远离灾祸、消弭危机。

五　为了国家长治久安

老子说："为之于未有，治之于未乱。"（《道德经》）说的是祸患要在它还没有发生之前就提前解决掉，治国，就是要在太平时期提前对可能出现的乱世有所预防和准备。对于国家而言，弘扬传统"居安思危"精神，就是要尽可能地避免治乱兴衰的历史循环，确保国家的长治久安。

经过新中国 69 年特别是改革开放 40 年的发展，我国已成为世界第二大经济体，中华民族迎来了伟大复兴的光明前景。但面对世情、国情的新变化，我国还面临着一系列重大挑战和风险。

我国经济发展步入新常态，改革进入深水区，全面建成小康社会进入决胜期，经济社会发展中各种深层次矛盾日益凸显，国家建设还面临不少问题和挑战。如如何解决发展不平衡不充分问题？如何提高发展的质量和效益？如何增强创新能力？如何发展实体经济？如何恢复和保护生态环境？如何补齐民生短板？如何使贫困人口脱贫？如何缩小城乡区域发展和收入分配差距？如何解决群众在就业、教育、医疗、居住、养老等方面面临的问题？如何提高全社会的道德水准和文明水平？如何真正实现全面依法治国，推进国家治理体系和治理能力的现代化？等等。

执政党也面临着精神懈怠危险、能力不足危险、脱离群众危险、消极腐败危险，反腐败斗争形势仍然严峻复杂。

中国的崛起正在成为具有划时代意义的历史事件，正在改变世界政治经济格局。西方敌对势力西化分化我国的图谋加剧。

"忧劳兴国，逸豫亡身"，国人必须居安思危，知危图安，确保国家的长治久安。

这就需要在认识问题、分析形势上既要看到有利的一面，也要看到不利的一面，把形势想得更复杂一点，把挑战看得更严峻一些，做好应对最坏局面的思想准备；在应对困难和挑战上，不回避矛盾，不掩盖问题；在解决问题迎接挑战上，用对方法，用好方法，见事早、出招快，化危为机。

附

论且顾眼前

朱自清

　　俗语说："火烧眉毛，且顾眼前。"这句话大概有了年代，我们可以说是人们向来如此。这一回抗战，火烧到了每人的眉毛，"且顾眼前"竟成了一般的守则，一时的风气，却是向来少有的。但是抗战时期大家还有个共同的"胜利"的远景，起初虽然朦胧，后来却越来越清楚。这告诉我们，大家且顾眼前也不妨，不久就会来个长久之计的。但是惨胜了，战祸起在自己家里，动乱比抗战时期更甚，并且好像没个完似的。没有了共同的远景；有些人简直没有远景，有些人有远景，却只是片段的，全景是在一片朦胧之中。可是火烧得更大了，更快了，能够且顾眼前就是好的，顾得一天是一天，谁还想到什么长久之计！可是这种局面能以长久的拖下去吗？我们是该警觉的。

　　且顾眼前，情形差别很大。第一类是只顾享乐的人，所谓"今朝有酒今朝醉"。这种人在抗战中大概是些发国难财的人，在胜利后大概是些发接收财或胜利财的人。他们巧取豪夺得到财富，得来的快，花去的也就快。这些人虽然原来未必都是贫儿，暴富却是事实。时势老在动荡，物价老在上涨，倘来的财富若是不去运用或花销，转眼就会两手空空儿的！所谓运用，大概又趋向投机一路；这条路是动荡的，担风险的。在动荡中要把握现在，自己不吃亏，就只有享乐了。享乐无非是吃喝嫖赌，加上穿好衣服，住好房子。传统的享乐方式不够阔的，加上些买办文化，洋味儿越多越好，反正有的是钱。这中间自然有不少人享乐一番之后，依旧还我贫儿面目，再吃苦头。但是也有少数豪门，凭借特殊的权位，浑水里摸鱼，越来越富，越花越有。财富集中在他们手里，享乐也集中在他们手里。于是富的富到三十三天之上，贫的贫到十八层地狱之下。现在的穷富悬殊是史无前例的；现在的享用娱乐也是史无前例的。但是大多数在饥饿线上挣扎的人能以眼睁睁白供养着这班骄奢淫逸的人尽情的自在的享乐吗？有朝一日——唉，让他们且顾眼前罢！

第二类是苟安旦夕的人。这些人未尝不想工作，未尝不想做些事业，可是物质环境如此艰难，社会又如此不安定，谁都贪图近便，贪图速成，他们也就见风使舵，凡事一混了之。"混事"本是一句老话，也可以说是固有文化；不过向来多半带着自谦的意味，并不以为"混"是好事，可以了此一生。但是目下这个"混"似乎成为原则了。困难太多，办不了，办不通，只好马马虎虎，能推就推，不能推就拖，不能拖就来个偷工减料，只要门面敷衍得过就成，管它好坏，管它久长不久长，不好不要紧，只要自己不吃亏！从前似乎只有年纪老资格老的人这么混。现在却连许多青年人也一道同风起来。这种不择手段，只顾眼前，已成风气。谁也说不准明天的事儿，只要今天过去就得了，何必认真！认真又有什么用！只有一些书呆子和准书呆子还在他们自己的岗位上死气白赖的规规矩矩的工作。但是战讯接着战讯，越来越艰难，越来越不安定，混的人越来越多，靠这一些书呆子和准书呆子能够撑得住吗？大家老是这么混着混着，有朝一日垮台完事。蝼蚁尚且贪生，且顾眼前，苟且偷生，这心情是可以了解的；然而能有多长久呢？只顾眼前的人是不想到这个的。

第三类是穷困无告的人。这些人在饥饿线上挣扎着，他们只能顾到眼前的衣食住，再不能够顾到别的；他们甚至连眼前的衣食住都顾不周全，哪有工夫想别的呢？这类人原是历来就有的，正和前两类人也是历来就有的一样，但是数量加速的增大，却是可忧的也可怕的。这类人跟第一类人恰好是两极端，第一类人增大的是财富的数量，这一类人增大的是人员的数量——第二类人也是如此。这种分别增大的数量也许终于会使历史变质的罢？历史上主持国家社会长久之计或百年大计的原只是少数人；可是在比较安定的时代，大部分人都还能够有个打算，为了自己的家或自己。有两句古语说，"一年之计在于春，一日之计在于晨"，这大概是给农民说的。无论是怎样的穷打算，苦打算，能有个打算，总比不能有打算心里舒服些。现在确是到了人人没法打算的时候；"一日之计"还可以有，但是显然和从前的"一日之计"不同了，因为"今日不知明日事"，这"一日"恐怕真得限于一日了。在这种局面下"百年大计"自然更谈不上。不过那些豪门还是能够有他们的打算的，他们不但能够打算自己一辈子，并且可以打算到子孙。因为即使大变来了，他们还可以溜到海外做寓公去。这班人自然是满意现状的。第二类人虽然不满现状，却也害怕破坏和改变，因为他们觉着那时候更无把握。第三类人不用说是不满现状的。然而除了一部分流浪型外，大概都信天任命，愿意付出大的代价取得那即使只有丝毫的安定；他们也害怕破坏和改变。因此"且顾眼前"就成了风气，有的豪夺着，有的鬼混着，有的空等着。然而还有一类顾眼前而又不顾眼前的人。

我们向来有"及时行乐"一句话，但是陶渊明《杂诗》说，"及时当勉励，岁月不待人"，同是教人"及时"，态度却大不一样。"及时"也就是把握现在；"行乐"要把握现在，努力也得把握现在。陶渊明指的是个人的努力，目下急需的是大家的努力。在没有什么大变的时代，所谓"百世可知"，领导者努力的可以说是"百年大计"；但是在这个动乱的时代，"百年"是太模糊太空洞了，为了大家，至多也只能几年几年的计划着，才能够踏实的努力前去。这也是"及时"，把握现在，说是另一意义的"且顾眼前"也未尝不可；"且顾眼前"本是救急，目下需要的正是救急，不过不是各人自顾自的救急，更不是从救急转到行乐上罢了。不过目下的中国，连几年计划也谈不上。于是有些人，特别是青年一代，就先从一般的把握现在下手。这就是努力认识现在，暴露现在，批评现在，抗议现在。他们在试验，难免有错误的地方。而在前三类人看来，他们的努力却难免向着那可怕的可忧的破坏与改变的路上去，那是不顾眼前的！但是，这只是站在自顾自的立场上说话，若是顾到大家，这些人倒是真正能够顾到眼前的人。

（林贤治编：《朱自清散文：论无话可说》，花城出版社 2013 年版）

第七讲
天下为公

古者立天子而贵之者，非以利一人也。曰：天下无一贵，则理无由通，通理以为天下也。故立天子以为天下，非立天下以为天子也；立国君以为国，非立国以为国君也；立官长以为官，非立官以为长也。

——《慎子》

古者以天下为主，君为客，凡君之所毕世而经营者，为天下也。

——《明夷待访录》

春秋时，晋国国君晋平公问大夫祁黄羊："南阳缺一县令，你看谁可以去担任呢？"祁黄羊说："解狐可以。"晋平公感到很惊奇："解狐不是你的杀父仇人吗？你为什么要推荐他？"祁黄羊笑答道："您问的是谁能当县官，不是问谁是我的仇人呀。"平公觉得祁黄羊说得对，就派解狐去南阳做县官。解狐上任后，为当地办了不少好事，受到南阳百姓普遍好评。

过了一段时间，晋平公又对祁黄羊说："现在国家缺一尉官，你看谁可以去担当这一官职呢？"祁黄羊毫不犹豫地说祁午可以。晋平公大为惊讶地说："祁午不是你的儿子吗？"祁黄羊说："您问我谁可以当尉官，可您没有问我谁是我的儿子呀。"平公觉得祁黄羊的回答有道理，于是又派祁午当了尉官，后来祁午果然成了好尉官。

同时代的孔子听说祁黄羊的事迹后，说了这样一句话：

善哉，祁黄羊之论也！外举不避仇，内举不避子。祁黄羊可谓公矣。（《吕氏春秋·去私》）

孔子赞说祁黄羊"公"。

古往今来，"公"是对为政者的希冀和要求。何谓"公"？何以从很早的时候起就出现"天下为公"一语？

孙中山为何对"天下为公"四字情有独钟？

一 "私天下"江山下的"公天下"理想

Ⅰ．"天下为公"出自《礼记·礼运》

《礼记·礼运》上的这段话很有名：

大道之行也，天下为公。选贤与能，讲信修睦，故人不独亲其亲，不独子其子，使老有所终，壮有所用，幼有所长，矜（鳏）寡孤独废疾者皆有所养。男有分，女有归。货恶其弃于地也，不必藏于己；力恶其不出于身也，不必为己。是故，谋闭而不兴，盗窃乱贼而不作，故外户而不闭。是谓大同。

这段话的意思是，在大道施行的时候，天下是人们所共有的，把品德高尚的人、能干的人选拔出来，讲求诚信，培养和睦气氛。所以人们不单奉养自己的父母，不单抚育自己的子女，还要使老年人能终其天年，中年人能为社会效力，幼童能顺利地成长，使老而无妻的人、老而无夫的人、幼年丧父的孩子、老而无子的人、残疾人都能得到供养。男子有职分，女子有归宿。对于财货，人们憎恨把它扔在地上的行为，却不一定要自己私藏；人们都愿意为公众之事竭尽全力，而不一定为自己牟私利。因此奸邪之谋不会发生，盗窃、造反和害人的事情不会发生。所以大门都不用关上了，这是"大同"的社会。

Ⅱ．孔子："均无贫"

《礼记·礼运》中的这段文字，托名孔子所说，不一定就是孔子本人的言论，但反映的是以孔子为创始人的儒家学派的政治理想和对未来社会的憧憬。这个理想社会，是"天下为公"的"大同"社会，在这个社会中，成员平等、和睦，政治权力不私相授受，选拔贤能的人治理国家；各种社会角色，平等和谐相处，拥有社会保障，人人无私奉公，社会安定平和。人们追求财富，但并不以拥有最多的财富和超越他人的物质生活条件为目标，致力于社会生存保障基础上的社会平等与和谐。孔子突出了对公平的向往和追求。孔子说："不患寡而患不均，不患贫而患不安。"（《论语·季氏》）主张"均无贫"，要求社会财富均衡，没有贫穷之人。

III. 孟子、荀子：君轻民贵

孔子之后，儒家代表人物孟子、荀子也有"公天下"的思想。孟子主张"民为贵，社稷次之，君为轻"（《孟子·尽心下》）、"君有大过则谏，反覆之而不听则易位"（《孟子·万章下》）。荀子说："天之生民，非为君也；天之立君，以为民也。"（《荀子·大略》）这些话的意思很明确，天下不是君主的，老百姓也不是为君主而生的，设立君主是为了老百姓，君主有过，首先规劝，如果总是不改的话，可以让他让位。

IV. 慎到："立天子以为天下，非立天下以为天子"

法家慎到在《慎子》中说：

古者立天子而贵之者，非以利一人也。曰：天下无一贵，则理无由通，通理以为天下也。故立天子以为天下，非立天下以为天子也；立国君以为国，非立国以为君也；立官长以为官，非立官以为长也。

这段话的意思是，古时候，拥立天子而使他尊贵，并不是让天子一个人得到利益。这是说：天下没有一位尊贵的君主，那么国家的法令就行不通，让法令行得通是为了治理好天下。所以拥立天子是为了治理好天下，并不是设置天下来为天子一个人服务；拥立国君是为了治理好国家，并不是建立国家来为国君一个人服务；设置官职是为了更好地履行职责，并不是设置官职来为长官个人享乐。

Ⅴ.《吕氏春秋》："天下非一人之天下也，天下之天下也"

约成书于战国末年，由秦国吕不韦组织编写的杂家著作《吕氏春秋》，提出了"贵公""去私"社会思想。说："天下非一人之天下也，天下之天下也。"

书中还提出了"公则天下平"的思想：

昔先圣王之治天下也，必先公，公则天下平矣，平得于公。尝试观于上志，有得天下者众矣，其得之以公，其失之必以偏。凡主之立也，生于公。

这段话的意思是，先代圣王治理天下，一定把"公"放在首位，只有"公"，天下才会安定。我曾经观览上志，发现曾经取得天下的人是相当多的，他们取得天下是由于公，失去天下是由于私，大凡立君本意都出于"公"。

Ⅵ.《六韬》："天下为天下之天下"和"同利共财"

《六韬》又称《太公六韬》《太公兵法》，书中提出了"天下为天下之天下"和"同利共财"的思想。请看下面这段话：

天下非一人之天下，乃天下之天下也。同天下之利者，则得天下；擅天下之利者，则失天下。天有时，地有财，能与人共之者，仁也。仁之所在，天下归之。

这段话的大意为：天下不是一个人的天下，而是天下所有人共有的天下。能同天下所有人共同分享天下利益的，就可以取得天下；独占天下利益的，就会失掉天下。天有四时，地有财富，能和人们共同享用的，就是仁爱。仁爱所在，天下之人就会归附。

Ⅶ. 黄宗羲：天下为主，君为客

儒家和诸子的公天下社会理想在秦汉以后的中国社会中并没有实现。大一统专制社会形成后，儒家大多在限制皇权上做文章，如宋代理学家们在君德和士大夫内心修养下工夫，力图促使君臣共治天下。

明亡后，顾炎武、黄宗羲、王夫之等痛定思痛，认为明朝灭亡的根本教训是君主的私天下，呼吁要以公天下之心重新设计政治社会体制。

顾炎武说："古之圣人，以公心待天下之人。"（《郡县论》）

"天下为公"思想到黄宗羲时，臻于成熟。他说："古者以天下为主，君为客，凡君之所毕世而经营者，为天下也。"（《明夷待访录》）意思是说古代以天下百姓为主人，以君主为客人，君主一生努力从事的事情，就是为天下人谋福利。黄宗羲认为后世的君主违背了这种精神，将天下视为自己的私产，"屠毒天下之肝脑，离散天下之子女，以博我一人之产业……"（《明夷待访录》）他强烈抨击君主专制制度，声讨君主制，主张回到三代去，实行井田制度，合理分配土地，主张地方分权，主张学校起到议政作用，对后世有较大影响。

王夫之也说："以天下论者，必循天下之公。"天下"非一姓之私也"（《读通鉴论》）。

Ⅷ. 康有为："天下国家者，为天下国家之人共同有之器"

进入近代以后，随着中华民族的危机不断加深，西方民主共和思想的传入，清朝私天下的专制统治，日益受到来自知识分子、民众等阶层的质疑、批判和反抗，农民起义者、维新改良派和民主革命派拿起的是古老的"天下为公"思想武器。康有为写了重申中国传统公天下理想的《大同书》。他在《礼运注》里说："天下为公，选贤与能者，官天下也。夫天下国家者，为天下国家之人公共同有之器，非一人一家所得私有，当合大家公选贤能以任其职，不得世传其子孙兄弟也，此君臣之公理也。"

IX．孙中山：民有、民治、民享、共和

孙中山极力倡言"天下为公"。作为中国民主革命的先行者，孙中山很喜欢题写"天下为公"。据不完全统计，孙中山所书"天下为公"手迹，仅上款有受赠人姓名的就有32件之多，其中就包括冯玉祥、张学良等知名人士。

但此时孙中山"天下为公"思想与传统儒家学说已不可同日而语。其"天下为公"包括民有、民治、民享、共和等丰富内涵。孙中山说："我们三民主义的意思，就是民有、民治、民享，这个民有、民治、民享的意思，就是国家是人民所共有，政治是人民所共管，利益是人民所共享。照这样的说法，人民对于国家不只是共产，一切事权都是要共的。"（《三民主义》）孙中山提出的政制主张是"五族共和"，他说："共和国家，人民是国家的主人，官吏是人民的公仆。"（《三民主义》）

二　共有·共享·公心

追溯"天下为公"思想传统可知，其思想是与"天下为私""天下为家"相对应的。也就是说，"天下为公"，是为天下所有人，而不偏私于一部分人，其精神内涵包括以下几个方面：

Ⅰ．天下共有

"天下为公"是一个思想体系，先要解决天下是谁的，是个人的还是集体的。中国古老的天下观念，大多主张"公天下"，即认为天下是天下人的天下，非部分人的天下，更非一人一姓之天下，天下属于全体人民。这是"天下为公"价值理念的逻辑起点。

Ⅱ．天下共享

既然天下是天下人的，那么天下人共同享有天下之利，人人是社会的一员，社会有每人的一份，因而天下人要和谐共享，和睦相处。这是"天下为公"追求的社会目标，透露出原始的平等和谐理念。

Ⅲ．以公治事

既然天下是天下人的天下，管理天下的人，就要出于公心。公心是公制的前提。晋人傅玄说："有公心必有公道，有公道必有公制。"（《傅子·通志》）儒家推崇的"圣王"，就是无私之君。朱熹说："一心可以兴邦，一心可以丧邦，只在公私之间尔。"（《论语集注》）顾炎武说："以公心待天下之人。"都是强调为政者要出于公心。这是天下共有理念的逻辑结果，反映的是一种对社会公平正义的追求。

Ⅳ．以民为本

天下是"天下人"的天下，这"天下人"，在大部分思想者眼中，就是统治者相对应的民众。天下"为公"，就是主张为政者要为民，重视民众的生计、忧乐。黄宗羲说："天下之治乱，不在一姓之兴亡，而在万民之忧乐。"（《原臣》）这是天下共有理念的另一个逻辑结果，是中国传统重民思想的体现。

三 一面传统社会审视现实政治的镜子

"大同""小康"的社会理想和政治目标，虽出于儒家对上古三代状况充满历史想象力的重构，但为政治实践订立了很高的标准，为人们提供了一种用来审视、评判现实世界的理想社会蓝图与标准，对君主专制多少起到一些约束作用，促进了历代重民、利民、安民政策的出笼和实施，这些治国之策对王朝兴盛起了重要作用。

传统"天下为公"思想，为近代维新改良和民主革命提供了思想资源，康有为和孙中山所设想的大同世界，在继承儒家传统的同时，也吸收了当时的新思想、新知识，他们的理想虽然没能最终应用于现实社会，但在促进中国告别封建专制主义、走向近代社会中发挥了重要作用。

当然，对"天下为公"的历史作用也不能高估。在中国历史上，不少帝王虽然也打出"天下为公"的旗号，但终归还是"家天下"，在封建专制制度之下，"公"只是表面，只是"家"或者"我"的代名词。

虽然儒家"天下为公，世界大同"的美好社会未实现过，但不等于说"天下为公"的大同理想没有意义。"天下为公，世界大同"两千多年来一直是儒家孜孜追求的理想。《大学》有曰："物有本末，事有始终。知所先后，则近道矣。"儒家在描绘"天下大同"美好愿景时，并不是凭空虚设一种高远孤悬的天下主义理想，也不认为可以跨越时空一蹴而就，而认为要遵循事物本末、先后、远近的发展规律。

四　如何以"天下为公"情怀为官做事？

传统"天下为公"思想，认为天下是天下人的天下，非部分人的天下，管理天下的人，要出于公心。现今处于不同管理层的领导干部，要有天下为公的情怀，真正做到立党为公，执政为民。

Ⅰ．树立公仆意识

"公仆"就是公众的仆人，公仆意识是民主思想与民主制度的产物。公仆意识的核心是正确的权力观。一是各级领导干部要明晓权力是哪来的。权力来自人民，是人民赋予的，是人民让渡自己的权力，那种认为自己的权力是奋斗挣来的，是自己的学历、经验等本钱换来的，或是某个领导恩赐的观点，都是错误的。二是要解决如何对待手中权力的问题。民主的要义在于确立、维护公民的基本权利，各级领导者必须尊重公民的基本权利，依法为人民办事，而绝不能以权势意识来看待自己的权力，把人民授予的权力变成个人的权势。那种认为权力就是地位、资本，掌权就是为了光宗耀祖、发财、捞好处的想法也是极端错误的。

Ⅱ．诚心干事

领导干部要牢记自己的身份是公职人员，是人民的公仆，维护的是公益、公利。既然是人民公仆，在为官做事上应有"天下为公"的情怀。一是不唯上，善于把上级的指示精神与本地、本部门的实际结合起来，拿出自己解决问题的举措和办法。二是不唯名。即图实绩、弃虚名，不做表面文章，不求表面上轰轰烈烈，不搞中看不中用的花架子，坚持为老百姓多办事、办实事。三是不唯我。即处理事情不个人决断，注重集思广益、倾听群众的意见，群策群力，发挥领导集体的作用。

Ⅲ．公平办事

"天下为公"的核心价值理念是"公"，强调管理天下的人，就要出于公心，以公居心，以公治事。

"政者，正也。"领导干部要作风正派，行事公道，断事公平。一是用人公道，任人唯贤。提拔正直的人为政，百姓自然信服；而让邪佞之人当道，百姓就会不服。二是处事要公正。在任何时间、任何场合、处理任何事情都应一视同仁，持守正道，不能只顾少数或个别人的特殊利益。

Ⅳ. 克己奉公

清廉则正，领导干部要做到克己奉公，必须清正廉洁。东汉王逸在《楚辞章句》中注释说："不受曰廉，不污曰洁。"也就是说不接受他人的贿赂就是廉正，不让自己清白的品行受到玷污，就是纯洁。

保证干部清正廉洁，必须将党风廉政建设引向深入，促使领导干部时刻警惕拜金主义、享乐主义、个人主义思想的腐蚀，时时刻刻提醒自己在职责范围内行使权力，防止拿群众的利益做人情，拿原则做交易。与此同时要打击腐败，铁腕治腐。人民群众最痛恨腐败现象，反腐败工作无禁区、全覆盖、零容忍，永远在路上。

Ⅴ. 以法治约束领导干部公心治事

如何才能做到为官者"以公心待天下"，儒家和墨家的办法的是强调道德修养、自省，提倡仁爱、兼爱，有爱心自然会有公心。儒家大同理想中，提出"选贤与能"，可能在儒家看来，贤人即道德完满之人，为政能为公而不为私。中国几千年封建政治可以看做是贤人政治，但贤人政治是否能实现公心治天下？

我们不能否定道德修养对为政者的重要性，中国历史上一代代满腹经纶的仁人志士，怀着达则兼济天下的情怀，秉公执政，维系了社会的和谐稳定。但是要看到，中国王朝政治中，阶级差别很大、阶级对立严重，因而治乱循环。因此还需要制度的保证，否则很难走出历史周期率。只有德治与法治相结合，才能走出一条"公心待天下"之路。

现在要让为政者公心居事、公心治事，根本途径是实行德治与法治相结合。法治就是要把权力关进制度的笼子里，严格制约公权力的私有化，将权力置于法治的环境运行，使为政者不敢不公、不能不公。

广州岭南学生欢迎会的演说（节录）

孙中山

诸君现在受教育的时候，预想将来学成之后，有一种贡献到社会上，究竟应该做些什么事呢？诸君现在还未毕业，知识不大发达，学问没有成就，自然不能责备诸君，一定要做些什么事，但是在没有做事之先，应该有什么预备呢？应该要注意些什么事呢？依我看来，在这个时期之内，第一件是要立志。立志是读书人最要紧的一件事。中国人读书的思想，都以为士为四民之首，比农、工、商贾几种人都要高一些。二三十年以前的学生，他们有一种立志，就是在闭户自读的时候，总想入学、中举、点翰林。以后还要做大官。我今天希望诸君的，不是那种旧思想的立志，是比那入学、中举、点翰林、做大官的志还要更大。中国几千年以来，有志的人本不少，但是他们那种立志的旧思想，专注重发达个人，为个人谋幸福，和近代的思想大不相合。近代人类立志的思想，是注重发达人群，为大家谋幸福，用事实说，我们中国青年应该有的志愿，是在什么地方呢？是要把中华民国重新建设起来，让将来民国的文明，和各国并驾齐驱。我们现在的文明，都是从外国输入进来的，全靠外人提倡，这是几千年以来从古没有的大耻辱。如果我们立志，改良国家，万众一心，协力奋斗做去，还是可以追踪欧美，若是不然，中国便事事落在人尾，永远不能自己发达，永远没有进步。推其极端，中国便非沦于灭亡不可。所以现在的青年，便应该以国家为己任，把建设将来社会事业的责任担负起来。这种志愿究竟是如何立法呢？我读古今中外的历史，知道世界极有名的人，不全是从政治事业一方面做成功的；有在政权上一时极有势力的人，后来并不知名的；有极知名的人，完全是在政治范围之外的。简单的说，古今人物之名望的高大，不是在他所做的官大，是在他所做的事业成功。如果一件事业能够成功，便能够享大名。所以我劝诸君立志，是要做大事，不可要做大官。

什么是叫做大事呢？大概的说，无论那一件事，只要从头至尾，彻底做成功，便是大事。譬如从前有个法国人叫做柏斯多，专用心力考察人眼所不能见的东西，那种东西极微妙，极无用处，为通常人目力之所不及。在普通人看起来，必以为算不得一回什么事，何以枉费工夫去研究他呢？但是柏斯多把他的构造性质和对于别种东西的关系，自头至尾研究出来成一种有系统的结果，把这种东西便叫做微生物。由研究这种微生物，便发明微生物对于各种动植物的妨害极大，必须要把他扑灭才好。现在世界人类受知道扑灭这种微生物的益处，不知道有多少。譬如从前的人，不知道蚕有受病的，所以常常有许多蚕吐丝不多，所获的利益极微。现在知道蚕也有受病的，蚕受了病，便不能吐丝。考察他受病的原因，是由于有一种微生物；消灭这种微生物，便可医好蚕的病，乃可多吐丝。现在广东每年所出丝加多几千万，但许多还有不知道医蚕病的，如果都知道消灭害蚕的微生物，更可增加无限的收入，那种利益该是何等大呢？现在全世界上由于知道消灭害蚕的微生物，所得的总利益，又是何等大呢？但是当柏斯多立志研究微生物的时候，他也不知道有这样大的利益。用这件故事证明的意思，便是说微生物本是极微妙极小的东西。但是研究他关系于动植物的利害，有一种具体结果，贡献到人类，便是一件很大的事。柏斯多立志研究的东西，虽然说是很小，但是他彻底得了结果，便是成了大事，所以他在历史上便享大名。

我们中国从前的人，都不知道像柏斯多这样的立志，只知道立志要入学、中举、点状元、做宰相，并且还有要做皇帝的。譬如秦始皇出游的时候，刘邦、项羽都看见了，便各自叹气，表示自己的志愿。项羽说："彼可取而代之。"刘邦说："大丈夫当如是也。"他两个人的口气虽然不同，但是他们的志愿，毫没有分别。换句话说，都是想做皇帝。这种思想，久而久之，便传播到普通人群中，所以从此以后，中国人都想做皇帝，便不想做别的事。自民国成立以来，不是像袁世凯想做皇帝，便是像一般军阀想做督军、巡阅使，那也是错了。因为要达到那种地位是很不容易的，障碍物是很多的。因为他们立志一定要达到那种地位，所以弄到杀人放火，残贼人类，亦所不惜。诸君想想：那志愿是好是不好呢？一定是不好的，所以我们必须要消灭那种志愿。至于学生立志，注重之点，万不可想要达到什么地位，必须要想做成一件什么事。因为地位是关系于个人的。达到了什么地位，只能为个人谋幸福。事业是关系于群众的，做成了什么事，便能为大家谋幸福。近代人类的思想，是注重谋大家的幸福，我从前已经说过了。大家又知道，许多做大事成功的人，不尽是在学校读过了书的。也有向来没有进过学校，能够做成大事业的。不过那种人是天生的长处。普通人要所做的事不错，必要取法古人的长处才好。所以我们要进学校读书，取古今中外人的知识才学，来帮助我做一件大事，然后那件大事，便容易成功。

……

但是诸君学美国，切不可像从前的美国留学生，只要自己变成美国人，不管国家，必须利用美国的学问，把中国化成美国。因为国家的大事，不是一个人单独能够做成功的，必须要有更多的人才，大家同心做去，那才容易。要有很多的人才，那么，造就人才的好学校，不可只有一个岭南大学。广东省必要几十个岭南大学，中国必要几百个岭南大学，造成几十万或几百万好学生，那才于中国有大利益。如果只要自己学成美国人，便心满意足，不管国家是怎样，我们走到外国，他们还是笑我们是卑劣的中国人呀。因为专就个人而论，中国人面黄，美国人面白，无论诸君怎么学法，我们的面怎么样可以变颜色呢？诸君又再有什么方法去学呢？我们要好，须要全国的人大众都好，只要把国家变成富强，是世界上的头等国，那么，我们面色虽然是黄的，走到外国，自己承认是中国人，还不失为头等国民的尊荣。

诸君今天欢迎我来演讲，我贡献诸君的，就是要诸君立志，要有国民的大志气，专心做一件事，帮助国家变成富强。这个要中国富强的事务，就是诸君的责任；要诸君担负这个责任，便是我的希望。

1923 年 12 月 21 日

（《国民党周刊》第七期，1924 年 1 月 6 日）

第八讲
公平正义

无偏无党，王道荡荡；无党无偏，王道平平。

——《尚书·洪范》

以公灭私，民其允怀。

——《尚书·周官》

上公正，则下易直矣。

——《荀子·正论》

公道达而私门塞，公义立而私事息。

——《韩诗外传》

奉公如法，则上下平；上下平，则国强。

——《史记·廉颇蔺相如列传》

　　贞观二年（628），唐太宗与中书令房玄龄等一班臣僚讨论公平问题，他先这样说了一通：

　　"我近来看隋代旧臣遗老中，高颎是一位公平正直的相才，可惜遇到隋炀帝这样的无道昏君，却被冤枉杀害了（高颎，在隋文帝时当宰相近20年，后因反对废太子杨勇并得罪独孤皇后，遭隋文帝猜忌，被免官为民，不久后又免去齐国公爵位。隋炀帝时，被起用为太常卿。大业三年，见炀帝奢靡，甚为忧虑，有所议论，为人告发，与贺若弼同时被杀害）。汉、魏以来，诸葛亮做丞相，也非常公平正直，他曾经上表把廖立、李严罢官放逐到南中，后来廖立听到诸葛亮逝世，哭着说：'我们大概要亡国了！'李严听到诸葛亮逝世，也发病而死。所以陈寿说：'诸葛亮执政，开诚心，布公道，尽忠国家，在当时做了不少有益于国家的事，虽是仇人，该赏的也必须奖赏，对违犯法纪玩忽职守的人，虽是最亲近的人也必须惩罚。'你们难道不仰慕学习他们吗？我如今常仰慕前代那些贤德的帝王，你们也可仰慕那些贤德的宰相，如果能这样做，那么荣耀的名声和高贵的地位，就可以长久保持了。"

（参《贞观政要·论公平》）

在这段话中，唐太宗赞许了高颍和诸葛亮的公平正直。

"公平""公正"在唐太宗以前就在使用。如《管子·形势解》："天公平而无私，故美恶莫不覆；地公平而无私，故小大莫不载。"《荀子·赋》："公正无私，见谓从（纵）横。"《淮南子·修务训》："公正无私，一言而万民齐。"等等。

"公平正义"是一个重要的现代政治学概念，涉及权利公平、机会公平、社会正义、法律正义等复杂内涵。但社会公平自古以来就是人类孜孜以求的普遍价值，对公平正义的追求，自有人类社会以来就没有停歇过，中外古今莫不如此。

那么，公平正义思想在我国传统社会中是如何呈现的呢？

一　古人对公正的孜孜以求

先看看《诗经·魏风·伐檀》一诗：

坎坎伐檀兮，置之河之干兮。河水清且涟猗。不稼不穑，胡取禾三百廛兮？不狩不猎，胡瞻尔庭有县貆兮？彼君子兮，不素餐兮！

坎坎伐辐兮，置之河之侧兮。河水清且直猗。不稼不穑，胡取禾三百亿兮？不狩不猎，胡瞻尔庭有县特兮？彼君了兮，不素食兮！

坎坎伐轮兮，置之河之漘兮。河水清且沦猗。不稼不穑，胡取禾三百囷兮？不狩不猎，胡瞻尔庭有县鹑兮？彼君子兮，不素飧兮！

诗中充满着对"不稼不穑""不狩不猎"者不劳而豪取的控诉，表达了对公平分配的强烈愿望。

在我国另一著名古典文献《尚书》中，哲人直接道出："无偏无党，王道荡荡；无党无偏，王道平平。"（《尚书·洪范》）认为处事公正，没有偏私，仁政才能顺利推行；处事公正，没有偏私，国家治理才会井然有序。

Ⅰ. 儒家经济公正观："不患寡而患不均"

春秋时期，以孔子为代表的儒家，从其仁政理论生发出道义主义公正观。

孔子具有经济平等思想。他说："丘也闻有国有家者，不患寡而患不均，不患贫而患不安。盖均无贫，和无寡，安无倾。"（《论语·季氏》）为实现经济平等，儒家代表人物提出了许多政策举措的建议。如战国时期孟子就主张恢复西周初期的井田制，认为井田制体现了公平："夫仁政，必自经界始。经界不正，井地不钧，谷禄不平""经界既正，分田制禄可坐而定也。"（《孟子·滕文公上》）汉代董仲舒针对世家大族"乘富贵之资力，以与民争利于下"，疯狂兼并土地，以致造成"贫者无立锥之地，富者田连阡陌"的状况，提出了"限民名田，以赡不足，塞并兼之路"的经济主张。儒家主张的经济公平，就是在财富占有和分配方面遵循公平原则。

Ⅱ. 儒家政治公正观："选贤与能"

孔子著名的"举直错诸枉，能使枉者直"的观点，体现了孔子选官用人方面的公正思想。

《论语·颜渊》中有下面一段话：

樊迟问仁，子曰："爱人。"问知，子曰："知人。"樊迟未达，子曰："举直错诸枉，能使枉者直。"樊迟退，见子夏，曰："乡也吾见夫子而问知，子曰'举直错诸枉，能使枉者直'，何谓也？"子夏曰："富哉言乎！舜有天下，选于众，举皋陶，不仁者远矣。汤有天下，选于众，举伊尹，不仁者远矣。"

这段话的意思是：樊迟询问怎样做才算仁，孔子说："爱护他人。"又问怎样才算智，孔子说："了解他人。"樊迟不太明白，孔子说："举用正直的人，把他们放在邪恶的人之上，能使邪恶的人变得正直。"樊迟退下，又去见子夏，说："刚才我去见夫子询问怎样算智，夫子说'举用正直的人，把他们放在邪恶的人之上，能使邪恶的人变得正直。'这是什么意思啊？"子夏说："夫子所言，内涵丰富啊！虞舜拥有天下，从众人中选拔，举用了皋陶，不仁的人远离了。商汤拥有天下，从众人中选拔，举用了伊尹，不仁的人远离了。"孟子曾说："贵德而尊士，贤者在位，能者在职。"（《孟子·公孙丑上》）孔孟都主张选贤任能。

在政治平等方面，以孟子的君臣平等思想最为突出。孟子说："君之视臣如手足，则臣视君如腹心；君之视臣如犬马，则臣视君如国人；君之视臣如土芥，则臣视君如寇仇。"（《孟子·离娄下》）意思是说，如果国君将臣下看做自己的手足兄弟，那么臣下对国君就会心怀感激，把国君当作自己的心肝一样看待。如果做国君的仅仅把臣下作为工具来使用，一点人情味都没有，那么臣下对国君的态度必然会发生相应的变化，他会把国君视为城中一个普通人，没有丝毫的敬意。如果国君鄙视臣下，根本不把臣下当回事，那么臣下必然会对国君不满意，甚至会把国君视为仇敌。孟子这段话反映出他所主张的君臣关系在人格上是平等的。

儒家在立法等差与司法特权下，有平等执法和守法的公正思想。儒家虽然认为，"名位不同，礼亦异数"（《左传·庄公十八年》），法律上"礼不下庶人，刑不上大夫"（《礼记·曲礼上》），但主张人人都应该平等地遵守法律，执法机构在执法时也应以公平执法为前提。下面是《孟子·尽心上》的一段精彩对话：

桃应问曰："舜为天子，皋陶为士，瞽瞍杀人，则如之何？"孟子曰："执之而已矣。""然则舜不禁与？"曰："夫舜恶得而禁之？夫有所受之也。""然则舜如之何？"曰："舜视弃天下犹弃敝屣也。窃负而逃，遵海滨而处，终身䜣然，乐而忘天下。"

这段话的意思是：桃应问："舜是天子，皋陶是司法官，如果舜的父亲瞽瞍杀了人，该怎么办呢？"孟子回答："把他逮捕起来就可以了。""难道舜就不会阻止吗？"孟子说："舜怎么可能会阻止呢？皋陶只是行使自己的权力罢了。""那么，舜又该怎么做呢？"孟子说："舜把抛弃天下看作抛弃破鞋子一般。他会偷偷地背着父亲逃跑，逃到沿海的地方居住下来，一生高兴地过，进而会忘掉天下。"从这段对话中，我们不难看出孟子主张皋陶作为执法者应当平等、公正地执法，不能因舜的特殊身份而曲法。舜虽然贵为天子，但其作为守法者不应滥用职权干预执法者执法。不过儒家在面对亲情与法律时有两面性，一方面，儒家主张执法者要平等执法、守法者要平等守法。另一方面，面对亲人触犯法律时又主张"父为子隐，子为父隐，直在其中矣"（《论语·子路》）。

III. 儒家社会公正观："老有所终，壮有所用，幼有所长，矜寡孤独废疾者，皆有所养"

《礼记·礼运》这段话很好地体现了这点："大道之行也，天下为公。选贤与能，讲信修睦，故人不独亲其亲，不独子其子，使老有所终，壮有所用，幼有所长，矜寡孤独废疾者，皆有所养。"其次体现在统治者要扶危济困，用现在的话来说要有社会保障。孟子说，矜寡孤独，"天下之穷民而告者，文王发政施仁，必先斯四者"。特别是在遇到天灾时，更要"恤邻救孤""乐岁终身饱，凶年免于死亡"（《孟子·梁惠王上》）。荀子指出："选贤良，举笃敬，兴孝悌，收孤寡，补贫穷。如是，则庶人安政矣。庶人安政，然后君子安位……故君人者，欲安，则莫若平政爱民矣。"（《荀子·王制》）荀子认为，对于社会的孤寡残障，统治者应该承担起社会救助的责任和义务，并且采取有效措施，使这些需要救助的人得到妥善安置。

IV. 儒家文化公正观："有教无类"

孔子提出著名的"有教无类"思想并第一个开设私学，平民百姓不论出身高低贵贱，只要给予束脩就可以入学接受教育。"有教无类"思想的践行，既打破了"礼不下庶人"的封建等级桎梏，又冲破了"学在官府"的贵族垄断禁锢，真正实现了教育资源面前人人平等，受教育权平等化。章太炎评价道："孔子于中国为中民开化之宗……布之民间，然后人知典常，家识图史……民尚怀术，皆有卿相之资。由是阶级荡平，寒畯上遂。"（《太炎文录初编》）

Ⅴ. 墨家政治公正观："尚贤"

墨子说："故官无常贵，而民无终贱，有能则举之，无能则下之。"（《墨子·尚贤上》）墨子一方面主张君臣平民的平等，另一方面主张根据人的德行能力来安排官位，反对血缘宗法制度所造成的政治参与的不平等。

县人犯跸

汉文帝外出行至中渭桥，突然有一个人从桥下跑出来，惊了文帝御驾的马，文帝险些被摔下，十分恼火，就命人拘捕了此人，交给廷尉张释之查办。张释之审讯此人，此人讲了犯跸的经过："听说皇帝经过，我就躲在桥下，躲了很久，以为皇帝的车驾走了，我就从桥下钻出来，谁知皇帝车驾刚好过桥。"张释之据情判定该人"冒犯车驾，罚金四两"，上奏朝廷。

汉文帝看了奏文后很生气："此人使我的马惊惧不已，幸亏这马温驯，要是其他马，不是把我摔伤了吗？你只是罚他一点钱，判决太轻了。"张释之就解释说："法律是天子和百姓应该共同遵守的，不应偏私。法有定规，如果加重处罚，如何取信于民。廷尉是天下公正执法的带头人，如果廷尉不公正，地方也会不公，百姓就会惶恐不安！"汉文帝思考了很久才说："廷尉的量刑判决是对的。"

故事出处：《汉书·张冯汲郑传》

Ⅵ. 法家政治公正观："法不阿贵"

如管子说："君臣上下贵贱皆从法。"（《管子·任法》）"不为一人枉其法。"（《管子·白心》）。商鞅说："刑无等级，自卿相将军以至大夫庶人，有不从王令、犯国禁、乱上制者，罪死不赦。"（《商君书·赏刑》）韩非子说："法不阿贵，绳不挠曲。法之所加，智者弗能辞，勇者弗敢争，刑过不避大臣，赏善不遗匹夫。"（《韩非子·有度》）

二　传统公正观之得失

Ⅰ. 激励人们"尚公重义"

传统儒家公正观暗含两对关系，一是"公与私"，二是"义与利"。"公与私"主要针对为政者，其价值原则是"公高于私"；"义与利"主要针对普通百姓，其价值原则是"义贵于利"。儒家通过"礼""义"所构建的公正理论，激励人们"尚公重义"。

Ⅱ. 塑造士人风骨

中国士人，"穷则独善其身，达则兼济天下"。在不平等的社会环境中，士人们用独特的方式表达对社会的反抗。如魏晋名士的蔑视纲常、放荡不羁。更有一批仁人义士憎恨社会的不平等，放弃现实的功名利禄，归隐山林，成为隐士。

剑　客

（唐）贾　岛

十年磨一剑，霜刃未曾试。

今日把示君，谁有不平事。

III. 一定程度上影响封建王朝决策

传统的朴素平均思想，影响了封建土地政策，这主要表现为历代均田、限田制度的推行。汉代王莽称帝后，复古改制，重点即在恢复井田制，将全国土地定为国有，称为王田，不得买卖，按人口授田。著名的北魏均田制以及与其相应的租调制，即是以一夫一妻的小家庭为受田纳租单位，没有户等区别。北宋王安石变法，一项重要措施是实行方田均税法。他企图用类似井田制的土地制度，均调土地和赋税。明代海瑞声称"欲天下治平，必行耕田，不得已而限田；又不得已而均税"（《明史》）。

IV. 催生农民平等思想

历次农民起义，大多打着追求"平等"和"公正"的旗号。像秦末陈胜、吴广在发动起义时说："王侯将相，宁有种乎？"像北宋王小波、李顺在发动起义时说："吾疾贫富不均，今为汝均之。"明末李自成提出"均田免粮"。太平天国洪秀全在发动起义时也曾说："有田同耕，有饭同食，有衣同穿，有钱同使，无处不均匀，无人不饱暖。"这都反映了农民对公平正义的诉求。

V. 鲜明的局限性

但我们要看到，儒家的平等观是建立在不平等基础上的。儒家强调社会关系尊卑有别，主张"礼不下庶人，刑不上大夫"。儒家的正义观一直与道德为伴，凡是道德的都是正义的，它所强调的是君子通过修身养性，以期达到"内圣"。西方的正义观自古希腊亚里士多德起，就完成了与法律的成功"联姻"，他们认为，正义的实现离不开法律。

中国历史上从未真正出现过平均平等的社会。封建统治者实行的均田、限田之类政策，旨在缓和阶级矛盾。思想家们的平均主张，不过是从长治久安的远大眼光考虑问题，反对剥削过甚、杀鸡取蛋罢了。农民起义军则因其自身的局限性和统治阶级力量的强大，无从真正实现平均平等的理想。

三 建设一个公平正义社会

公平正义是人类社会的永恒主题与价值追求，也是衡量社会文明进步与否的重要标尺。公平正义的实现有助于保证我们每一个人享有权利公平、机会公平、规则公平，有力保障全体人民平等地获得社会权益、参与社会竞争、享受社会生活。中国传统文化中公平正义思想，是社会主义核心价值观中"公正""平等"价值观的重要思想来源，发掘传统文化中的公平正义思想，吸收其合理成分，具有重要的现实意义。

I. 社会存在的不公问题和现象

随着我国经济的发展和改革开放的深入，在社会高速发展过程中不可避免产生一些社会不公问题和现象。

比如司法公正方面，一些权力机关工作人员法治意识薄弱、特权思想严重，以言代法，以权压法，干预司法执法；另一些执法工作人员对权力存有盲目崇拜与畏惧心理，不能秉公执法。两个因素的叠合造成不少徇私枉法现象。

在社会民生方面，城乡差别大，首先表现为城乡居民收入差距大，2017 年城镇居民人均收入 36396 元，农村居民人均收入 13432 元，城乡居民人均收入倍差 2.71。在落后的农村地区，还有不少贫困人口（2017 年有 3046 万人）。我国城乡间、地域间在教育、养老、医疗、最低保障等方面存在较大差距。城乡接受教育机会也不均等，农村学生具有入学率低、辍学率高的特点，落后地区儿童在贫困面前，不得不放弃求学。由于户籍制度限制，在一些城市，外来务工人员孩子入学困难。此外，还存在农村人口、大学生就业难的问题和任职、升迁、定薪、评奖等方面存在的不公现象。

Ⅱ. 完善制度体系

制度缺失、权力集中、权力运行过程中出现的不合理、不合法行为，是导致社会不公平现象的重要原因。促进公平正义，首要的是完善制度体系。

一是健全权利公平制度。权利公平是社会公正的基本要求，国家需要通过制度的改革创新，保障每一位公民合法享有基本权利。如推进户籍制度改革，保障农村居民在城乡的生存发展权；深化行政体制改革，简政放权，为人们的发展权提供更充足的空间；推进分配制度改革，缩小区域间、城乡间、阶层间的贫富差距。

二是健全完善机会公平制度。机会公平是社会公平的核心，一个公平的社会，必然保证人们在竞争起点、晋升机会、参与机会等方面的公平。为此，我们要深化教育领域综合改革，实现教育资源共享，增加农村孩子平等接受教育的机会；废除妨碍统一市场和公平竞争的各种规定和做法，深化商事制度改革，打破行政性垄断，防止市场垄断，放宽服务业准入限制，实现市场竞争的公平有序；要完善劳动就业制度，使每位社会成员获得公平参与竞争、施展各自才能和抱负的机会。

三是健全对公权力有效监督的制度。习近平总书记曾经指出要把权力关进制度的笼子里，形成不敢腐的惩戒机制、不能腐的防范机制、不易腐的保障机制。为此要构建监督有力的权力运行体系，合理界定公权力行使的边界，对过于集中的权力进行制衡，对重要部位和环节的权力进行分解，健全信息公开制度、公开听证制度、说明理由制度、公示制度、新闻发布制度等，以提高权力运行的透明度。

Ⅲ. 切实依法行政， 实现以法治权

公平与正义的实现，必须基于法治的基础。我国传统公平正义观念中，强调法制的主要是法家思想。在中国几千年的封建社会中，法家思想起了重要作用。有人说，中国封建社会就是外儒内法的体制。但法制非法治，传统中国还是一个典型的人治社会，在法律面前从未实现过人格平等。我们在传承传统公平正义思想时，要注重吸收现代西方法治观念，跳出"礼不下庶人，刑不上大夫"的千年窠臼，倡导依法诉求，依法维权，依法办事，公正执法，使所有人都受到法律的制约。

促进我国社会公平正义，一定要将权力纳入法治轨道。一是保证国家机构和人员依照法定权限行使权力，不得逾越；二是保证权力依照法定程序运行，一旦违反法定程序，违法者承担相应的法律后果；三是坚持执法必严、违法必究，在法律面前无例外；四是提高权力监督法制化程度，明确监督主体和客体的权责关系，加强权力监督机制责任追究力度。

促进我国社会公平正义，必须着力解决司法公正问题。为此必须贯彻落实党的十九大报告所指出的：深化司法体制综合配套改革，全面落实司法责任制，努力让人民群众在每一个司法案件中感受到公平正义。坚决禁止任何组织和个人以言代法、以权压法、逐利违法、徇私枉法。

Ⅳ. 健全社会保障体系， 推进社会公平

经济发展中一个无法避免的消极影响就是，由于受到自然禀赋、历史文化、宏观政策、市场意识等诸多因素的影响，总会出现发展的不平衡和贫富不均状况，古今皆然。中国历代统治者采取恤政方式救济贫民，形成了一整套成熟的救荒制度，这与早期儒家倡导大同社会理想和经济上的公正思想分不开。当今，传统救助思想已经发展为现

代社会保障制度，后者建立起维护国民切身利益的"托底机制"，已经成为经济发展的"推进器"和确保国家安全的"稳定器"。现在重要的是，打破城乡二元结构格局，加快建立覆盖全国城乡的基本公共服务体系，把更多财政资金投向公共服务领域，投入教育、就业、医疗、社会保障、社会治安等民生社会领域，解决好人民最关心最直接最现实的利益问题，真正实现"老有所终，壮有所用，幼有所长，矜寡孤独废疾者，皆有所养"。

Ⅴ. 增进社会成员公正意识和正义感

建立公平正义社会，除了制度体系建设，还有社会文化支撑。公平正义社会，社会成员公正意识和正义感强烈凸显，具有浓郁的公平正义的社会氛围。促进社会公平，必须增进社会成员的公正意识和正义感，将公平正义作为社会普遍的价值准则和社会共同奉行与崇尚的目标。

公正意识和正义感是人所具有的一种道德情感，具有这种情感的人，不是完全自利的人，这种人会形成维护权利、履行义务、切实按照正义规范来行事的愿望。公平正义精神的养成：一是来自教育，包括家庭教育、学校教育和社会教育，家长们要培养孩子正确的是非观和价值观，学校必须重视和加强对培养学生公正、勇敢、坚强、见义勇为等公民正义感的教育。二是平时自觉践行公平正义的价值观，待人处事坚持公平原则，遇到不公平、非正义事情出现的时候，能够自觉地以一颗公平的心去应对。社会经济快速发展的今天，由于市场经济的逐利本性，一部分人为了一时的经济利益而见利忘义，甚至徇私枉法，这个时候更需要每个社会成员挺身而出，敢于揭露那些不道德的行为，敢于伸张正义。只有社会成员都树立了牢固的公正意识并时刻践行这种价值观，公平正义的社会环境才能从根本上建立起来。

正 义

朱自清

人间的正义是在哪里呢？

正义是在我们的心里！从明哲的教训和见闻的意义中，我们不是得着大批的正义么？但白白的搁在心里，谁也不去取用，却至少是可惜的事。两石白米堆在屋里，总要吃它干净，两箱衣服堆在屋里，总要轮流穿换，一大堆正义却扔在一旁，满不理会，我们真大方，真舍得！看来正义这东西也真贱，竟抵不上白米的一个尖儿，衣服的一个扣儿。——爽性用它不着，倒也罢了，谁都又装出一副发急的样子，张张皇皇的寻觅着。这个葫芦里卖的什么药？我的聪明的同伴呀，我真想不通了！

我不曾见过正义的面，只见过它的弯曲的影儿——在"自我"的唇边，在"威权"的面前，在"他人"的背后。

正义可以做幌子，一个漂亮的幌子，所以谁都愿意念着它的名字。"我是正经人，我要做正经事"，谁都向他的同伴这样隐隐的自诩着。但是除了用以"自诩"之外，正义对于他还有什么作用呢？他独自一个时，在生人中间时，早忘了它的名字，而去创造"自己的正义"了！他所给予正义的，只是让它的影儿在他的唇边闪烁一番而已。但是，这毕竟不算十分辜负正义，比那凭着正义的名字以行罪恶的，还胜一筹。可怕的正是这种假名行恶的人。他嘴里唱着正义的名字，手里却满满的握着罪恶；他将这些罪恶送给社会，粘上金碧辉煌的正义的签条送了去。社会凭着他所唱的名字和所粘的签条，欣然受了这份礼；就是明知道是罪恶，也还是欣然受了这份礼！易卜生"社会栋梁"一出戏，就是这种情形。这种人的唇边，虽更频繁的闪烁着正义的弯曲的影儿，但是深藏在他们心底的正义，只怕早已霉了，烂了，且将毁灭了。在这些人里，我见不着正义！

在亲子之间，师傅学徒之间，军官兵士之间，上司属僚之间，似乎有正义可见了，但是也不然。卑幼大抵顺从他们长上的，长上要施行正义于他们，他们诚然是不"能"违抗的——甚至"父教子死，子不得不死"一类话也说出来了。他们发现有形的扑鞭和无形的赏罚在长上们的背后，怎敢去违抗呢？长上们凭着威权的名字施行正义，他们怎敢不遵呢？但是你私下问他们，"信么？服么？"他们必摇摇他们的头，甚至还奋起他们的双拳呢！这正是因为长上们不凭着正义的名字而施行正义的缘故了。这种正义只能由长上行于卑幼，卑幼是不能行于长上的，所以是偏颇的；这种正义只能施于卑幼，而不能施于他人，所以是破碎的；这种正义受着威权的鼓弄，有时不免要扩大到它的应有的轮廓之外，那时它又是肥大的。这些仍旧只是正义的弯曲的影儿。不凭着正义的名字而施行正义，我在这等人里，仍旧见不着它！

在没有威权的地方，正义的影儿更弯曲了。名位与金钱的面前，正义只剩淡如水的微痕了。你瞧现在一班大人先生见了所谓督军等人的劲儿！他们未必愿意如此的，但是一当了面，估量着对手的名位，就不免心里一软，自然要给他一些面子——于是不知不觉地就敷衍起来了。至于平常的人，偶然见了所谓名流，也不免要吃一惊，那时就是心里有一百二十个不以为然，也只好姑且放下，另做出一番"足恭"的样子，以表倾慕之诚。所以一班达官通人，差不多是正义的化外之民，他们所做的都是合于正义的，乃至他们所做的就是正义了！——在他们实在无所谓正义与否了。呀！这样，正义岂不已经沦亡了？却又不然。须知我只说"面前"是无正义的，"背后"的正义却幸而还保留着。社会的维持，大部分或者就靠着这背后的正义罢。但是背后的正义，力量究竟是有限的，因为隔开一层，不由的就单弱了。一个为富不仁的人，背后虽然免不了人们的指责，面前却只有恭敬。一个华服翩翩的人，犯了违警律，就是警察也要让他五分。这就是我们的正义了！我们的正义百分之九十九是在背后的，而在极亲近的人间，有时连这个背后的正义也没有！因为太亲近了，什么也可以原谅了，什么也可以马虎了，正义就任怎么弯曲也可以了。背后的正义只有存生疏的人们间。生疏的人们间，没有什么密切的关系，自然可以用上正义这个幌子。至于一定要到背后才叫出正义来，那全是为了情面的缘故。情面的根柢大概也是一种同情，一种廉价的同情。现在的人们只喜欢廉价的东西，在正义与情面两者中，就尽先取了情面，而将正义放在背后。在极亲近的人间，情面的优先权到了最大限度，正义就几乎等于零，就是在背后也没有了。背后的正义虽也有相当的力量，但是比起面前的正义就大大的不同，启发与戒惧的功能都如搀了水的薄薄的牛乳似的——于是仍旧只算是一个弯曲的影儿。在这些人里，我更见不着正义！

人间的正义究竟是在哪里呢？满藏在我们心里！为什么不取出来呢？它没有优先权！在我们心里，第一个尖儿是自私，其余就是威权，势力，亲疏，情面等等；等到这些角色一一演毕，才轮得到我们可怜的正义。你想，时候已经晚了，它还有出台的机会么？没有！所以你要正义出台，你就得排除一切，让它做第一个尖儿。你得凭着它自己的名字叫它出台。你还得抖擞精神，准备一副好身手，因为它是初出台的角儿，捣乱的人必多，你得准备着打——不打不成相识呀！打得站住了脚攥住了手，那时我们就能从容的瞻仰正义的面目了。

（林贤治编：《朱自清散文：论无话可说》，花城出版社 2013 年版）

第九讲
博施众利

振乏救穷，老弱疾病，孤子寡独，惟政所先。

——《逸周书·大聚解》

施取其厚，事举其中，敛从其薄。

——《左传·哀公十一年》

免人之死，解人之难，救人之患，济人之急者，德也。

——《六韬·文韬·文师》

去民之所恶，补民之不足。

——《国语·越语上》

古之人，得志，泽加于民；不得志，修身见于世。穷则独善其身，达则兼善天下。

——《孟子·尽心上》

春秋时期，齐国发生了严重的饥荒。贵族黔敖做好饭汤等食物摆在大路边，给饥饿的人来吃。一天，有一个饥肠辘辘的人用衣袖遮住脸，拖着鞋子，眼目昏花地走了过来。黔敖左手端着食物，右手端着汤，对他大声说："嗟！来吃吧！"那人瞪大眼睛盯着黔敖："我就是因为不吃侮辱我的食物，才饿成现在这个样子。"说完，昂着头走了。黔敖追上前去向他道歉，那人鄙夷地看了黔敖一眼，继续往前走，最后饿死在路旁。这是充满中国文化意味的"嗟来之食"故事。（参《礼记·檀弓》）

在这个故事里，黔敖虽然态度有些生硬无礼，但极有可能是中国历史上第一个留下具体姓名的社会救助者。

中国传统社会，在"民为邦本"的民本主义思想基础上，派生出博施众利的价值观念。何谓"博施众利"？它在中国传统文化尤其是儒家文化价值链中，处于什么地位？

从以下孔子师徒的著名对话中，可见一斑：

一日，学生子贡问孔子："如有博施于民而能济众，何如？可谓仁乎？"

对于得意门生的询问，孔子非常认真地答道："何事于仁？必也圣乎！尧舜其犹病诸。"

孔子的意思是，这何止是"仁"呢？已经达到"圣"的境界了啊，连尧舜这样的上古圣王都不敢说自己一定能做到呢。（参《论语·雍也》）

孔子将"博施于民，而能济众"视为到达"圣"的境界。

"仁"境已不易，孔圣人为何如此看重这点呢？

一　救济穷民的政治思想

博施众利，指广博地给人民恩惠，以使大众都获得周济。

博施思想由来久远。商周时期的姜太公曾说，一般人都不愿意死而愿意活，那些能"免人之死，解人之难，救人之患，济人之急者"（《六韬·文韬·文师》），是有德之人。周武王伐纣灭商之后，"发鹿台之钱，散钜桥之粟"（《逸周书·克殷解》），博施众利，因而受到人民的拥戴。

到春秋战国时期，以儒家学者为代表的思想家，看到了人民的力量，具有重民思想，更是主张博施于民。

Ⅰ．为政者当救天下穷民

在孔子所处的时代，多数统治者都实行横征暴敛的政策，有鉴于此，孔子要求统治者要"施取其厚，事举其中，敛从其薄"（《左传·哀公十一年》）。他反对贫富悬殊而加剧社会矛盾，主张"均无贫，和无寡，安无倾"（《论语·季氏》），要"养民也惠"（《论语·公冶长》）、"使民以时"（《论语·学而》）。

孟子具有浓厚的民本思想，主张统治者行"仁政""制民之产"。"制民之产"最根本的原则是给民以足够维护其生活的"恒产"。恒产就是固定的产业，当时主要指土地和园宅。他认为："无恒产而有恒心者，惟士为能。若民，则无恒产，因无恒心。苟无恒心，放辟邪侈，无不为己。"并说："制民之产，必使仰足以事父母，俯足以畜妻子，乐岁终身饱，凶年免于死亡。"使"黎民不饥不寒"然后"驱而之善"（《孟子·梁惠王上》）。孟子强调政府推行仁政，应当从救济"天下之穷民而无告者"开始，这些穷民，就是鳏、寡、孤、独四民。（参《孟子·梁惠王下》）

荀子要求国君将爱民落到实处，不能只挂在嘴上。他说："上莫不致爱其下，而制之以礼。上之于下，如保赤子。政令制度，所以接下之人，百姓有不理者如豪末，则虽孤独鳏寡必不加焉。"（《荀子·王霸》）

人伦关系是我国传统社会维系家庭关系和人际关系的主要纽带，是作为社会的人得以生存发展的主要资源。鳏、寡、孤、独、废、疾等群体属于人伦缺失型弱势群体，所以儒家的大同社会理想包括"老有所终，壮有所用，幼有所长，矜寡孤独废疾者皆有所养"（《礼记·礼运篇》）。

雪

（唐）罗　隐

尽道丰年瑞，丰年事若何。

长安有贫者，为瑞不宜多。

Ⅱ. 士人当济天下苍生

孟子认为士人要有兼济天下的情怀，说："古之人，得志，泽加于民；不得志，修身见于世。穷则独善其身，达则兼善天下。"（《孟子·

尽心上》）还说："得志，与民由之；不得志，独行其道。"（《孟子·滕文公下》）意思是，得志的时候，和老百姓一道走；不得志的时候，自己走自己的路。

"穷则独善其身，达则兼善天下"，是先秦儒家在考察自我与社会的关系后提出的人生理想，目的是实现个人的社会价值与自我价值。

贫者贷之，不善者教之

卜式是河南人，以耕种畜牧为业。当时汉朝正在抵抗匈奴入侵，卜式上书，愿意捐出一半的财富资助边事。皇帝派人问卜式："想当官吗？"卜式说："从小牧羊，不熟悉当官，不愿意做官。"使者说："家里难道没有冤家仇人，想讲出来吗？"卜式说："臣生来与人无争，家里贫穷的乡人，我就借钱给他；为人不善的，我就教他做好事，去到哪里，人们都顺从我，卜式有何冤事啊？"使者说："如果是这样，你想要什么呢？"卜式说："皇上讨伐匈奴，我认为贤能的人应该为大节而死，有钱的人应该把钱捐出来，这样的话就可以灭掉匈奴了。"使者报告了朝廷。丞相公孙弘说："这不是人之常情，希望陛下不要允许。"于是，皇上没有接受卜式的请求。

卜式回京，又到田里牧羊了。一年多后，恰逢匈奴浑邪王等人投降，朝廷开支很大，国库空虚，贫民大迁徙，所有费用都靠朝廷提供，朝廷没法完全供给。卜式又拿出了二十万给河南太守，用来发给迁徙的民众。河南上报富人救济贫民的名单，皇帝认出了卜式的名字，说："这是以前希望捐出一半家产帮助边疆的人。"皇帝于是把卜式尊为长者，召见卜式，任命他为中郎。

故事出处：《汉书·公孙弘卜式儿宽传》）

屈原的"长太息以掩涕兮，哀民生之多艰"，白居易的"志在兼济，行在独善"，杜甫的"安得广厦千万间，大庇天下寒士俱欢颜，风雨不动安如山"，范仲淹的"不以物喜，不以己悲；居庙堂之高则忧其民；处江湖之远则忧其君。是进亦忧，退亦忧。然则何时而乐耶？其必曰：'先天下之忧而忧，后天下之乐而乐'。"李纲的"但得众生皆得饱，不辞羸病卧残阳"，杨万里的"月儿弯弯照九州，几家欢乐几家愁"，等等，无不表达了传统士大夫们心忧天下、济助苍生的慈悲情怀。

二 传统救助事业得以兴起

Ⅰ. 面对民生疾苦的善政观

博施众利、"达则兼善天下"是儒家积极入世精神的体现。现代新儒家代表徐复观认为："儒道两家的基本动机，虽然同是出于忧患，不过儒家面对忧患而要求加以救济，道家则是面对忧患而要求解脱。""救济"是儒家入世精神的体现。中国历史上不少知识分子，如范仲淹所说的"先天下之忧而忧，后天下之乐而乐"，在自己为官任职时能兴利除弊、关心民瘼，做利国利民的好事；一朝致仕还乡，就利用的自己身份和影响力，积极兴办乡村教育、恤贫济困、建设家乡，维持乡

李谦焚券

有个叫李谦的人，遇到收成不好的年头，拿出千石粮食借给乡亲度日。第二年又歉收，乡亲们没有粮食还他，李谦就对着大家把借据都烧掉了。下一年大丰收，人们都争着还他粮食，他一概不接受。接下来的一年又歉收，李谦又竭尽家财，给大家提供免费餐食；有人死了，他就帮助出钱埋葬。有人说："您的阴德大啊！"李谦说："阴德就像耳鸣，自己知道罢了，别人都不知道。现在您已知道了，这些哪里称得上阴德呢？"李谦很长寿，活到百岁，子孙大多很显贵。

故事出处：无名氏《湖海新闻夷坚续志》

村秩序，成为促进社会和谐的积极力量。他们的忧患意识和对民生疾苦的关心，是我们每一个具有社会责任感的人，所要汲取的精华。

博施众利也是一种善政价值观，促使执政者顺应民心，为民谋利，因而在一定历史时期能够使统治者尊重普通劳动者的利益，推行休养生息的政策，促进我国生产力的发展和社会的稳定进步。

II．传统救济事业得以兴起

受博施众利思想影响，我国赈济灾民、贫民的社会救济历史，源远流长，制度比较完备，既有国家的救荒平粜、恤老慈幼的相关制度，也有民间个人、宗族和宗教团体慈善救济制度。汉代，规定国家需向"贫不能自存者"提供救助，并对急公好义、乐善好施者予以旌奖。汉代建立了赈济灾民的常平仓制度，国家平时贮备一定的粮食，以备荒年赈恤和平粜之用。隋代出现了义仓，这是由民间集资建设、地方绅富管理、专救本地灾民的备荒仓储。宋代范仲淹在苏州建"历千年而不坠"的范氏义庄，为宗族救济族人的机构。清代由省会至州郡建常平仓，乡村则设社仓，市镇则设立义仓。明清时期的义仓和义庄大量兴起，除了灾荒的救济外，还救济包括无钱求医送葬者、婚丧嫁娶无力承担者，以及失业在家或求学缺乏费用者。形式多样的民间社会救济是对国家社会救济的重要补充，有些地区民间救济甚至超越国家救济成为救济的主要力量，济助了众多贫苦无依者，促进整个社会的向善之风。

III．社会救助效果之有限

封建社会由于生产力水平低下，人民可资利用的物质资料相对匮乏，而封建社会的统治阶级——封建官僚和地主阶级又占据着绝对多数的生产资料和生活资料，在这种历史背景下，博施众利精神更多是统治阶级对被统治阶级的恩赐与施舍，而不是建立在平等基础上的协同与互助。

我们必须清楚，在封建制度下，地主和农民在本质上是对立的，这种矛盾也是不可调和的，无论地主阶级如何倡导树立博施众利精神，其盘剥劳苦大众的本质不会改变，统治阶级对底层百姓的所谓博施不过是为了维护封建统治，担心劳动人民造反罢了。

正是这种历史局限性和阶级局限性，使得传统的博施众利与现当代我们积极倡导的博施众利精神具有本质上的区别。因此我们对传统博施众利精神既要传承，也需创新。

三　如何推动我国社会保障上新台阶？

Ⅰ. 社会保障：不是施舍，也不是经济发展的工具

社会保障制度作为国民收入再分配的重要方式，通过社会救济、社会福利、社会保险与社会优抚等手段，保障社会成员的基本生活。健全社会保障制度是现代政府的职责所在。我国社会保障制度中依然存在"施舍"的成分，社会保障制度机构与管理者还存有居高临下的工作观念。此外，我国常常把社会保障制度视为社会的"稳定器"、经济的"助推器"，将社会保障制度当作经济、政治与社会发展的工具，视为经济发展的配套措施。我国社会保障制度价值理念选择应该逐渐把关注点从促进经济发展转变为促进人的发展，确保现代社会保障制度更好地满足社会成员的成长与发展需要。

由于我国人口众多，各地区资源禀赋、历史文化、市场意识各异，经济发展水平暂时存在较大差距，社会群体在享受改革发展成果方面不可避免地存在这样或那样的差异。要使发展成果更多更好地惠及全体社会成员，除了继续坚持改革发展之外，还必须不断健全完善社会保障体系，当前我国社会保障制度发展的一个重要目标，就是要通过

社会保障制度的发展，不断缩小社会贫富差距，实现共同富裕。

II. 确保社会保障的普惠、公平

博施众利在于施之"博"。"博"在于全面，也在于厚。孔子为什么说博施于民者为圣人，在于"博"难以做到。

社会保障要注重普惠性。所谓的普惠性就是社会保障制度应覆盖全体公民，所有社会成员都可以普遍地享受社会保障，社会保险、社会福利与社会救助应覆盖每一个职业群体，每个社会成员都可以平等地享有社会保障权益。

我国社会保障制度存在巨大的城乡、地区和职业差异。农村社会保障水平低，无法满足农村居民的生存安全需要，广大农民的生、老、病、死等风险基本由个人或家庭承担。城市社会保障制度按职业分割为几个部分，社会保障制度的供给水平，不是取决于社会贡献，而是取决于职业性质。这样的社会保障制度安排不仅违背了生存权面前人人平等的原则，也违背了社会主义制度的本质要求。

我国的社会保障制度必须坚持普惠性和公平性，按照党的十九大精神要求，兜底线、织密网、建机制，全面建成覆盖全民、城乡统筹、权责清晰、保障适度、可持续的多层次社会保障体系，尽快实现养老保险、城乡社会救助的全国统筹。

III. 提高人们的社会责任感

《论语·泰伯》中有曾子说过一句话："士不可以不弘毅，任重而道远。仁以为己任，不亦重乎？死而后已，不亦远乎？"意思是说：士人不可以不志向远大，但不可以不意志坚强，因为他肩负着重任，路途遥远。把实行仁道作为自己的使命和责任，不是很重大吗？直到死去才停止，那不是很遥远吗？传统博施众利精神张扬了士人这种以天下为己任的高尚品格。

当今人们，特别是受到较好教育的知识分子，不论穷、达，都要有兼济天下的情怀，具有人文关怀精神，关心他人的生存状态，具有强烈社会责任感。这种精神在我们时代日益稀缺。我们不少知识人，已经成为精致的利己主义者，终日绳营狗苟于个人的腾达和利益，或退避在象牙塔中做没有任何烟火味的学问。士人心忧天下的传统在很多知识人身上荡然无存，找不到任何影子，这不能不说是一种悲哀。我们的社会取得很大的发展进步，但也存在不少问题、面临不少挑战，需要人们尤其是知识分子具有社会责任感，关注和研究社会问题，为人民的福祉和社会发展鼓与呼，多身体力行。

IV. 发挥好民间力量在社会救助中的作用

传统中国社会，地方缙绅、乡贤凭借自身对地方社会的熟悉，以及对当地社会问题和需求的敏感，主动地承担修桥铺路、荒年赈济等社会公共事业，弥补官方行政能力之不足。当今，我们要尽可能地从制度上培育民间社会力量，充分发挥其在社会救济中的能动作用。现在主要是鼓励非营利性社会组织、民营企业开展慈善活动，给予免税等优惠政策。

博爱及公益

蔡元培

博爱者，人生至高之道德，而与正义有正负之别者也。行正义者，能使人免于为恶，而导人以善，则非博爱者不能。

有人于此，不干国法，不悖公义，于人间生命、财产、名誉之本务，悉无所歉，可谓能行正义矣。然道有饿殍而不知恤，门有孤儿而不知救，遂得为善人乎？

博爱者，施而不望报，利物而不暇己谋者也。凡动物之中，能历久而绵其种者，率特有同类相恤之天性，人为万物之灵，苟仅斤斤于施报之间，而不恤其类，不亦自丧其天性，而有愧于禽兽乎？

人之于人，不能无亲疏之别，而博爱之道，亦即以是为序。不爱其亲，安能爱人之亲？不爱其国人，安能爱异国之人？如曰有之，非矫则悖，智者所不信也。孟子曰："老吾老以及人之老，幼吾幼以及人之幼。"又曰："亲亲而仁民，仁民而爱物。"此博爱之道也。

人人有博爱之心，则观于其家，而父子亲，兄弟睦，夫妇和；观于其社会，无攘夺，无忿争，贫富不相蔑，贵贱不相凌，老幼废疾，皆有所养，蔼然有恩，秩然有序，熙熙皞皞，如登春台，岂非人类之幸福乎！

博爱者，以己所欲，施之于人。是故见人之疾病则拯之，见人之危难则救之，见人之困穷则补助之。何则？人苟自立于疾病危难困穷之境，则未有不望人之拯救之而补助之者也。

赤子临井，人未有见之而不动其恻隐之心者。人类相爱之天性，固如是也。见人之危难而不之救，必非人情。日汩于利己之计较，以养成凉薄之习，则或忍而为此耳。夫人苟不能挺身以赴人之急，则又安望其能殉社会、殉国家乎？华盛顿尝投身奔湍，以救濒死之孺子，其异日能牺牲其身，以为十三州之同胞脱英国之轭，而建独立之国者，要亦由有此心耳。夫处死生一发之间，而能临机立断，固由其爱情之挚，而亦必有毅力以达之，此则有赖于平日涵养之功者也。

救人疾病，虽不必有挺身赴难之危险，而于传染之病，为之看护，则直与殉之以身无异，非有至高之道德心者，不能为之。苟其人之地位，与国家社会有重大之关系，又或有侍奉父母之责，而轻以身试，亦为非宜，此则所当衡其轻重者也。

济人以财，不必较其数之多寡，而其情至为可嘉，受之者尤不可不感佩之。盖损己所余以周人之不足，是诚能推己及人，而发于其友爱族类之本心者也。慈善之所以可贵，即在于此。若乃本无博爱之心，而徒仿一二慈善之迹，以博虚名，则所施虽多，而其价值，乃不如少许之出于至诚者。且其伪善沽名，适以害德，而受施之人，亦安能历久不忘耶？

博爱者之慈善，惟虑其力之不周，而人之感我与否，初非所计。即使人不感我，其是非固属于其人，而于我之行善，曾何伤焉？若乃怒人之忘德，而遽彻其慈善，是吾之慈善，专为市恩而设，岂博爱者之所为乎？惟受人之恩而忘之者，其为不德，尤易见耳。

博爱者，非徒曰吾行慈善而已。其所以行之者，亦不可以无法。盖爱人以德，当为图永久之福利，而非使逞快一时，若不审其相需之故，而漫焉施之，受者或随得随费，不知节制，则吾之所施，于人奚益也？固有习于荒怠之人，不务自立，而以仰给于人为得计，吾苟堕其术中，则适以助长其倚赖心，而使永无自振之一日，爱之而适以害之，是不可不致意焉。

夫如是，则博爱之为美德，诚彰彰矣。然非扩而充之，以开世务，兴公益，则吾人对于社会之本务，犹不能无遗憾。何则？吾人处于社会，则与社会中之人人，皆有关系，而社会中人人与公益之关系，虽不必如疾病患难者待救之孔亟，而要其为相需则一也，吾但见疾病患难之待救，而不顾人人所需之公益，毋乃持其偏而忘其全，得其小而遗其大者乎？

夫人才力不同，职务尤异，合全社会之人，而求其立同一之功业，势必不能。然而随分应器，各图公益，则何不可有之。农工商贾，任利用厚生之务；学士大夫，存移风易俗之心，苟其有裨于社会，则其事虽殊，其效一也。人生有涯，局局身家之间，而于世无补，暨其没也，贫富智愚，同归于尽。惟夫建立功业，有裨于社会，则身没而功业不与之俱尽，始不为虚生人世，而一生所受于社会之福利，亦庶几无忝矣。所谓公益者，非必以目前之功利为准也。如文学美术，其成效常若无迹象之可寻，然所以拓国民之智识，而高尚其品性者，必由于是。是以天才英绝之士，宜超然功利以外，而一以发扬国华为志，不蹈前人陈迹，不拾外人糟粕，抒其性灵，以摩荡社会，如明星之粲于长夜，美花之映于座隅，则无形之中，社会实受其赐。有如一国富强，甲于天下，而其文艺学术，一无可以表见，则千载而后，谁复知其名者？而古昔既墟之国，以文学美术之力，垂名百世，迄今不朽者，往往而有，此岂可忽视者欤？

不惟此也，即社会至显之事，亦不宜安近功而忘远虑，常宜规模远大，以遗饷后人，否则社会之进步，不可得而期也。是故有为之士，所规画者，其事固或非一手一足之烈，而其利亦能历久而不渝，此则人生最大之博爱也。

量力捐财，以助公益，此人之所能为，而后世子孙，与享其利，较之饮食征逐之费，一晌而尽者，其价值何如乎？例如修河渠、缮堤防、筑港埠、开道路、拓荒芜、设医院、建学校皆是。而其中以建学校为最有益于社会之文明。又如私设图书馆，纵人观览，其效亦同。其他若设育婴堂、养老院等，亦为博爱事业之高尚者，社会文明之程度，即于此等公益之盛衰而测之矣。

图公益者，又有极宜注意之事，即慎勿以公益之名，兴无用之事是也。好事之流，往往为美名所眩，不审其利害何若，仓促举事，动辄蹉跌，则又去而之他。若是者，不特自损，且足为利己者所借口，而以沮丧向善者之心，此不可不慎之于始者也。

又有借公益以沽名者，则其迹虽有时与实行公益者无异，而其心迥别，或且不免有倒行逆施之事。何则？其目的在名。则苟可以得名也，而他非所计，虽其事似益而实损，犹将为之。实行公益者则不然，其目的在公益。苟其有益于社会也，虽或受无识者之谤议，而亦不为之阻。此则两者心术之不同，而其成绩亦大相悬殊矣。

人既知公益之当兴，则社会公共之事物，不可不郑重而爱护之。凡人于公共之物，关系较疏，则有漫不经意者，损伤破毁，视为常事，此亦公德浅薄之一端也。夫人既知他人之财物不可以侵，而不悟社会公共之物，更为贵重者，何欤？且人既知毁人之物，无论大小，皆有赔偿之责，今公然毁损社会公共之物，而不任其赔偿者，何欤？如学堂诸生，每有抹壁唾地之事，而公共花卉，道路荫木，经行者或无端而攀折之，至于青年子弟，诣神庙佛寺，又或倒灯覆甏，自以为快，此皆无赖之事，而有悖于公德者也。欧美各国，人人崇重公共事物，习以为俗，损伤破毁之事，始不可见，公园椅榻之属，间以公共爱护之言，书于其背，此诚一种之美风，而我国人所当奉为圭臬者也。国民公德之程度，视其对于公共事物如何，一木一石之微，于社会利害，虽若无大关系，而足以表见国民公德之浅深，则其关系，亦不可谓小矣。

（题目为编者所加。蔡元培：《中学修身教科书》，译林出版社 2013 年版）

第十讲
隆礼重法

法度行则国治，私意行则国乱。

——《管子·明法解》

治之经，礼与刑，君子以修百姓宁。明德慎罚，国家既治四海平。

——《荀子·成相》

奉法者强则国强，奉法者弱则国弱。

——《韩非子·有度》

天下之事，不难于立法，而难于法之必行。

——《请稽查章奏随事考成以修实政疏》

严以治吏，宽以养民。

——《读通鉴论》

有不少学者认为，自汉武帝至清末的中国政治，实行的是"外儒内法，而剂之以道"的统治方式，儒家看重道德感化作用，提倡礼治，法家看重暴力作用，提倡法治；道家主张顺其自然，提倡无为而治。"外儒内法，而剂之以道"的统治方式，就是外在的礼制和内在法治相结合，并辅以道家无为而治。

汉初开国君主刘邦实行"无为而治"，汉文帝和汉景帝延续了刘邦的治国理念和政策，继续"与民休息"，使西汉出现了"文景之治"的局面。到了汉武帝的时候，实行的是一套与刘邦、汉文帝和汉景帝不一样的统治方式，他一上台便改变了"无为而治"的统治策略，对内进一步巩固中央集权、打击地方势力，对外则多次出击匈奴，将其赶到了漠北地区并打通了"丝绸之路"。在思想文化和社会治理上，他表面上重视儒学，采纳董仲舒建议，"罢黜百家，独尊儒术"，同时为了稳固统治，又重用赵禹、张汤、杜周、桑弘羊等法家代表人物，制定了很多严厉的法度，所以汉武帝被视为中国"外儒内法"统治模式的滥觞。

其实，"外儒内法"的治国思想，在先秦即已成熟，"隆礼重法"就是这样一种思想。

一　以荀子为嚆矢的政治思想

I . 正统的礼治

对于"礼",王国维认为最早是指祭祀神灵之事,即指一整套祭祀神灵的程序、仪式和方法等。三代后期,"礼"慢慢变成了社会成员所自觉遵守的习惯和规范以及对国家政治体系和职官体系的规定。春秋以前,"礼"主要侧重于制度层面的规定和生活礼仪的形式。东周以后,"礼"逐步演变成一整套以维护宗法等级制为核心的机制和规范,其理论核心是"亲亲也,尊尊也,长长也,男女有别,此其不可得与民变革者也"(《礼记·大传》)。这也就是说人与人之间的等级、长幼、亲疏有别,"礼"是用来辨别这种区别的标准,社会成员须依此行事,否则社会生乱。

孔子力求运用道德的力量,把本是反映不平等社会关系、尊卑有序等级森严的"礼"融化在同类相爱、温情脉脉的仁爱之中,孟子把自觉守礼说成是人性本质要求。孔孟认为礼是治理国家与社会的良药,所以他们对"法治"持批判的态度。孔子曾经说:"道之以政,齐之以刑,民免而无耻;道之以德,齐之以礼,有耻且格。"(《论语·为政》)意思是说,用政法来引导百姓,用刑罚来控制百姓,百姓只是暂时地免于罪过,却没有廉耻之心;如果用道德来教化他们,用礼教来整顿他们,百姓不但有廉耻之心,而且人心归服。他们主张以礼来治理国家,这种主张谓之"礼治","夫礼者,所以定亲疏,决嫌疑,别异同,明是非者也"(《礼记·曲礼》)。不过,他们也并不是全盘否定刑罚的作用,而是主张少用刑罚,认为"礼乐不兴,则刑罚不中"(《论语·子路》)。

Ⅱ. 荀子 "隆礼重法"

春秋战国时期礼崩乐坏，仰赖道德自律、提倡礼治的儒家和走向严刑峻法的法家，都无法挽救社会的颓势。生于战国末期的荀子，看清了儒、法两家各自的缺陷，他站在儒家的立场，吸取法家思想之精髓，引法入儒，提出了"隆礼重法"的思想。

"隆礼重法"一词见于《荀子》的《强国》和《天论》两篇。《强国》："人君者，隆礼尊贤而王，重法爱民而霸。"《天论》："君人者隆礼尊贤而王，重法爱民而霸。"这两句话的意思是：作为君主，尊尚礼义，敬重贤人，才能称王于天下；重视法治，爱护人民才会称霸于宇内。"隆礼重法"，即"明礼义以化之，起法正以治之，重刑罚以禁之，使天下皆出于治，合于善也"。

荀子在"明于天人之分"的唯物主义自然观基础上，提出了与孟子"人性善"截然不同的"人性恶"学说。他认为："人之性恶，其善者伪也。今人之性，生而有好利焉，顺是，故争夺生而辞让亡焉；生而有疾恶焉，顺是，故残贼生而忠信亡焉；生而有耳目之欲，有好声色焉，顺是，故淫乱生而礼义文理亡焉。然则从人之性，顺人之情，必出于争夺，合于犯分乱理而归于暴。故必将有师法之化，礼义之道，然后出于辞让，合于文理，而归于治。"（《荀子·性恶》）这段话简单说就是荀子认为人性是恶的，顺着人性会导致各种邪乱的事情发生，所以必须有法制和礼义的引导与教化，社会方能安定。这与孔孟认为的人人天生有"不忍之心"，因此"礼治"和"仁政"是天然具有和符合人的本性的观点完全不同。总之，"人性恶"是荀子"隆礼重法"学说的根基。（参朱奎菊《中国传统哲学》）

荀子主张"隆礼"。他说："人无礼则不生，事无礼则不成，国家无礼则不宁。"（《荀子·修身》）"隆礼贵义者其国治，简礼贱义者其国乱。"（《荀子·议兵》）为什么要有"礼"呢？荀子说："人生而有欲；欲而不得，则不能无求；求而无度量分界，则不能不争。争则乱，乱则穷。先王恶其乱也，故制礼义以分之，以养人之欲，给人之求。使欲必不穷于物，物必不屈于欲，两者相持而长。"（《荀子·礼论》）荀子认为，礼之所以产生，是因为人人都有欲望要得到满足，满足欲望就会去求取，求取不得就会纷争，纷争就会扰乱社会秩序。为了防止这种不良后果，就要制定礼来合理分配资源，满足人们的正当需求。这是礼的主要功能。荀子的"礼"与孔孟的"礼"是有区别的。在孔孟看来，礼缘于人的天性，所以是内在的、崇高的、自觉的；而荀子的"礼"，内涵虽然还是作为定亲疏、区远近的准则，但是却变成了一种外在的手段，因此就工具化和强制化了。（参冯达文《中国古典哲学略述》）。

戴胄执法

唐太宗贞观元年，在全国范围内公开选拔人才，有人借此机会冒充名门贵族，采用弄虚作假的办法骗取官职。唐太宗下令让这些人自首，并表示如不自首就要处以死刑。不久，大理寺查出一个假冒的人来，大理寺少卿戴胄依法将其判处流刑。唐太宗非常愤怒地对戴胄说："朕下令要对不自首的人处以死刑，你却只判流刑，这就等于向天下宣示朕的命令不足为信了！难道你要抗旨吗？"戴胄回答说："陛下如果在查出人犯后立即处死，那我就没办法了。现在既然交付大理寺查办，我就必须依法办事。"唐太宗反问道："你要按法处理，难道不顾及天子的威信么？"戴胄回答："法律是国家在全国树立威信的大事情，陛下是一时发怒而下令。现在已经知道判处死刑是不合法的，就应当按照法律规定判处流刑，这样做才是维护国家法律的尊严。"唐太宗听后说："你的做法是正确的，朕的命令确实不够妥当，你能帮助改正过来，朕感到很欣慰！治理国家，法律的威信确实比君主的权威更为重要。"

故事出处：《唐会要》

在将"礼"作为国家兴盛之根本的同时，荀子也十分"重法"，认为法所倚重的刑罚等，是治理国家非常重要的手段，而且是实现霸权的重要依靠。他认为"法者，治之端也"（《荀子·君道》），"百吏畏法循绳，然后国常不乱"（《荀子·王霸》）。但荀子所言重法实为"慎罚"，与法家主张的"法"有区别，荀子不主张严刑峻法，反对滥施刑罚。

荀子认为礼和法是紧紧相连的，礼是法的根本原则和基础，法是根据礼来制定的。"隆礼"是王道，"重法"是霸道，荀子认为二者并不是对立的，而是可以也应当互补的。所以，他才在《荀子·劝学》中说："礼者，法之大分，类之纲纪也。"在《成相》篇中说："治之经，礼与刑，君子以修百姓宁。明德慎罚，国家既治四海平。"法治与礼治同为治国的工具，缺一不可。

但要看到，荀子引法入儒、"隆礼重法"，但礼法不是并立的，他是以儒家德治为核心引法入儒讲法治。他强调礼"以类行杂，以一行万"（《荀子·王制》），统率一切；强调"礼"是制定法律的根据，所谓"礼义生而制法度"（《荀子·性恶》），以礼为本，德主刑辅。

二　如何看"隆礼重法"？

Ⅰ．对孔孟理想主义德治思想的继承和超越

荀子的礼治和孔孟的礼治虽然同属于德治，但两者还是有区别的。孔孟强调通过内在的道德自觉，遵守并维护社会等级秩序，荀子在道德自律功能的基础上增强了礼的他律功能，强调内外并举矫正人的恶性，少了孔孟礼治的理想化成分。荀子从国家社会政治制度层面上礼法并用，既继承孔孟"礼"的道德属性又赋予其法的外在强制、社会控制的功能，克服了儒家重礼轻法和法家重法轻礼的片面性，体现儒

家德治思想与法家法治思想的会通，为后世儒学的政治化打开了通道，对我国秦汉以后的政治制度、伦理道德、思想观念都产生了深远影响。（参谢树放《试论荀子礼制思想对孔孟德治思想的继承与超越》）

Ⅱ．反映了中国传统以人为核心的法理思想

中国法律传统通过"礼"体现对秩序的追求，通过"法"体现对正义的追求。不过，中西法律传统对于秩序和正义有着不同的理解。在西方法律传统中，秩序与正义是以平等为核心原则的；而在中国法律传统中，秩序首先表现为一种道德秩序，而正义则首先表现为一种道德正义。对于古代中国人来讲，秩序与正义都是以合理为判断标准的。这样一种"隆礼""重生"的法律观，至今仍有非常重要的现实意义和实际价值。例如，传统中国法的人文性让"恤刑"成为我国法律传统中的重要内容，这与反对刑讯逼供、慎用死刑的现代法律观念是一致的。

Ⅲ．塑造了中国礼仪之邦的传统

中国有"礼仪之邦"的称号。比起西方社会来说，中国的礼仪规范和高标准的道德守则的形成时间要早很多，这和西方社会在文艺复兴前一直被宗教思想压迫有关，也和中国的哲学思想在先秦时期就关注礼仪有关。如《礼记·冠义》便有云："凡人之所以为人者，礼义也。"《论语·子罕》说：孔子看见穿丧服的人，戴官帽、穿官服的人和盲人，即使这些人年轻，孔子也必定站起来。行过别人面前时，一定快步走过，以示敬意。这些都证明中国的哲学思想很早就关注礼仪在个人成长和与人交往中的作用。"隆礼重法"的思想看重礼的作用，不单是"重"，更是要"隆"，这有助于将礼仪的概念内化，从而有助于塑造中国礼仪之邦的传统。

但也要看到，在荀子"隆礼重法"思想中，法作为管理和约束手

段，主要用来惩罚违规逾礼者，即所谓"出礼入刑"。礼治虽有刑罚作为补充，但主要依赖"教化"这种柔性手段，本质上还是德治。另外，荀子"隆礼重法"思想为秦汉以后的中国封建君主专制统治奠定了思想基础，对中国社会历史发展和社会进步有明显的消极影响。

三 "隆礼重法"思想与当下社会治理

"隆礼重法"是我国传统社会治理的特色，其中的合理因素，对于我们今天的社会治理也有启示意义。从中国历史上看，礼与法的适用，有时会出现偏颇，会出现重礼轻法，或严刑峻法、徇私枉法的情况，这对于我们今天传承"隆礼重法"思想具有警示作用。当前，我国正处在全面建成小康社会的决胜阶段，也是社会矛盾多发、频发阶段，社会治理仍待进一步加强，我们要传承、创新传统隆礼重法思想，推进国家治理体系和治理能力的现代化。

Ⅰ．礼治、德治不可缺

在我国传统社会中，礼主要以"教化"为传播和约束手段。"教化"不仅涉及礼仪制度，而且包括用人际交往原则、道德标准来指导人们的言行。

今日中国，同样不能忽视礼治、德治。德治是发挥道德对人类行为的约束作用，礼治是道德的具象化、制度化，可以有效地防止道德与信仰走向偏执与极端。

历史表明，只要家庭、社会、国家这些伦理性实体继续存在，礼所表达的这种责任伦理观就仍然具有强大的生命力。但是在 20 世纪初倡导新文化时，礼治被混同于旧礼教遭到抛弃。在谋求建立近代法治国家时，德治、礼治都曾被当成和法治截然不相容的东西而遭到全盘否定。20 世纪 80 年代以来，整个国家转向集中全力发展经济，很长一段时间内由 GDP 挂帅，不免导致"天下熙熙，皆为利来；天下攘攘，皆为利往"的情形，自我主义、消费主义、享乐主义、纵欲主义、拜金主义兴盛起来，道德、礼仪被抛到一边。

只要国家仍然存在，社会联系、社会自组织仍然存在，家庭仍然存在，人的身体与生命仍然存在，礼就不应缺位。近年来，我国倡导"富强、民主、文明、和谐、自由、平等、公正、法治、爱国、敬业、诚信、友善"的社会主义核心价值观，反映了不同层面的价值准则，将社会公德、职业道德、家庭美德、个人品德蕴含其中。社会主义核心价值观作为引导人们行为的价值规范，能够有效整合社会意识、凝聚社会共识、弘扬社会正能量。创新社会治理，可批判地借鉴传统社会"礼义教化"的方式，在全社会广泛宣传弘扬这一时代之"礼"。

II. 法律为治国重器，让法治成为全民信仰

法治是推进国家治理体系和治理能力现代化的必然要求。俗话说"无规矩不成方圆"，个人权益保障，社会公平正义，国家和谐富强，均仰赖法治。在全体公民中树立法治观念、筑牢法治意识，使依法办事、依法行政内化于人心，成为人人遵从的准则，是国家和民族得以兴旺发达的重要保障。经过 30 多年的探索，我国已形成较为成熟的法律体系，全面依法治国也在理论与实践上不断得以强化和推进。但是我们应该看到，"有法不依、执法不严、违法不究现象比较严重，部分社会成员尊法信法守法用法、依法维权意识不强，一些国家工作人员特别是领导干部依法办事观念不强、能力不足，知法犯法、以言代法、以权压法、徇私枉法现象依然存在"（《中共中央关于全面推进依法治国若干重大问题的决定》）。

虽然传统法律观念、制度与现代法律观念、制度不能同日而语，但中国传统重法观念，是值得我们继承的。在某些历史阶段，社会无法无天的时候，带来的是社会秩序混乱、人人自危。"文化大革命"就

是这样一个令人痛彻心扉的阶段，其沉痛的历史教训值得永远铭记。

推进全面依法治国，一方面要完善法治体系，明确各类主体的责任，法治国家、法治政府、法治社会一体推进；另一方面要完善法治的"基础设施"，建立健全统一的信用信息平台，彰显法治权威、凸显违法成本，使尊法成为习惯、使守法成为自觉。

III. 法安天下，德润人心，实现依法治国和以德治国有机结合

法律是成文的道德，道德是内心的法律，德治以道德的感召力和引导力提高社会成员的思想认识和道德觉悟，法治以法律的权威性和强制性规范社会成员的行为，道德和法律都具有规范社会行为、调节社会关系、维护社会秩序的作用。现代国家治理需要法律和道德共同发挥作用，德治与法治互补。坚持依法治国和以德治国相结合，是传统"隆礼重法"思想在当代中国的创新性发展。

推进国家治理体系和治理能力现代化，必须坚持德治和法治的融合。一方面要重视发挥道德的教化作用，弘扬中华传统美德，培育社会公德、职业道德、家庭美德、个人品德，以道德滋养法治精神、强化法治意识；另一方面要重视发挥法律的规范作用，大力加强法治建设，以法治体现道德理念，强化法律对道德建设的促进作用，实现法律和道德相辅相成、法治和德治相得益彰、依法治国和以德治国有机结合。

IV. 推进治理体系和治理能力的现代化，需要领导干部道德垂范和严格守法

引导社会崇德向善，传统社会仰赖君子，当今需要领导干部率先垂范，以德修身、以德立威、以德服众。

建设法治社会，更需要领导干部严格守法。行法难，有法不依，

执法不严，问题大都出在握有权力的司法者和执法者一端。领导干部必须牢固树立宪法至上、法律面前人人平等的法治理念，彻底抛弃人治思想和长官意志，用宪法和法律规范自己的一言一行、一举一动，养成遇事找法、办事依法、解决问题靠法的习惯，让权力始终在法治的轨道上、法律的框架内运行。

V．讲礼义，从礼仪做起

礼仪与礼义既有联系，又有区别。所谓礼义，更多的是从社会的规则、行事的方式和待人接物的态度来论述，而礼仪则更多是从具体的做法，尤其是人与人相处时所表现出来的行为举止和仪表仪态来论述。可以说，礼义是指导思想，而礼仪是具体的手段和工具，两者相辅相成又缺一不可。当儒家在说到隆礼的时候，不单是指对礼义的遵从与提倡，也是对礼仪的遵守与提倡。这也与礼最早的含义，即祭祀时所需要遵守的一系列规则一致。中国号称礼仪之邦，从古时开始就十分注重为人处世、与人交往时的礼仪，而且是从小就开始教育，十分严格。如《弟子规》中所说"冠必正，纽必结。袜与履，俱紧切"，便是教导小孩从小就要注重自己的仪容仪表。对一个人来说，礼仪是一个人的思想道德水平、文化修养、交际能力的外在表现，对一个社会来说，礼仪是一个国家社会文明程度、道德风尚和生活习惯的反映，现代礼仪教育为社会所必须。

论礼让及法律

蔡元培

凡事皆有公理，而社会行习之间，必不能事事以公理绳之。苟一切绳之以理，而寸步不以让人，则不胜冲突之弊，而人人无幸福之可言矣。且人常不免为感情所左右，自非豁达大度之人，于他人之言行，不慊吾意，则辄引似是而非之理以纠弹之，冲突之弊，多起于此。于是乎有礼让以为之调和，而彼此之感情，始不至于冲突焉。

人之有礼让，其犹车辖之脂乎？能使人交际圆滑，在温情和气之间，以完其交际之本意。欲保维社会之平和，而增进其幸福，殆不可一日无者也。

礼者，因人之亲疏等差，而以保其秩序者也。其要在不伤彼我之感情，而互表其相爱相敬之诚，或有以是为虚文者，谬也。

礼之本始，由人人有互相爱敬之诚，而自发于容貌。盖人情本不相远，而其生活之状态，大略相同，则其感情之发乎外而为拜揖送迎之仪节，亦自不得不同，因袭既久，成为惯例，此自然之理也。故一国之礼，本于先民千百年之习惯，不宜辄以私意删改之。盖崇重一国之习惯，即所以崇重一国之秩序也。

夫礼，既本乎感情而发为仪节，则其仪节，必为感情之所发见，而后谓之礼。否则意所不属，而徒拘牵于形式之间，是乌狗耳。仪节愈繁，而心情愈鄙，自非徇浮华好谄谀之人，又孰能受而不斥者。故礼以爱敬为本。

爱敬之情，人类所同也，而其仪节，则随其社会中生活之状态，而不能无异同。近时国际公私之交，大扩于古昔，交际之仪节，有不可以拘墟者，故中流以上之人，与外国交际之礼，亦不可不致意焉。

让之为用，与礼略同。使人互不相让，则日常言论，即生意见，亲旧交际，动辄龃龉。故敬爱他人者，不务立异，不炫所长，务以成人之美。盖自异自眩，何益于己，徒足以取厌启争耳。虚心平气，好察迩言，取其善而不翘其过，此则谦让之美德，而交际之要道也。

排斥他人之思想与信仰，亦不让之一也。精神界之科学，尚非人智所能独断。人我所见不同，未必我果是而人果非，此文明国宪法，所以有思想自由、信仰自由之则也。苟当讨论学术之时，是非之间，不能异立，又或于履行实事之际，利害之点，所见相反，则诚不能不各以所见，互相驳诘，必得其是非之所在而后已。然亦宜平心以求学理事理之关系，而不得参以好胜立异之私意。至于日常交际，则他人言说虽与己意不合，何所容其攻诘，如其为之，亦徒彼此忿争，各无所得已耳。温良谦恭，薄责于人，此不可不注意者。至于宗教之信仰，自其人观之，一则为生活之标准，一则为道德之理想，吾人决不可以轻侮嘲弄之态，侵犯其自由也。由是观之，礼让者，皆所以持交际之秩序，而免其龃龉者也。然人固非特各人之交际而已，于社会全体，亦不可无仪节以相应，则所谓威仪也。

威仪者，对于社会之礼让也。人尝有于亲故之间，不失礼让，而对于社会，不免有粗野傲慢之失者，是亦不思故耳。同处一社会中，则其人虽有亲疏之别，而要必互有关系，苟人人自亲故以外，即复任意自肆，不顾取厌，则社会之爱力，为之减杀矣。有如垢衣被发，呼号道路，其人虽若自由，而使观之者不胜其厌忌，可谓之不得罪于社会乎？凡社会事物，各有其习惯之典例，虽违者无禁，犯者无罚，而使见而不快，闻而不慊，则其为损于人生之幸福者为何如耶！古人有言，满堂饮酒，有一人向隅而泣，则举座为之不欢，言感情之相应也。乃或于置酒高会之时，白眼加人，夜郎自大，甚或骂座掷杯，凌侮侪辈，则岂非蛮野之遗风，而不知礼让为何物欤？欧美诸国士夫，于宴会中，不谈政治，不说宗教，以其易启争端，妨人欢笑，此亦美风也。

凡人见邀赴会，必预审其性质如何，而务不失其相应之仪表。如会葬之际，谈笑自如，是为幸人之灾，无礼已甚。凡类此者，皆不可不致意也。

……

吾人对于国家之本务，以遵法律为第一义。何则？法律者，维持国家之大纲，吾人必由此而始能保有其权利者也。人之意志，恒不免为感情所动，为私欲所诱，以致有损人利己之举动。所以矫其偏私而纳诸中正，使人人得保其平等之权利者，法律也；无论公私之际，有以防强暴折奸邪，使不得不服从正义者，法律也；维持一国之独立，保全一国之利福者，亦法律也。是故国而无法律，或有之而国民不遵也，则盗贼横行，奸邪跋扈，国家之沦亡，可立而待。否则法律修明，国民恪遵而勿失，则社会之秩序，由之而不紊，人民之事业，由之而无扰，人人得尽其心力，以从事于职业，而安享其效果，是皆法律之赐；而要非国民恪遵法律，不足以致此也。顾世人知法律之当遵矣，而又谓法律不皆允当，不妨以意为从违，是徒启不遵法律之端者也。夫一国之法律，本不能悉中情理，或由议法之人知识浅隘，或以政党之故，意见偏颇，亦有立法之初，适合社会情势，历久则社会之情势渐变，而法律如故，因不能无方凿圆枘之弊，此皆国家所不能免者也。既有此弊法，则政府固当速图改革，而人民亦得以其所见要求政府，使必改革而后已。唯其新法未定之期，则不能不暂据旧法，以维持目前之治安。何则？其法虽弊，尚胜于无法也，若无端抉而去之，则其弊可胜言乎？

法律之别颇多，而大别之为三：政法、刑法、民法是也。政法者，所以规定政府之体裁，及政府与人民之关系者也。刑法者，所以预防政府及人民权利之障害，及罚其违犯者也。民法者，所以规定人民与人民之关系，防将来之争端，而又判临时之曲直者也。

官吏者，据法治事之人。国民既遵法律，则务勿挠执法者之权而且敬之。非敬其人，敬执法之权也。且法律者，国家之法律，官吏执法，有代表国家之任，吾人又以爱重国家之故而敬官吏也。官吏非有学术才能者不能任。学士能人，人知敬之，而官吏独不足敬乎？

官吏之长，是为元首。立宪之国，或戴君主，或举总统，而要其为官吏之长一也，既知官吏之当敬，而国民之当敬元首，无待烦言，此亦尊重法律之意也。

（题目为编者所加。蔡元培：《中学修身教科书》，译林出版社 2013 年版）

第十一讲
自强不息

譬如为山，未成一篑，止，吾止也；譬如平地，虽覆一篑，进，吾往也。

——《论语·子罕》

自弃者不可与有为也。

——《孟子·离娄上》

君子遵道而行，半途而废，吾弗能已矣。

——《礼记·中庸》

盖文王拘而演《周易》；仲尼厄而作《春秋》；屈原放逐，乃赋《离骚》；左丘失明，厥有《国语》；孙子膑脚，《兵法》修列；不韦迁蜀，世传《吕览》；韩非囚秦，《说难》《孤愤》；《诗》三百篇，大抵圣贤发愤之所为作也。

——《报任安书》

1914 年，第一次世界大战爆发，世界动荡不安。11 月 5 日，北平满天寒气。应周诒春校长的邀请，梁启超在同方部为清华师生做了一场演讲。演讲全文 5 天之后以《君子》为标题，发表在《清华周刊》上，从此"自强不息，厚德载物"写进了清华校规，后来又定为清华校训。

梁启超在演讲中说：

君子的含义，很难说清楚，《周易》六十四卦中，说到"君子"的有五十三处。"乾""坤"二卦所说尤为重要。"乾"象说："天行健，君子以自强不息。""坤"象说："地势坤，君子以厚德载物。"我想能做到这两点，"君子"的条件就接近了。

他进一步做了解释：君子的自我砥砺，就像天运行，不能一曝十寒。像董仲舒这样有才智的人，还说自己的学问勉强。人都不是圣贤，做学问的，不努力去做，不能进入游刃有余的状态。做学问的人必须有志向和坚忍顽强的品质，即使颠沛流离，也要不屈不挠，假如像某些人那样，顺利就跨上一步，遇到困难就畏葸不前，就不是能干大事的人。

梁启超接下来语重心长地说，人生在世，就像帆船航行在大海上，顺风逆风，随时在变化，如果非得等到顺风的时候起航，大概不能抵达彼岸了。

一　积极奋进，刚健不屈

Ⅰ.《周易》："天行健，君子以自强不息"

梁启超说到的"天行健，君子以自强不息"，出自《周易·乾卦》。《周易》中有六十四卦，第一卦叫乾卦。乾卦是以"天"为象征，所以这里所说的"天行"，指的就是"天道运行"；"健"，含有主动性、能动性、进取性和刚强不屈的意义；"天行健"，是说天道运转永不停息，从而表现出刚健的品性。中国古人常常借天道来譬喻社会人事，"君子以自强不息"这句话，就是借天道昼夜运行不息的现象，譬喻人们要像天道那样，有一种积极奋进、刚健不屈的进取精神。在古人看来，人生天地间，应该效法天地，与天地合德。"天"的德行是健运不已，天上的日月星辰年复一年、日复一日，从未停歇，人也应该效仿它，只争朝夕。

《周易》还说，君子整天强健振作，直到夜间还要时时警惕慎行，这样，即使面临险境也不会有害，整部《周易》总是告诫"君子"，要"刚健笃实""与时偕行""自昭明德""日新其德"，认为如此方可"万事亨通"，最终成为圣贤。

Ⅱ.孔子："发愤忘食，乐以忘忧，不知老之将至"

以孔子为代表的儒家从伦理道德出发，反对消极无为，提倡自强不息、刚健有为，以实现其"修身、齐家、治国、平天下"（《礼记·大学》）的人生理想。

孔子的人生境界是"发愤忘食，乐以忘忧，不知老之将至"（《论语·述而》），他鄙视"饱食终日无所用心"（《论语·阳货》）的人。孔子曾站在河边喟叹："逝者如斯夫！不舍昼夜。"（《论语·子罕》）感慨时光易逝，人生短暂，宜及时努力。

孔子一生勤学好问，孜孜以求。他承认自己不是"生而知之者"，所以"学而不厌"。他说："我非生而知之者，好古，敏以求之者也。"（《论语·述而》）又说："十室之邑，必有忠信如丘者焉，不如丘之好学也。"（《论语·公冶长》）孔子是一个很谦逊的人，但在学习态度方面，却充满了自信，觉得很多人不如他好学。

学生子贡有一天问孔子："做学问太辛苦了，我想出去做官。"孔子说："做官要时刻温良恭顺，行事要谨慎、无差池，怎么可能偷闲、不学习呢？"子贡说："那我就去侍奉父母，或娶妻生子，或结交朋友算了。"孔子说："侍奉父母需要耐心周到，不可以偷闲；养育妻儿需要言传身教，更不可以懈怠；结交朋友需要相互辅助，严于律己，也不可以随性放纵，怎么能安逸、不学习呢？"子贡无奈："那我去种田吧。"孔子说："种田就更不能偷闲休息了。《诗经》上说：白天要去割茅草，夜里要把绳搓好，还要赶快爬上屋修屋顶，又要开始播种了。种田怎么可以安逸呢？"子贡说："这样的话，那么我永远都没有停息、不学习的时候了吗？"孔子说："看看远处那座坟，高高的样子，看到这个你就知道可以停止学习的了。"孔子说人只有死了，才能真正得到休息，不用学习了。（《孔子家语·困誓》）

在儒家看来，人生在世，不但要奋斗不息、学习不止，还要坚强不屈。孔子曾经说："三军可夺帅也，匹夫不可夺志也。"（《论语·子罕》）。

III. 孟子："自弃者不可与有为也"

孟子说："富贵不能淫，贫贱不能移，威武不能屈，此之谓大丈夫。"（《孟子·滕文公上》）又说："故天将降大任于斯人也，必先苦其心志，劳其筋骨，饿其体肤，空乏其身，行拂乱其所为，所以动心忍性，曾（增）益其所不能。"（《孟子·告子下》）孟子反对自暴自弃的人，认为这样的人是无所作为的，他说"自弃者不可与有为也"（《孟子·离娄上》），只有在逆境与挫折中不断砥砺自我，自强不息，才能有所作为。

IV．荀子："锲而不舍，金石可镂"

荀子在治学修身上继承发展了儒家的自强不息精神。他把"积善而全尽"（《荀子·儒效》）的圣人作为奋斗目标。如何"积善成德"（《荀子·劝学》）？荀子认为："不积跬步，无以致千里；不积小流，无以成江海。骐骥一跃，不能十步；驽马十驾，功在不舍。锲而舍之，朽木不折；锲而不舍，金石可镂。"（《荀子·劝学》）

V．老子："自胜者强"

除了儒家，先秦诸子中，很多也都有自强的思想。如老子虽然尚柔，但主张以"柔弱胜刚强"（《道德经》），说"胜人者有力，自胜者强"（《道德经》）。墨子坚信"强必贵，不强必贱；强必荣，不强必辱，故不敢怠倦"（《墨子·非命下》）。

汉代"罢黜百家，独尊儒术"以后，儒家文化开始占据中国文化的中心，其自强不息、刚健进取的思想为社会所普遍接受，并被此后的历史叙事和宋明理学不断论证丰富，使"自强不息"从先秦时期对君子的一种理想人生态度的要求，演变为一种为大多数人所信奉的精神理念。

二　中华民族生生不息的精神力量

哲学家和文化学家张岱年曾说："我认为，中国的民族精神基本上凝结于《周易大传》的两句名言之中，这就是：'天行健，君子以自强不息'，'地势坤，君子以厚德载物'。"确实，自强不息精神在中国精神中具有统领性的作用。像精忠报国、居安思危、经世致用、革故鼎新、求是务实、坚韧不拔、威武不屈、精益求精的精神，可以说都是自强不息精神内涵的延伸和在不同层面的呈现，是中华民族精神力量之源。

Ⅰ. 战天斗地、奋斗不息的先民精神

面对自然灾害，恶劣环境，我们的先民战天斗地、绝处求生，他们借助想象把自然界拟人化，创造出许多优美的神话。从"盘古开天""女娲补天""后羿射日""精卫填海"，到炎帝斫木为耒耜、课民农桑，黄帝教民养蚕、制作舟车，尧帝设官定历、率民战胜旱灾，塑造了一个个与大自然不息抗争的典型形象。

精卫填海就是这样一个动人的故事：发鸠山长了很多青绿的柘树。有一种鸟，白色的嘴，红色的脚，形似乌鸦，头部长着七彩花纹，它一鸣叫，声音就像呼唤自己的名字，它的名字叫"精卫"。据说它是炎帝小女儿女娃的化身。有一次，女娃去东海游泳，不幸遇到巨浪，被海水吞没，再也没有回来，死后就变成精卫鸟。为了不让他人也淹死在大海里，它决心要把东海填平，每天从西山衔着树枝、石子飞到东海上空，将它们投下去。一天又一天，一月又一月，一年又一年，一直如此。

故事表达了远古先民奋斗不息、战胜自然的精神。

万事有不平，尔何空自苦？

长将一寸身，衔木到终古。

我愿平东海，身沉心不改。

大海无平期，我心无绝时。

呜呼！君不见，

西山衔木众鸟多，鹊来燕去自成窠。

这是明末清初思想家顾炎武的诗作《精卫》，表达的是作者立志学习精卫填海的精神，以不屈不挠的毅力来实现自己救亡图存、为同胞寻求福祉的理想。

Ⅱ. 勤学精进、兼济天下的君子人格

自强不息原是对"君子"的要求，受到儒家思想熏染的知识分子，在社会生活中更多采取的是积极入世的生活态度，他们勤学精进、兼济天下。

士人们从小勤奋好学。映雪读书的孙康、结发悬梁的孙敬、凿壁偷光的匡衡、铁锥刺股的苏秦、囊萤照读的车胤、牛角挂书的李密……都是发奋学习的典型。

映雪读书

晋人孙康由于家境贫寒没钱买灯油，晚上不能看书，只能早早睡觉。他觉得让时间这样白白跑掉，非常可惜。

一天半夜，他从睡梦中醒来，把头侧向窗户时，发现窗缝里透进一丝光亮。原来，那是大雪映出来的，可以利用它来看书。于是他倦意顿失，立即穿好衣服，取出书籍，来到屋外。宽阔的大地映出的雪光，比屋里要亮多了，而且，居然看得非常清楚。于是，孙康不顾寒冷，立即看起书来，手脚冻僵了，就起身跑一跑，同时搓搓手指。此后，每逢有雪的晚上，他都不放过这个好机会，孜孜不倦地读书。

正是他这种苦学的精神，促使他的学识突飞猛进，成为饱学之士。

故事出处：廖用贤《尚友录》

一代一代知识分子奋力前行，渴求施展才华，报效国家和人民。

正如屈原在《离骚》中写道："长太息以掩涕兮，哀民生之多艰……路漫漫其修远兮，吾将上下而求索。""亦余心之所善兮，虽九死其犹未悔！"

李白在《宣州谢朓楼饯别校书叔云》中抒怀："人生在世不称意，明朝散发弄扁舟。"在《行路难》中再叹："长风破浪会有时，直挂云帆济沧海。"表达了他对人生前途的乐观、豪迈的气概和积极的浪漫主义情怀。

范仲淹在《岳阳楼记》中高呼："先天下之忧而忧，后天下之乐而乐。"表达了积极向上、奋发有为的政治抱负。

蒲松龄平生最喜欢的一副对联是：

有志者，事竟成，破釜沉舟，百二秦关终属楚；

苦心人，天不负，卧薪尝胆，三千越甲可吞吴。

他才华横溢，但几次参加科举考试都名落孙山。虽然官场的黑暗与科举制度的弊端让他深恶痛绝，但他并没有就此心灰意冷，而是将自己的聪明才智用于撰写小说《聊斋志异》，为中国古典文学增添了一颗耀眼的明珠。

III. 不屈不挠、御侮图强的家国情怀

中华民族的历史上，产生了众多民族英雄和仁人志士，他们"不降其志，不辱其身"（《论语·微子》），在民族大义面前"舍生取义"（《孟子·告子上》），对外来侵略者绝不屈服，对邪恶势力绝不妥协。

宋代名将岳飞为了收复失地，驰骋沙场。他不畏奸臣谗言，不顾国君昏庸，在被召回朝廷遇害之前，还念念不忘"直捣黄龙，救回'二圣'，收复大好河山"。抗辽名将杨业以及其子杨延昭、其孙杨文广等"杨家将"，一门忠烈，前仆后继，保家卫国。

文天祥，在元军兵临城下时，明知前去谈判凶多吉少，却置个人生死于不顾，从容前往。后又几度挣脱元军魔掌，以期重整旗鼓，为国雪耻。他在《指南录后序》中发誓"生无以救国难，死犹为厉鬼以击贼"，还在《过零丁洋》中发出了"人生自古谁无死，留取丹心照汗青"的千古悲歌。

鸦片战争以后，列强对中国进行侵略、瓜分、掠夺，激起中华民族的反抗，无数仁人志士为使民族站起来，"上下求索"，奔走呼号，浴血奋斗。林则徐虎门销烟，拉开近代中华民族抵抗外侮、民族自强的序幕，此后洋务运动、维新变法、辛亥革命、新民主主义革命接踵而至，开启了有识之士自强不息、追求救国救民真理的历史进程，"自强"成为中华民族此后一百多年的时代最强音。

鸦片战争时期，魏源等人指出："今日我们以大国反受制于小国，如耻之，莫如自强……彼何以小而强，我何以大而弱，力求所以如之，仍亦存乎人而已。"（冯桂芬《校邠庐抗议》）

甲午战争失败后，改良派的重要代表严复强调，中国要变弱为强，

必须在"鼓民力""开民智""新民法"等这些"自强之本"上下功夫。改良派的领袖康有为在《公车上书》中也宣称:"自强为天行之健,志刚为大君之德。"

戊戌变法失败后,谭嗣同在狱中写下惊天泣地的诗句:

> 望门投止思张俭,忍死须臾待杜根。
>
> 我自横刀向天笑,去留肝胆两昆仑。

谭嗣同认为,改革是要流血的。他在菜市口被杀时,大声说:"有心杀贼,无力回天,死得其所,快哉快哉!"何其壮烈!

Ⅳ. 凸显人的价值的人文传统

自强不息,凸显人作为生命体在自然界中的价值和作为,体现了人文精神。

"子不语怪力乱神"(《论语·述而》),孔子教育弟子们,对鬼神敬而远之。早期儒家虽然不反对祭祀,但祭神、祭祖的出发点是社会人事。儒家文化一方面对超自然的鬼神力量保持警醒,另一方面却认为人是一个有为的主体,可以主宰自己命运,使中国文化从很早的时代起就浸润了浓重的人文传统。

龟虽寿

(东汉) 曹 操

神龟虽寿,犹有竟时。

腾蛇乘雾,终为土灰。

老骥伏枥,志在千里。

烈士暮年,壮心不已。

盈缩之期,不但在天。

养怡之福,可得永年。

幸甚至哉,歌以咏志。

西方社会在近代以前，"人"一直匍匐在宗教的巨大阴影之下，人的价值得不到伸张，人的现世幸福只能寄望于神佑和来世，因而主观能动性受到极大的约束。直到现在，在很多地方，人文主义还是受制于神本主义。

中国传统中自强不息的精神理念，对人生命价值的关切和对人存在地位的肯定，挺起了中华民族生存发展的信心。正是因为人相信自己的命运可以自己主宰，相信自己的价值能够自己实现，从远古时代起，中华民族就勤劳勇敢，就居安思危，就革故鼎新，就坚韧不拔，就威武不屈，创造了辉煌灿烂的文明并且能一直延续不断。

三　今天，我们如何自强不息？

自强不息主张自强，突出人的主观能动性，强调积极进取，对个人而言，是自立之本，对国家而言，是强国兴邦的力量源泉。

今天，中华民族正奔走在从站起来、富起来到强起来的征途上，需要中华儿女继承和发扬传统自强不息的精神，将个人自强与民族自强复兴有机统一起来，艰苦创业，不懈奋斗。

Ⅰ.只有不断进取，才能成就美丽人生

自强不息精神蕴含了对人生意义和不朽价值的深刻理解。现代人在人格养成方面，自强不息的精神不可或缺：一是要永不停息，不断进取，奋发图强；二是要有坚定意志，不惧风险，知难而进，持之以恒；三是要有浩然正气，为人襟怀坦荡，刚正无私。

现在很多家庭过于溺爱孩子，助长了孩子的依赖型人格，不利于其自强自立精神的养成。长期以来，应试教育一直左右着学校教育的发展，在此影响下，学校没有更多的精力关注如何改变新一代独生子女普遍意志力脆弱、身体素质差的实际状况，没有构建起培养受挫能力、拼打能力的切实有效实践途径。自强不息精神正是针对当下青少年人格缺失的一剂良药。继承发扬"自强不息"精神，无疑会对新一

代形成充满自主、进取精神的人生观念产生积极的影响。

刑后著史

　　司马迁的父亲司马谈是汉朝专门掌管修史的官员，他立志要编写一部史书，临终之时，嘱咐司马迁完成著史的事业。司马迁整理父亲留下来的史料和自己早年走遍全国搜集来的资料，专心致志写作《史记》。此时一场飞来横祸降临到他的头上。

　　公元前99年，武帝想让李陵为出酒泉击匈奴右贤王的贰师将军李广利护送辎重。李陵谢绝，并自请步兵五千到单于宫廷以寡击众，武帝赞赏李陵的勇气并答应了他。然而，李陵行至浚稽山时却遭遇匈奴单于伏兵，此时汉朝的援兵不到，匈奴之兵却越聚越多，粮尽矢绝之后，李陵最终降敌。武帝愤怒，群臣都声讨李陵的罪过，只有司马迁说："李陵侍奉亲人孝敬，与士人有信，一向怀着报国之心。他只领了五千步兵，吸引了匈奴全部的力量，杀敌一万多，虽然战败降敌，其功可以抵过，我看李陵并非真心降敌，他是活下来想找机会回报汉朝的。"然而，随着公孙敖迎李陵没有成功，还谎报李陵为匈奴练兵以反击汉朝，武帝愤怒杀了李陵家族，而司马迁也因为"欲沮贰师，为陵游说"被定为诬罔罪名。诬罔之罪为大不敬之罪，按律当斩。

　　死了之后，虽名节可保，但一想到史书还没有写出来，面对大辟之刑，司马迁毅然选择了以腐刑赎身死。司马迁背负着父亲未能完成的理想，在坚忍与屈辱中，继续撰写《史记》。公元前91年，《史记》全书完成，凡五十二万六千五百余字，"究天人之际，通古今之变，成一家之言"（《报任安书》），对后世的影响巨大，被鲁迅先生誉为"史家之绝唱，无韵之离骚"，列为前"四史"之首，与《资治通鉴》并称为"史学双璧"。

故事出处：《汉书·李广苏建传》

　　何谓进取心？进取心是指不满足于现状，坚持不懈地向新的目标追求的蓬勃向上的心理状态。一个人的成败与一个人是否有进取之心有密切的关系。

　　人怎样才会进取呢？

一是目标。有目标，就会为之奋斗，这是解决进取的动力问题。一个人不论在哪一个人生阶段，都要有目标，没有目标就创造目标。而且要不断提出新目标，实现一个目标后，还要为自己提升目标，永无止境，一直到生命结束那天为止。有多大的目标，就有多大的进取动力。为人父母者，见到孩子无目标，要与孩子一道设计人生目标。作为单位和企业的管理者，除了为单位和企业设立目标，还要善于为员工设立奋斗目标。目光高远，才可以充分挖掘自己的潜能，实现人生的价值。

二是韧性或毅力。文学家苏轼说："古之立大事者，不惟有超世之才，亦必有坚忍不拔之志。"尼采说："没能杀死你的东西都能使你变得更强。"很多人开始时，都是积极进取的，但不少人遇到困难时，不能坚持下来，被一个一个困难击倒了，再无进取之心。其实进取就是战胜困难，超越自我，这需要坚持坚持再坚持。人们无论遇到什么样的困难和挫折，都要以积极、乐观的态度去面对，相信"天无绝人之路"，每个困难和挫折总会有解决的办法。

三是要勤奋。有进取精神的人，就是能吃苦耐劳之人。远大前程需要我们不懈努力，"没有比人更高的山，没有比脚更长的路"（汪国真《山高路远》），成就快意人生，需要脚踏实地。

Ⅱ．"学而不厌"，铸就学习型人格

儒家提出自强不息精神，其实与学习有密切的关系。以孔子为主的儒家，十分强调学习，把学习视为"君子"品格把不断学习作为完善自我、强大自我的基础和源泉，因而于己学而不厌、于人诲而不倦，终日乾乾，忘我学习。梁启超在清华讲学时，向学子谆谆告诫的也是要养成这种学习精神，后来清华大学把"自强不息，厚德载物"作为校训，正是取其与学习的因缘。一个人的格局和成就，与其知识涵养息息相关，而后者取决于他的自学能力，现在看来，我们多么需要去回味和践行先哲们所倡导的自强不息的学习精神！

学习是精神生活的重要组成部分，也是人生永恒的主题。一个人能力素质的高低，最终取决于能否锲而不舍地坚持学习。一个人的文凭，仅仅是一个人的学历凭证，不是学识的凭证，更不是见识和创新能力的凭证，谁在完成了学历教育后给自己的学习画上句号，谁就可能被淘汰出局。毕业以后，同学之间为什么会慢慢拉开差距？一个重要原因就是学习兴趣和能力的差距。

学习的动力来自何方？来自目标，有目标就会想方设法通过学习提高自己以靠近目标；来自兴趣，有趣味就会乐在其中，不觉学习之苦。学习精神的养成，需要开放的心态，不把自己封闭起来，能对不同于自己知识结构的东西保持一种包容的心态，对外界永葆一种求知之心，能够吸收新事物，不断丰富和更新自己的知识结构。

劝　学
（唐）颜真卿

三更灯火五更鸡，正是男儿读书时。
黑发不知勤学早，白首方悔读书迟。

Ⅲ．"自苦"而"自强"，建立和谐竞争理念

任何人要立足于世，必须使自己强大。而使自己强大有很多途径。可以通过欺压、掠夺和占有的方式，这是建立在别人的痛苦之上，社会上这种现象越多，不和谐因素就越多。还可以通过自身不懈努力的方式，这是"痛苦"自己而不是痛苦他人，有利于社会和谐。自强不息精神所强调就是后一种途径，它倡导人"苦其心志，劳其筋骨，饿其体肤，空乏其身"（《孟子·告子下》），通过"自苦"而"自强"，然后遵从仁义礼智信的规范参与社会竞争，反映的是一种和谐竞争的理念。现代社会人与人之间的竞争异常激烈，培养人们的"自强不息"精神，正是社会和谐竞争、和谐发展的必然要求。

Ⅳ. 既要刚健有为，又要贵和持中，不走极端

不过，当今继承传统自强不息精神，也要适当创新。

践行自强不息精神，必须辅之以中和精神。这就是既刚健有为，又贵和尚中，不走极端。其实，《周易》在强调刚健的同时，又以"刚健中正"一句加以补充，这就是提醒人们注意避免一味地追求刚健、不求策略、不遵规律。儒家，在总体上主张积极入世，提倡有为奋进，但同时提出了"过犹不及"的中庸思想，要求对待任何事物、处理任何事情均要恰如其分，因而我们在奋进时要识时务、守规律，善于在刚健与柔顺之间寻找一个恰当的结合点。

Ⅴ. 践行自强不息精神，必须尊重个体意志

对人生态度的提倡，只能教育和引导，而不能强加于人，更不能大加挞伐。尊重人们对人生道路、人生态度的自主选择，是现代进步价值理念。自强不息精神在某种程度上是一个人的处世态度，我们在继承弘扬自强不息精神时，容易滑入群体挤压个体的历史窠臼。我们推重那些满怀社会责任感、为民请命之人，也要尊重那些明哲保身、追求自身正当权益而无害于社会的人。须知，人人都是君子的社会，自古都只是一种理想。

君 子

梁启超

"君子"二字其意甚广，欲为之诠注，颇难得其确解。为英人所称"劲德尔门"（编者注：指 Gentleman）包罗众义，与我国君子之意差相吻合。证之古史，君子每与小人对待，学善则为君子，学不善则为小人。君子小人之分，似无定衡。顾习尚沿传类以君子为人格之标准。望治者，每以人人有士君子之心相劝。《论语》云："君子人与？君子人也。"明乎君子品高，未易几及也。

英美教育精神，以养成国民之人格为宗旨。国家犹机器也，国民犹轮轴也。转移盘旋，端在国民，必使人人得发展其本能，人人得勉为"劲德尔门"，即我国所谓君子者。莽莽神州，需用君子人，于今益极，本英美教育大意而更张之。国民之人格，骎骎日上乎。

君子之义，既鲜确诂，欲得其具体的条件，亦非易言。《鲁论》所述，多圣贤学养之渐，君子立品之方，连篇累牍势难胪举。《周易》六十四卦，言君子者凡五十三。乾、坤二卦所云尤为提要钩元。乾象曰："天行健，君子以自强不息。"坤象曰："地势坤，君子以厚德载物。"推本乎此，君子之条件庶几近之矣。

乾象言，君子自励犹天之运行不息，不得有一曝十寒之弊。才智如董子，犹云勉强学问。《中庸》亦曰："或勉强而行之。"人非上圣，其求学之道，非勉强不得入于自然。且学者立志，尤须坚忍强毅，虽遇颠沛流离，不屈不挠，若或见利而进，知难而退，非大有为者之事，何足取焉？人之生世，犹舟之航于海。顺风逆风，因时而异，如必风顺而后扬帆，登岸无日矣。

且夫自胜则为强，乍见孺子入水，急欲援手，情之真也。继而思之，往援则己危，趋而避之，私欲之念起，不克自胜故也。孔子曰："克己复礼为仁。"王阳明曰："治山中贼易，治心中贼难。"古来忠臣孝子愤时忧国奋不欲生，然或念及妻儿，辄有难于一死不能自克者。若能摈私欲尚果毅，自强不息，则自励之功与天同德，犹英之"劲德尔门"，见义勇为，不避艰险，非吾辈所谓君子其人哉。

坤象言君子接物，度量宽厚，犹大地之博，无所不载。君子责己甚厚，责人甚轻。孔子曰："躬自厚而薄责于人。"盖唯有容人之量，处世接物坦焉无所芥蒂，然后得以膺重任，非如小有才者，轻佻狂薄，毫无度量，不然小不忍必乱大谋，君子不为也。当其名高任重，气度雍容，望之俨然，即之温然，此其所以为厚也，此其所以为君子也。

纵观四万万同胞，得安居乐业，教养其子若弟者几何人？读书子弟能得良师益友之熏陶者几何人？清华学子，荟中西之鸿儒，集四方之俊秀，为师为友，相蹉相磨，他年遨游海外，吸收新文明，改良我社会，促进我政治，所谓君子人者，非清华学子，行将焉属？虽然君子之德风，小人之德草，今日之清华学子，将来即为社会之表率，语默作止，皆为国民所仿效。设或不慎，坏习惯之传行急如暴雨，则大事偾矣。深愿及此时机，崇德修学，勉为真君子，异日出膺大任，足以挽既倒之狂澜，作中流之底柱，则民国幸甚矣。

（《清华周刊》第 20 期，1914 年 11 月 10 日）

第十二讲
厚德载物

厚者不毁人以自益也，仁者不危人以要名。

——《战国策·燕策》

物格而后知至，知至而后意诚，意诚而后心正，心正而后身修，身修而后家齐，家齐而后国治，国治而后天下平。自天子以至于庶人，壹是皆以修身为本。

——《礼记·大学》

大其心，容天下之物；虚其心，受天下之善。

——《西山群仙会真记》

唯宽可以容人，唯厚可以载物。

——《薛文清全集》

周公，姓姬名旦，父亲为周文王，哥哥是后来的周武王。周公极为孝敬父亲。文王死后，他又尽心竭力辅佐哥哥武王。

周武王把鲁地封给周公，但他没有去鲁地就封，而是留在朝中继续辅佐武王。武王死后，武王的儿子成王继位。当时，成王的年龄很小，无法执掌国政，周公和召公一起总摄国政。

周公让自己的儿子伯禽代自己去鲁国就封。伯禽临行前，周公告诫他说：

我文王之子，武王之弟，成王之叔父，我于天下亦不贱矣。然我一沐三捉发，一饭三吐哺，起以待士，犹恐失天下之贤人。子之鲁，慎无以国骄人。（《史记·鲁周公世家》）

意思是说：我是文王的儿子、武王的弟弟、成王的叔叔，受命辅政，可以说是天下举足轻重的人物了。可是，我却常常在洗头时，三次握起头发；吃饭时，一顿饭有时要三次吐出吃在口中的饭食，匆忙起身，去接待来访的人，生怕错过了天下的贤士。你到了鲁国以后，一切都要谨慎，不要因为自己拥有封国，就傲慢而不尊重人才。

后来周公平定叛乱，践履诺言，还政成王。

短歌行（节录）

（东汉）曹 操

月明星稀，乌鹊南飞。

绕树三匝，何枝可依？

山不厌高，海不厌深。

周公吐哺，天下归心。

"周公吐哺，天下归心。"周公于家孝悌，于国精忠，于人宽厚，汉初大思想家贾谊这样评价周公：

文王有大德而功未就，武王有大功而治未成，周公集大德大功大治于一身。孔子之前，黄帝之后，于中国有大关系者，周公一人而已。（《新书·礼容语下》）

说周公集大德大功大治于一身，评价不可谓不高。

周公被后来的儒家称为"元圣"，奉为厚德载物的楷模。

一　容载万物的大地之德

何谓"厚德载物"？

群经之首《周易》，除了赞美天运行不息、刚健不屈，对大地亦充满了赞美之辞。请看下面一段：

至哉坤元，万物资生，乃顺承天。坤厚载物，德合无疆；含弘光大，品物咸亨。（《周易·坤卦》）

其大意是：美德至极，配合天开创万物的大地啊，万物依靠它成长，一片生机。深厚的大地普载万物，德行广大，久远无疆。它含育一切使之发扬光大，万物亨通，遍受滋养。

赞美的是大地的博大、厚实、温顺。

《周易》接下来说了与乾卦"天行健，君子以自强不息"相对仗的话：

地势坤，君子以厚德载物。

对这句话，学界有不同的解释，但最终认同的意思却相差不多。就是说君子应效法大地的宽容和柔顺，做到虚怀若谷，包容各类人、各类事，使他人与万物都能够各遂其生。

儒家主张宽厚仁德。一天，孔子学生子张问孔子什么是"仁"。孔子说了五个字：恭、宽、信、敏、惠。接下来孔子解释道："恭则不侮，宽则得众，信则人任焉，敏则有功，惠则足以使人。"（《论语·阳货》）意思是说，庄重就不致遭受侮辱，宽厚就会得到众人的拥护，诚信就能得到别人的任用，勤敏就会提高工作效率，慈惠就能够使唤人。在社会政治方面，孔子主张德治，他说："为政以德，譬如北辰，居其所而众星共（拱）之。"（《论语·为政》）意思是说：用道德来治理国政，自己便会像北极星一样，在一定的位置上，别的星辰都环绕着它。

穆公亡马

秦穆公曾外出王宫，丢失了自己的骏马，亲自出去找，看见有人已经把自己的马杀掉了，正在一起吃肉。秦穆公对他们说："这是我的马呀。"这些人都惊恐地站起来。秦穆公说："我听说吃骏马的肉不喝酒是要死人的。"于是按次序给他们酒喝。杀马的人都惭愧地走了。过了三年，晋国攻打秦穆公，把秦穆公围困住了。以前那些杀马吃肉的人互相说："我们可以以死报答穆公给我们吃马肉喝好酒的恩德了。"于是食马者连同秦军击溃了包围秦穆公的军队，冲散了包围，穆公终于解决了困难，并打败晋国，俘虏了晋惠公，这就是给人恩惠而得到的回报啊！

故事出处：刘向《说苑·复恩》

儒家的"内圣外王"之说，实际上是为"厚德载物"背书。儒家的"内圣"，指主体内在的修养，用《大学》中的话来说，就是"致知、诚意、正心、修身"；"外王"，指将主体内在的修养所得，推广于社会，用《大学》中的话来说，就是"齐家、治国、平天下"。"内圣"方能"外王"，"厚德"才可"载物"，它们是同样的理路。

厚德载物，强调容人、容物，善待他人他物，具有以下精神内蕴：

Ⅰ．柔和顺应

前文已经指出，"厚德载物"由"地势坤"引出，"坤"即柔顺。"德"之本义是直视"所行之路"的方向，遵循本性、本心，顺乎自然。"厚德载物"是对应于"自强不息"的强健提出来的。在我国古代思想家看来，自然界和人类社会纷繁复杂，变幻不定，有刚无柔，只健不顺，有动无静，只进不退，是不可想象的。因而要求人们刚柔并济，在不违背自然规律、他人意愿前提下，去提升自己，推进社会发展，所谓健顺有度、进退适时、动静合宜是也。

Ⅱ．宽厚包容

孔子推崇恕道，主张"君子尊贤而容众"（《论语·子张》）。孔子曾经问学生曾参："参啊！我的学说贯穿着一个基本思想。"曾参说："是。"孔子出去以后，学生们问曾参："老师所说的'道'是什么啊？"曾参说："老师的学说，'忠''恕'两个字罢了。"（见《论语·里仁》）"恕"是孔子所倡导的核心价值，是其最基本的道德观念。

荀子将是否宽厚作为区分君子、小人的重要标准之一，他说："君子能则宽容易直以开道人，不能则恭敬缚绌以畏事人；小人能则倨傲僻违以骄溢人，不能则妒嫉怨诽以倾覆人。"（《荀子·不苟》）意思是说，君子有才能的，对人宽厚容忍平易正直，开导他人；没有才能的，对待人也恭敬忍让，常怀敬畏。小人有才能的，对人傲慢骄横；没有才能的，妒忌怨恨诽谤，以搞垮别人。总之，对他人是否宽厚，可以看出其人品德之优劣高下。

我国传统文化一直视宽容为美德，"虚怀若谷""宽宏大量""腹中天地宽，常有渡人船""水至清则无鱼，人至察则无徒""宰相肚里能撑船"等俗语、俚语，均可说明。

楚客报绝缨

公元前605年楚庄王平息了叛乱，非常高兴，在宫内举行盛大的庆功会，到傍晚，酒兴都还未尽，庄王把自己的宠姬许姬叫出来给群臣敬酒。突然吹来一阵大风，把蜡烛都吹灭了，顿时全场漆黑一片。这时有一员武将因垂涎许姬的美色，加之趁着酒兴，凑上去摸了许姬一把。许姬大惊，左手奋力挣脱后，右手顺势扯下了那人帽子上的系缨。

许姬将缨握在手中，连忙告诉庄王说："刚才敬酒时，有人乘烛灭欲有不轨，现在我把他帽子的系缨抓了下来，大王快命人点蜡烛，看看是哪个胆大包天的家伙干的。"谁知庄王沉思片刻，却让人暂缓点蜡烛，然后对众人说道："今天大家都喝得这么高兴，我看还是都放松放松吧，干脆把头盔帽子什么的都摘下来，那样喝得更痛快些。"蜡烛点上以后，酒宴重新开始，庄王照样谈笑风生，始终没有追查冒犯宠姬的人。许姬对此感到非常惊讶，席后，埋怨庄王不为她出气。庄王笑着说，人主群臣尽情欢乐，现在有人酒后失礼情有可原，如果为了这件事诛杀功臣，将会使爱国将士感到心寒，民不会再为楚国尽力，许姬不由得赞叹楚王想得周到。

数年后，楚庄王亲自率领军队攻打郑国，不料被郑国的伏兵围困住，正在危急时刻，楚军的副将唐狡单人匹马冲入重围，救出了楚庄王，庄王重赏唐狡，唐狡辞谢说："绝缨会上，扯许姬衣袖的正是下臣，蒙大王不杀之恩，所以今日舍身相报。"庄王听后感慨万千。

故事出处：刘向《说苑·复恩》

Ⅲ. 立己达人

厚德可以载物，厚德也是为了载物。成就他人，成就自然，使他人与万物都能够各遂其生，也是厚德载物的本义之一。儒家强调"己欲立而立人，己欲达而达人"，"立己"靠自强不息，"达人"则靠厚德载物，因此，自强不息是自立之道，厚德载物是立人之道，后者就是要成全他人、成全万物。

二　开启中华民族的尚德传统

厚德载物倡导柔和顺应、宽厚包容、立己达人，主张尊重他人的主体性和他人的人格尊严和意愿，使我国从很早的时候起，就形成德治的政治思想和尚德文化传统。

Ⅰ. 劝导人们养成道德情怀，过有尊严的道德生活

中国古代思想家要求人人要行德。官吏要讲"官德"，要勤于政事，使民以时，轻徭薄赋，廉洁奉公；知识分子要讲"士德"，要有弘毅远大的志向，兼济天下的情怀，杀身成仁的气节；普通老百姓要讲"民德"，要厚道、勤劳、节俭；商人要讲"商德"，在经商中要"货真价实"；老师要讲"师德"，"传道、授业、解惑"，为人师表；艺人要讲"艺德"，所谓德艺双馨；医生要讲"医德"，仁心仁术……人人都要不时"反求诸己"，由此塑造了中国人博大、宽厚的道德心灵和精神风貌。

厚德载物精神理念，一方面主张人向内寻求生命的根据和快乐的源泉，认为只有精神的充实和道德的追求，才能体验由内而外的快乐与幸福；另一方面主张人柔顺、宽容、谦让，建立人与人之间的和谐关系，通过成人而达己，督促人养成道德情怀，过有尊严的道德生活。

Ⅱ. 有利于建立人与自然的和谐关系

厚德载物认为大地有宽柔大德，应该学习大地的这种精神，反映了我国古人对自然本质的深刻认识。这种对自然的敬畏，促成了我国崇尚自然的传统。从很早的时代起，国人即尊重和爱护自然。上古时期即有的"网开一面""竭泽而渔""焚林而猎"等故事，反映了古人自然崇拜观念，对后世的中国文化影响深远。

赠孟浩然

（唐）李　白

吾爱孟夫子，风流天下闻。

红颜弃轩冕，白首卧松云。

醉月频中圣，迷花不事君。

高山安可仰，徒此揖清芬。

Ⅲ. 孕育我国对外友好包容、爱护和平的传统

厚德载物精神延伸到国家民族关系上，就是崇尚和平。《周易·乾卦》说："首出庶物，万国咸宁。"《尚书·尧典》说："百姓昭明，协和万邦。"儒家代表人物主张协和万邦、万国咸宁的和平主义。墨子也主张"兼爱""非攻"，即使出现矛盾和争端，也应努力采取非军事手段来解决。厚德载物体现在对外来文化上，就是包容。中华民族历来对其他民族和国家的物质、精神文明能采取包容的态度，充分体现了中华文化兼容并包的精神和有容乃大的气魄，有利于维护祖国的统一和民族的团结。

当然，"厚德载物"思想中，也有做"谦谦君子"，强调束身寡过、当"老好人"的时代局限性。

三 如何做一个有德之人？

I.欲立事，先立人

培养良好的道德人格，不仅有益于个体的自我价值的实现，且有益于人生价值的实现。凡是有作为、成大器者，无不具有利济他人、勇于奉献的道德品质。一个内心缺乏道德精神或道德意志不坚定的人，很难养成有道德的健全人格，也很难有所作为和获得真正的幸福感。"厚德载物"能够培养人们的仁爱之心，使人克制欲望、减轻自私自利之心，爱他人、爱社会、爱人类、爱万物，从而能够受人尊重，达到人际和谐。如果社会中人人抱有一颗宽容之心、谦让之心、诚信之心、团结之心，在人际互动中约束个人行为，能相互理解、相互尊重、相互关心、相互爱护，就能减少人际摩擦，化解人际中的紧张与冲突，使全社会形成和睦、美好的良性关系，形成和谐的社会环境。

现在，传统道德被市场经济冲击，一些人完全以自我为中心，唯利是图，在物欲横流中随波逐流。我们需要挖掘和弘扬传统中"厚德载物"的精神，推进个人品德建设，激励人们向上向善，养成孝老爱亲、见利思义、谦和好礼、讲信修睦、包容会通、扶危济困等美德，养成现代道德人格。

II.当今需要厚什么德？

传统儒家信奉的厚德载物之"德"，是以"仁"为核心的道德体系。儒家道德规范有"三德""四德""五德""六德""九德""十德"等说，包括温、良、恭、俭、让、宽、信、敏、惠、恕、忠、孝、勇、慈、礼、悌、毅、贞等德性。当今传承厚德载物精神，其"德"具有了新的内涵，包含了社会公德、职业道德、家庭美德、个人品德，爱国、敬业、诚信、友善是其核心。

个人品德主要是友善互助、正直宽容、明礼守信、热情诚恳、自强自立、向上向善等。

家庭美德主要是尊老爱幼、男女平等、孝老爱亲、夫妻和睦、勤俭持家、邻里团结等。

社会公德主要是文明礼貌、助人为乐、爱护公物、保护环境、遵纪守法等。

职业道德主要是诚实守信、爱岗敬业、办事公道、热心服务、忠于祖国、忠于人民等。

III."吾日三省吾身"

道德品质的形成关键在于经常自省。曾子说："吾日三省吾身：为人谋而不忠乎？与朋友交而不信乎？传不习乎？"（《论语·学而》）孔子说："见贤思齐焉，见不贤而内自省也。"（《论语·里仁》）道德靠修炼，修炼靠学习，修炼先自省，自省的动力来自于自身和外部世界的不和谐。晚清名臣曾国藩在家书中写道："宏其度，则行有不得，反求诸己。"意思是使自己的度量更宽宏，凡是自己的行动遇到困难，不能克服，就应该反躬自省，寻找并克服自身存在的问题。遇到问题，遇到不和谐，不先从自己反省，一味地责怪他人，就不能完善自己。现代哲人马一浮说："不自反而责人者，必至丧己。"我们面对的人、面对的事，假如有不如意之处，不能怪他人，也不能怪这件事，要先反过头来反省自己。通过反省，从思想意识、情感态度、言论行动等各个方面去深刻认识自己、剖析自己，及时发现和改正自己的缺点错误，不断增强自己的德性。

谕纪泽纪鸿（节录）

曾国藩

余生平略涉儒先之书，见圣贤教人修身，千言万语，而要以不忮不求为重。忮者，嫉贤害能，妒功争宠，所谓忌者不能修，忌者畏人修之类也。求者，贪利贪名，怀土怀惠，所谓未得患得，既得患失之类也。忮不常见，每发露于名业相伴、势位相埒之人；求不常见，每发露于货财相接、仕进相妨之际。将欲造福，先去忮心，所谓人能充无欲害人之心，而仁不可胜用也。将欲立品，先去求心，所谓人能充无穿窬之心，而义不胜用也。忮不去，满怀皆是荆棘；求不去，满腔日即卑污。余于此二者常加克治，恨尚未能扫除净尽。尔等欲心地干净，宜于此二者痛下功夫，并愿子孙世世戒之。附作忮求诗二首录右。

不 忮

善莫大于恕，德莫凶于妒。妒者妾妇行，琐琐奚比数。
己拙忌人能，己塞忌人遇。己若无事功，忌人得成务。
己若无党援，忌人得多助。势位苟相敌，畏逼又相恶。
己无好闻望，忌人文名著。己无贤子孙，忌人后嗣裕。
争名日夜奔，争利东西骛。但期一身荣，不惜他人污。
闻灾或欣幸，闻祸或悦豫。问渠何以然，不自知其故。
尔室神来格，高明鬼所顾。天道常好还，嫉人还自误。
幽明丛诟忌，乖气相回互。重者灾汝躬，轻亦减汝祚。
我今告后生，悚然大觉悟。终身让人道，曾不失寸步。
终身祝人善，曾不损尺布。消除嫉妒心，普天零甘露。
家家获吉祥，我亦无恐怖。

不 求

知足天地宽，贪得宇宙隘。岂无过人姿，多欲为患害。
在约每思丰，居困常求泰。富求千乘车，贵求万钉带。
未得求速偿，既得求勿坏。芬馨比椒兰，磐固方泰岱。
求荣不知餍，志亢神愈忕。岁燠有时寒，日明有时晦。
时来多善缘，运去生灾怪。诸福不可期，百殃纷来会。
片言动招尤，举足便有碍。戚戚抱殷忧，精爽日凋瘵。
矫首望八荒，乾坤一何大。安荣无遽欣，患难无遽憝。
君看十人中，八九无倚赖。人穷多过我，我穷犹可耐。
而况处夷途，奚事生嗟忾？于世少所求，俯仰有余快。
俟命堪终古，曾不愿乎外。

（唐浩明：《唐浩明评点曾国藩家书》，广东人民出版社 2016 年版）

第十三讲
仁者爱人

夫仁者，己欲立而立人，己欲达而达人。

——《论语·雍也》

爱人不亲反其仁，治人不治反其智，礼人不答反其敬。

——《孟子·离娄上》

若使天下兼相爱，国与国不相攻，家与家不相乱，盗贼无有，君臣父子皆能孝慈。若此则天下治。

——《墨子·兼爱上》

古之为政，爱人为大。所以治爱人，礼为大。所以治礼，敬为大。

——《礼记·哀公问》

汤是商部落的首领，一天，他在郊外游玩散步，走进了一个小树林。小树林内绿树成荫，枝繁叶茂，一派生机勃勃的景象。无意间，汤看到有人正在树林中张网捕鸟。那个人把大大的网从四面竖起，竖起后的网竟比树还要高，他一边竖网，一边默默祈祷："鸟儿们啊！从天上坠落的，从地上往上飞的，从四面八方飞来的，通通都进入我的网中吧！"

看到此番情景，商汤急忙走近那人："这样可不行啊！你把鸟都捕尽了，岂不是让它们灭绝嘛！实在是太残忍，太无情了！"

捕鸟人认为眼前这人真是奇怪，不耐烦地反问："按你的意思，该怎么办呢！"

汤走上前，收起了三面的网，只保留一面网，学着捕鸟人的方法重新祷告："鸟儿们啊！想往天上飞就往天上飞，想往地面飞就往地面飞，想到四面八方去就尽情飞翔吧！如果实在不想活的，就飞到我的网里吧，我只捕捉那些触犯天命的！"

这就是"网开三面"的典故由来，后来发展为"网开一面"。中国历史上像这样表达明君贤臣仁爱的故事，还有很多。

一　何谓"仁者"？何谓"爱人"？

Ⅰ．关于"仁者爱人"

首先提出"仁者爱人"思想的是孔子。《论语·颜渊》中有这样一句话：

樊迟问仁。子曰："爱人。"

樊迟是孔子的学生，他像其他同学一样向老师请教"仁"的含义。孔子惜字如金，只说了两个字："爱人"。

而"仁者爱人"四字相连，初见于《孟子·离娄下》一书中：

君子所以异于人者，以其存心也。君子以仁存心，以礼存心。仁者爱人，有礼者敬人。爱人者，人恒爱之；敬人者，人恒敬之。

这段话的意思是，君子与普通人的不同之处，在于时刻把"仁"置于心中。仁德之人能关爱他人，有礼之人能尊重别人。关爱他人的人，才会受到他人的爱戴；尊敬他人的人，才会受到他人的尊敬。

"仁者爱人"，也见于《荀子·子植》一书：

子贡入，子曰："赐，知者若何，仁者若何？"子贡对曰："知者知人，仁者爱人。"子曰："可谓士君子矣。"

这段话是说，孔子学生子贡拜见孔子。孔子问他："端木赐（这是子贡的名字，子贡是其字），明智的人应该怎样？仁德的人应该怎样？"子贡回答道："明智的人应该善于了解别人，仁德的人爱护别人。"孔子说："你可以成为士君子了。"

孔孟虽然都主张"仁者爱人"，但在这几段话里，均没有给出明确含义。

那么，何谓"仁者"？何谓"爱人"？"仁者"何以就会"爱人"？"仁者爱人"在孔孟儒家的思想体系中又处于怎样的地位？

Ⅱ. 何谓"仁者"？

什么是"仁者"？这先要弄清什么是"仁"。

对于"仁"，孔子有很多说法。在樊迟前后，也有很多学生问了孔子"仁"的含义，但孔子的回答是不完全一样的。有时回答说"克己复礼为仁"（回答颜渊），有时回答说"己所不欲，勿施于人"（回答仲弓），有时回答说"己欲立而立人，己欲达而达人"（回答子贡），有时回答说"恭、宽、信、敏、惠"（回答子张）。而樊迟向孔子问"仁"三次，三次的答案也不一样，除了上面所说的"爱人"，还有"居处恭，执事敬，与人忠"（《论语·子路》）、"先难而后获"（《论语·雍也》）。

孔子对仁的回答，是根据学生情况、问话背景来回答的，通常是讲出仁的表象与特征，让学生在实践中去体会。

最有趣的是回答司马牛：

司马牛问仁。子曰："仁者，其言也讱。"曰："其言也讱，斯谓之仁已乎？"子曰："为之难，言之得无讱乎？"（《论语·颜渊》）

这段对话的意思是：司马牛向孔子问仁，孔子回答说："仁者的言语木讷。"司马牛感到奇怪："讲话木讷也叫做仁吗？"孔子说："做起来不容易，说话能够不木讷吗？"

孔子的回答有些戏谑的味道，之所以如此，是因为司马牛平日里"言多而躁"，也就是话多、脾气急躁。因而对他来说，讲话慢一点也是"仁"了。孔子这是在因材施教。

儒家仁学是一个博大的思想体系，孔子"仁"的内涵是极为丰富的，范围非常广泛，包含着温、良、恭、俭、让、宽、信、敏、惠、恕、忠、孝、勇、慈、礼、悌、毅、贞等一切美好德性。但"爱人"是其核心，或者说，孔子仁学的本质属性是爱人，孔子对"仁"的不同描述和解释，大多是"爱人"的不同侧面和具体化。《礼记·中庸》说"仁者人也"，就是对孔子仁学本质的精辟概括。后来董仲舒说得更加明确："仁者人也，义者我也。"意即仁是对别人而言的，义是对自我而言的。

Ⅲ. 何谓"爱人"？

儒家仁爱思想的要义，就是对他人的尊重和关爱。那么"他人"有范围吗？

我们先看看下面一段话：

子曰："弟子入则孝，出则悌，谨而信，泛爱众，而亲仁。行有余力，则以学文。"（《论语·学而》）

这段话的意思是：年轻子弟回到家，要孝敬父母；出门要敬爱兄长；要谨慎恭敬、实实在在，仁爱众人，亲近有仁德之人。这样躬行实践之后，有剩余力量，就再去学习知识。

在这段文字中，孔子要求弟子们首先要孝悌。有子说："君子务本，本立而道生。孝弟也者，其为仁之本与!"（《论语·学而》）说孝顺父母、尊敬兄长，是仁爱之根本。孔子还说："仁者人也，亲亲为大。"（《礼记·中庸》）孔子认为，人要成为仁者，先要关爱与自己有血缘关系的人，孝顺自己的父母，敬爱自己的家人。"亲亲"之爱是孔子仁爱思想的出发点和根基。孟子继承孔子的亲亲思想，他说："仁之实，事亲是也。"（《孟子·离娄上》）"亲亲，仁也。"（《孟子·尽心上》）

但孔子的仁爱不止于亲情之爱，还推而广之至更多的人，这就是上面引文中所说的"泛爱众"，除了爱亲人，还爱友人、邻人、乡亲、

送杜少府之任蜀州

（唐）王　勃

城阙辅三秦，风烟望五津。
与君离别意，同是宦游人。
海内存知己，天涯若比邻。
无为在歧路，儿女共沾巾。

国人。孔子主张"己欲立而立人，己欲达而达人""己所不欲，勿施于人"，对他人要"温、良、恭、俭、让"。一次孔子的马棚失火，孔子第一反应是问有没有伤人，体现了他对人的爱心。孟子继承了孔子思想，提出"亲亲而仁民"（《孟子·尽心上》），"老吾老，以及人之老；幼吾幼，以及人之幼"（《孟子·梁惠王上》），主张爱人要从爱亲人到爱百姓，在孝敬赡养自己的亲人长辈时，不应忘记其他没有亲缘关系的老人；在抚养教育自己的小孩时，不应忘记其他没有血缘关系的小孩。

儒家的泛爱思想具有更广泛的表达，"四海之内皆兄弟"，所爱的不仅是父母、兄弟、家族、国人，更是全人类。

那么，儒家认为如何做才算爱人呢？

董仲舒阐释仁的内涵时说的一番话，在一定程度上能解答这个问题，他是这样说的：

> 何谓仁？仁者憯爱人，谨翕不争，好恶敦伦，无伤恶之心，无隐忌之志，无嫉妒之气，无感愁之欲，无险之事，无辟违之行，故其心舒，其志平，其气和，其欲节，其事易，其行道，故能平易和理而无争也，如此者，谓之仁。（《春秋繁露·必仁且知》）

这段话的意思是：什么是仁呢？仁者，就是要同情而爱怜别人，恭敬和善而不与人争，好恶分明，敦睦人伦，没有伤害他人之心，没有隐瞒禁忌之图，没有嫉妒的心气，没有多愁善感的欲望，没有阴险邪恶的居心，没有怪僻背理的行为，因此心情舒坦，志向豁达，气息和顺，欲望得到节制，做起事来简易明了，行为符合道义，所以为人性情平易，温和有礼，与世无争，能做到这些就是仁了。

在这段话中，董仲舒将"仁"释为"爱人"，而爱人，就是对他人恭敬、温和、宽恕、诚实、忍让、明智等。其实在儒家看来，爱人就是行仁，如能做到上文提到的温、良、恭、俭、让、宽、信、敏、惠、恕、忠、孝、勇、慈、礼、悌、毅、贞等等德性，就是爱人。

IV. 儒家"泛爱众"不同于墨家"兼爱"

儒家虽然提出了"泛爱众"，但与墨家的"兼爱"是有区别的。

对此，朱熹在与学生问答中，说得很清楚：

问："泛爱众。"

曰："人自是当爱人，无憎嫌人底道理。"

又问："人之贤不肖，自家心中自须有个辨别。但交接之际，不可不泛爱尔。"

曰："他下面便说'而亲仁'了。仁者自当亲，其它自当泛爱。盖仁是个生底物事。既是生底物，便具生之理，生之理发出便是爱。才是交接之际，便须自有个恭敬，自有个意思，如何漠然无情，不相亲属得！圣人说出话，两头都平。若只说泛爱，又流于兼爱矣。"（《朱子语类》）

这段话翻译过来的意思是：学生问："怎么理解'泛爱众'？"朱熹回答："人自然应当爱人，没有憎恨和嫌弃别人的道理。"学生又问："人是贤能还是不肖，自己心中应该是有数的。但在交往之中，却又不得不泛爱？"朱熹答道："圣人在'泛爱众'后接着说了'而亲仁'。意思是对仁者应当亲近，对其他人泛爱。因为仁是由生命创造的事物，既然如此，就有生命的道理，生命道理发出来就是爱。人们在最初交往时，就必须对人恭敬，有个自己的态度，怎么能漠然视之，没有血缘相属就没有亲近感呢！圣人说出来的话，是兼顾两个方面的。如果只说泛爱不讲等差，就会与墨家的兼爱没有差别了。"

朱熹答问的关键是抓住了"而亲仁"，就是说孔子所说"泛爱众"是有条件、前提和归宿的，必须立于亲情之爱这个基座上。墨家的"兼爱"，是"视人之国；若视其国。视人之家；若视其家。视人之身，若视其身"（《墨子·兼爱中》），是没有等差的爱，这种博爱观念当然值得肯定，但是过于理想化了，脱离了人的自然感情，与当时的社会结构、宗法观念不适应，因而无法落实。

Ⅴ. 从爱人到爱物

儒家仁爱思想，由人及于物。《论语》曰："子钓而不纲，弋不射宿。"说孔子钓鱼，不用大绳结网横断流水来取鱼，不用带生丝的箭射鸟，不射归巢的鸟。还说孔子对死了的狗马，要把它们包裹了埋葬起来。这些都反映了孔子怜爱万物之心。孟子则直接提出了爱物之说，"仁者无不爱也""仁民而爱物"（《孟子·尽心上》），仁者不仅"仁民"而且要"爱物"，将仁爱拓展至天地万物。

这种由人及物的仁爱思想，与天人合一思想交织，形成中国独特的自然观和伦理观。北宋张载提出："民，吾同胞也；物，吾与也。"（《正蒙·乾称篇》）认为民众是我们的同胞，万物是我们的朋友，丰富和发展了孟子"泛爱物"的思想。

爱物思想深刻影响了古人对自然的态度和行为方式。如古人认为，初春时节，树木萌发，虫鸟繁殖，因而斧斤不入山林，不猎杀飞鸟虫鱼。董仲舒说："质于爱民，以下至于鸟兽昆虫莫不爱。不爱，奚足谓仁？"（《春秋繁露·仁义法》）认为不爱鸟兽昆虫，不能算仁爱。

二　儒家伦理思想的灵魂和核心

Ⅰ．从爱"民"到爱"人"

孔子之前的思想者和统治者也提出了尊重民意，爱惜民力。这种爱民，虽然难得，值得肯定，但"爱"的背后有目的，那就是为了统治者更好地统治百姓。这种爱民，是具有政治功利色彩的。儒家提出的"爱人"，是出于人固有的仁心，是人的道德自觉，既是对之前重民爱民观的继承，更是对其超越，是一种超越功利的伦理思想，浸润着中国早期的人文主义和人道主义精神，充分体现了儒家先贤们的思想智慧。作为中国儒家思想的内核，它在中国思想史上占据着重要的地位，对中国政治、社会、文化产生了深远影响。

Ⅱ．"全体"与"四支"

"仁"是孔子道德思想和道德学说中的核心概念，也是儒家伦理道德思想的基础。儒家伦理道德思想是个复杂的观念系统，全方位地体现在人伦日用中，尤其是古代的公私生活和法律制度。儒家经典中出现的德目（道德规范）很多，有很多归类法，如"三德""四德""五德""六德""九德""十德"等。哲学家张岱年曾经提出了中国传统伦理道德的九个主要规范：公忠、仁爱、诚信、廉耻、礼让、孝慈、勤俭、勇敢、刚直。在这些道德规范中，仁爱是源头，是核心。更形象的说法是《二程遗书》中所说的："仁义礼智信五者，性也。仁者，全体；四者，四支。"就是说，如果将儒家道德体系比作一个人，仁就是身体，其他是四肢。没有"仁"谈不上其他德行，由此，儒家伦理思想被一些研究者称为仁本主义思想。

III. 以自然之爱为圆心

儒家仁爱思想，是一种高标的道德理想，但却是建立在现实主义的基础上。儒家仁爱思想是从建立血缘关系的自然之爱出发的，以亲亲之爱为圆心，由父母、兄弟、亲戚、宗族、邻居、乡亲到国人，如同心波纹，一圈一圈往外推。

岁暮到家

（清）蒋士铨

爱子心无尽，归家喜及辰。
寒衣针线密，家信墨痕新。
见面怜清瘦，呼儿问苦辛。
低回愧人子，不敢叹风尘。

在男耕女织的小农社会，家庭是一个最基本的单位和社会细胞，社会的亲疏关系与社会生产生活密切相连。以血缘关系为纽带的宗法制度，是中国传统社会稳定发展的根本保证。社会治理得如何，从一定意义上说，其关键在家。在这种宗法制度里，维护其存在的道德价值观的核心和根本导向，是重视个人对家庭、宗族和国家的道德责任，

强调个体利益服从家庭、宗族和国家利益。孔子提出的仁爱思想，就是这样一种道德价值观，承认爱有差等，承认亲疏、尊卑，是一种遵循整体主义的利益原则，是按现实关系本位建构的伦理道德学说。它能独步中国几千年不是没有缘由的。

IV. 从"仁心"到"仁政"

"仁者爱人"，不仅是儒家伦理道德思想的核心，更是儒家政治思想的内核。孟子从"仁心"出发，提出他的"仁政"学说，主张统治者把自己的"不忍人之心"推己及人，"以不忍人之心行不忍人之政"（《孟子·公孙丑上》），希望统治者能做到体恤百姓、仁爱万民，减少战争动乱，还民众以安宁稳定的社会环境，让他们得以安居乐业、生活无忧。在皇权专制的传统社会中，孟子的仁政思想虽然具有理想主

苏东坡焚房契

苏东坡从儋县向北回来，选择住在阳羡，邵民瞻给他推荐了一套价值五十万钱的房子，苏东坡用尽身上所有的钱刚能买下，后来他选了个吉利的日子住入新家。

不久，他正与邵民瞻在月下散步，偶然到了一个村子，听到有个老妇人哭得很伤心，便推开门进去，苏东坡看见老妇人仍然在自顾自地哭泣。苏东坡问她哭泣的原因，老妇人说："我有一套房子，世世代代传了几百年，但是我的儿子不成材，卖给了别人，现在我搬到这儿来了，住了百年的旧房子永远没了，怎能不痛心？"

于是苏东坡问她的房子在哪儿，正是苏东坡买的房子。苏东坡多次安慰她说："你的房子是我买的，不用太悲伤，现在我把屋子还给你。"苏东坡随即叫人拿来买房的凭据，当着老妇人面前烧了。第二天叫老妇人的儿子接他母亲回到原来的住所，最终竟然不索取所花之钱。

故事出处：《梁溪漫志》

义成分，但一定程度上具有约束专制政治、维护民生的积极意义，成为中国古代思想家批判专制主义的重要思想资源。仁政思想也影响了一批明君贤臣，如唐太宗、宋太祖、清朝康熙帝等，他们以仁爱待百姓，使得当时国泰民安。

三　让我们的社会充满爱

仁者爱人的道德传统，既蕴含着儒家核心思想——"仁"，也提出了行"仁"、成为"仁"的要求——"爱人"，它可穿越时空，在我们的时代闪耀其精神之光。当然，不同的时代，仁爱精神的落实有不同的要求和体现，我们要结合现实社会状态和时代特征，赋予其新的时代内涵，尤其是要将亲疏远近贵贱之别的爱，转换为人人平等的无差等之爱。

Ⅰ．领悟传统的爱人智慧

儒家仁爱思想，充满爱人的智慧。让我们重温孟子说的这段话：

君子所以异于人者，以其存心也。君子以仁存心，以礼存心，仁者爱人，有礼者敬人。爱人者人恒爱之，敬人者人恒敬之。（《孟子·离娄下》）

这段话意思是：君子与一般人不同之处，在于用心不同，出发点不同。君子把仁放在心上，把礼放在心上。讲仁就真心爱人，讲礼就着实敬人。真心爱人，别人就总是爱他；着实敬人，别人总是尊敬他。

从这段话中，我们可以领略到仁爱的两方面智慧：

一方面，"爱人"要出自本心，而不是功利。出自本心，就是出自一个人的道德自觉，一个人的仁心。一个人道德高尚，一个人对他人好，不应该是做给人家看的，或者是想获得对方的报答。道德是不能弄虚作假的，假的也真不了，检验真假的标准，就是看他有无企图，是否以或明或暗的方式索取回报。检验一个人的言语真假，要通过实践；检验一个人是否真爱，也要通过实践。

另一方面，"爱人者人恒爱之，敬人者人恒敬之"。真心去爱人、尊敬他人的人，会得到他人真心实意的尊敬和爱戴。孟子对人性具有深刻的洞察力，认为人皆有"恻隐之心""羞恶之心""恭敬之心""是非之心"，就是具有道德的善性，获得了他人真心的爱，也会真心去爱他人，甚至会加倍地回报。这个道理，被有些人，尤其是所谓"成功学""励志学"专家，总结为：爱别人就是爱自己，成全别人就是成全自己。

Ⅱ. 爱自己也爱他人，而且平等地爱他人

传统儒家主张的爱，是建立在关系本位基础上的，是强调个体对亲人、家庭、家族、国家的道德责任。随着科学技术、市场经济发展和社会关系的变化，人们的主体性提高，个体意识被唤醒，人们日益注重对个人利益的追求和个人权益的维护，这本身是社会的进步，也是对传统爱人观的扬弃和超越。

但任何事物都必须有度，如果个人主义过于膨胀，只重视"小我"的利益得失，社会文明程度固然会下降，对个体而言，其"小我"利益也很难实现。

随着社会分工的日益精细和社会关系的网络化，人们的相互关联性、依存性提高，一个人只有给他人带来便利，才能成功，为更多的人带来便利，就能获得更大的成功。

仁爱他人，一方面要广泛地关爱身边所有的人，尊重长者、关爱弱者、体谅他人；另一方面就是在工作中注重仁爱的关联对象。如作为领导干部，要仁爱群众，真诚关心群众利益和诉求，热心为群众服务；作为教师，就要仁爱学生，真诚地为学生授业解惑，促进学生学业进步成长；作为医生，就是要仁爱病人，对患者具有包容之心，真诚用心地救死扶伤、治病救人。若社会上每个人常怀仁爱之心，以诚待人、以礼待人，世界将变得更加美好。

当今也已经不是鸡犬相闻的小农经济时代，必须打破爱有等差的格局，秉持博爱情怀，即平等的爱人观，无论他人生理特征、社会特

征有什么差异，均应尊重，不能因其差异而受到不公正的对待，所谓
"一视同仁"。

杏林春满

　　董奉，字君异，福建侯官（今福州）人，有很高的医技，与当时的华佗、张仲景齐名，号称"建安三神医"。他虽医术高明，给人治病却从不收钱，只是要求被治愈的病人在他的宅旁种植杏树。重病患者被治好的人每人植杏树五株，轻病患者每人植杏树一株，几年后，董奉治愈患者成千上万，植下的杏树就有十几万株，郁然成林。每逢杏熟时节，董奉张榜公告，凡是到此买杏者，不收银钱，而是用稻谷换取，一斗稻谷换一斗杏。董奉又将用杏换来的稻谷，全部用来救济平民百姓。如此一来，杏林一词便渐渐成为医家的专用名词，人们喜用"杏林春满""誉满杏林""妙手回春"这类的话语来赞美像董奉一样具有高尚医风的医生。

故事出处：《神仙传》

III. 时时检省自己有无仁心

　　仁爱精神如何养成？孔子认为，"为仁由己"，意为主要靠自己。有一次孔子的弟子颜回请教如何才能达到仁的境界，孔子回答说：尽力约束自己，使自己的行为符合礼的要求，如果能够真正做到这一点，就可以达到理想的境界了，但这不能指望他人，主要是要靠自己去努力（《论语·颜渊》）。

　　养成仁爱精神，主要靠自己内省。孔子说："见贤思齐焉，见不贤而内自省也。"（《论语·里仁》）

　　儒家自省，就是自我检省，从思想意识、言论行动等各方面去审视自己是否遵从道义原则。自省，用现代心理学的说法，就是自我监控，一个人的修养水平能达到什么样的境界，完全取决于自我监控的自觉性。孔子说"君子求诸己，小人求诸人"（《论语·卫灵公》），遇

到问题找自己的原因是区分君子与小人的主要标志。

如何自省？孟子说得很到位："爱人不亲，反其仁；治人不治，反其智；礼人不答，反其敬。行有不得者皆反求诸己，其身正而天下归之。"（《孟子·离娄上》）如果关爱别人，可是别人却不肯亲近，那首先反问自己，自己的仁爱之心够不够？如果劝谏别人，可是没有成功，那就要反问自己，自己的智慧够不够？如果有礼貌地对待别人，可是得不到相应的回答，就要反问自己，自己的真诚够不够？当行动未得到预期效果时，不要埋怨别人，首先应当反躬自问，从自己身上找原因。自省的目的是找出过失，及时纠正。在工作、生活中我们要时时反思自己有无过错，有错就要及时矫正。重视自省是一切良善者、成功者的人格特征，因为他们知道，自省是认识自己，改正错误，提升自己的有效途径。

IV. 在实践中不断修正自我、完善自我

养成仁爱精神的另一个重要途径就是要力行。孔子说："力行近乎仁。"（《礼记·中庸》）意思是仁爱精神，需要我们在日常社会生活中，按照"仁爱"的道德标准约束自己，只要你努力践行了，你就越来越称得上是一个真正的"仁者"了。这里的关键是践履、躬行仁德。

通过自我检省发现自身过失或不"仁"无"爱"之后，就要努力改正，回归仁爱正道，这是一个跟自我、"小我"较量搏斗的艰难过程。在实践中不断修正自我、超越自我，就是在"力"行，是强者所为，是智者所为，更是仁者所为。正如南宋大儒陈淳所言："力者，勉焉而不最怠之谓。力其行者，所以复乃善于己，而使之无不备也……行不力，则虽精义入神，亦徒为空言，而善德至善竟何有于我哉？"（《北溪字义》）仁爱养成，需要艰难决绝的修炼，需要在实践中不断在灵魂深处革自己的命。

大宇宙中谈博爱（节录）

胡 适

"博爱"就是爱一切人。这题目范围很大。在未讨论以前，让我们先看一个问题："我们的世界有多大？"

我的答复是"很大"！我从前念《千字文》的时候，一开头便已念到这样的辞句："天地玄黄，宇宙洪荒。"宇宙是中国的字，和英文的 Universe，World 意思差不多，都是抽象名词。宇是空间（Space）即东、南、西、北；宙是时间（Time）即古、今、旦、暮。《淮南子》说宇是上下四方，宙是古往今来。宇宙就是天地，宇宙就是 Time-Space。古人能得"Universe"的观念实在不易，相当合于今日的科学。但古人所见的空间很小，时间很短，现在的观念已扩大了许多。考古学探讨千万年的事，地质学、古生物学、天文学等等不断的发现，更将时间空间的观念扩大。

现在的看法：空间是无穷的大，时间是无穷的长。

古人只见到八大行星，二十年前只见九大行星。现在所谓的银河，是古代所未能想象得到的。以前觉得太阳很远，现在说起来算不得什么，因为比太阳远千万倍的东西多得很。

科学就这样地答复了"宇宙究竟有多大？"这个问题。

现在谈第二点：博爱。

在这个大世界里谈博爱，真是个大问题。广义的爱，是世界各大宗教的最终目的。墨子可谓中国历史上最了不起的人，可说是宗教创立者（Founder of Religion），他提出"兼爱"为他的理论中心。兼爱就是博爱，是爱无等差的爱。墨子理论和基督教教义有很多相合的地方，如"爱人如己""爱我们的仇敌"等。

佛教哲学本谓一切无常，我亦无常，"我"是"四大"（土、水、火、风）偶然结合而成的，是十分简单的东西。因此无所谓爱与恨——根本不值得爱，也不值得恨。但早期佛教亦有爱的意念在：我既无常，可牺牲以为人。

和尚爱众生，但是佛教不准自食其力，所以有人称之为"叫花"（乞丐）宗教。自己的饭亦须取之于人，何能博爱？

古时很多人为了"爱"，每次登坑（大便）的时候便想，想，大想一番，想到爱人。有些人则以身喂蚊，或以刀割肉，以自身所受的痛苦来显示他们对人的爱。这种爱的方法，只能做到牺牲自己，在现代的眼光看来，是可笑的。这种博爱给人的帮助十分有限，与现代的科学——工程、医学等所能给我们的"博爱"比起来，力量实在小得可怜。今日的科学增进了人类互助博爱的能力。就说最近意大利邮船Andrea Doria 号遇难的事吧，短短的数小时内就救起千多人。近代交通、医学等的发达，减少了人类无数的痛苦。

我们要谈博爱，一定要换一观念。古时那种喂蚊割肉的博爱，等于开空头支票，毫无价值。现在的科学才能放大我们的眼光，促进我们的同情心，增加我们助人的能力。我们需要一种以科学为基础的博爱——一种实际的博爱。

孔子说："修己以敬，修己以安人，修己以安百姓。"修己就是把自己弄好。我们应当先把自己弄好，然后帮助别人；独善其身然后能兼善天下。同学们，现在我们读书的时候，不要空谈高唱博爱；但应先努力学习，充实自己，到我们有充分能力的时候才谈博爱，仍不算迟。

［胡适著，胡明主编：《胡适精品集·宁鸣而死不默而生》（15），光明日报出版社 1998 年版］

第十四讲
孝老爱亲

不得乎亲，不可以为人；不顺乎亲，不可以为子。

　　　　　　　　　　　　　　——《孟子·离娄上》

孝有三，大孝尊亲，其次弗辱，其下能养。

　　　　　　　　　　　　　　——《礼记·祭义》

孝，德之始也；悌，德之序也；信，德之厚也；忠，德之正也。参中夫四德者也。

　　　　　　　　　　　　　　——《孔子家语·弟子行》

身体发肤，受之父母，不敢毁伤，孝之始也。立身行道，扬名于后世，以显父母，孝之终也。夫孝，始于事亲，中于事君，终于立身。

　　　　　　　　　　　　　　——《孝经·开宗明义章》

孔子的弟子闵损，字子骞，他生母早逝，父亲娶了后妻，又生了两个儿子。继母经常虐待他，冬天，两个弟弟穿着用棉花做的冬衣，却给他穿用芦花做的"棉衣"。一天，天气寒冷，他父亲出门，闵损牵车时因寒冷打战，将绳子掉落地上，父亲一阵斥责和鞭打，芦花随着打破的衣缝飞了出来，此时，他父亲才知道闵损受到虐待。父亲急匆匆回到家，指责后妻所为，并气愤地说要把她休掉。闵损见此，忙跪着求父亲饶恕继母："留下母亲只是我一个人受冷，休了母亲三个孩子都要挨冻。"父亲十分感动，就依了他。继母悔恨知错，从此对待他如亲子。

这是有名的"单衣顺母"故事。故事情节因后人不断加工，多有戏剧性成分。但闵损真有其人，且被孔子视为与颜渊同样有德行的人，其德行主要表现为孝，所以孔子曾赞扬他说："孝哉，闵子骞！人不间于其父母昆弟之言。"（《论语·先进》）孔子的意思是说：闵子骞，真孝顺呀！他的父母兄弟都说他孝顺，别人听了，也从没有什么非议。

家和万事兴，百善孝为先。在中华民族的历史长河中，有"亲有疾，药先尝""昼夜侍，不离床"的孝道故事，自然界也有"羊跪乳，鸦反哺"的真实故事。孝道是中华民族重要的道德规范。

一　孝，传统道德之本

I. 古老的"孝"字

孝的观念产生很早。考古发现，"孝"字最初见于殷墟卜辞。商代金文中有一例用于人名，在青铜器上刻着"孝"字的象形图形，古文字学家解释为"孝"的篆体。从字形上看，因为人老了，弯腰弓背，手拄拐杖，一副老态龙钟的行走神态，下面是一个小人，呈现上老下小的服侍形态。《尔雅·释训》对孝的解释是"善事父母为孝"。东汉许慎在《说文解字》中解释说："孝，善事父母者，从老者，从子，子承老也。"康殷在《文字源流浅说》中解释得更有意思："像'子'用头承老人手行走。用搀扶老人行走之形表示'孝'。""孝"的古文字形和"善事父母"之意完全吻合，所以学界都认为"孝"是尊敬长辈，侍老奉亲之义，是子女对父母的一种善行和美德。

II. 三代的孝观念

在中国，孝的观念大约产生于原始社会末。这个时候的孝有着善事父母和"尊祖敬宗"的双重含义。中国从夏商周三代开始进入文明社会，但受生产力发展水平的制约，人们仍然保持着聚族而居的生活方式，宗法家族制度成为社会的主要组织形式。农业和渔猎生产使人们认识到老人经验的重要性和祖先创业的艰难。在个体家庭出现以前，初民的爱亲之心主要表现为宗教中的祖先崇拜。《礼记·坊记》说："修宗庙，敬祀事，教民追孝也。"当时还没有"事亲"意义上的孝道，但尊敬、爱戴、崇拜本族长者、老者的情感已经出现。经过春秋战国的社会变革，时代的发展要求重建以孝道为核心的宗法伦理，经过统治者和大儒们的倡导，使建立在人文关怀基础上的孝道成为一个完整的体系。这个时候，"善事父母"已经作为家庭伦理，孝敬父母不再受社会外在压力、鬼神的约束，而是出自人们内心的一种情感要求和道德自觉。

III. 早期儒家的孝道思想

孝是儒家的核心理念，先秦儒家代表人物孔子的政治理想是天下"大同"（《礼记·礼运》）。实现大同的途径是"仁"，而"仁"学是一门伦理学和实践的哲学，必须加以客观化和具体化，"孝"就成其为着陆点。有子说："孝弟也者，其为仁之本与！"（《论语·学而》）

孔子对孝有多方面的论说。一是要善事父母。孔子曰："生，事之以礼；死，葬之以礼，祭之以礼。"（《论语·为政》）父母在时，子女

伯俞泣杖

韩伯俞，汉代梁州人。生性孝顺，深得母亲欢心。只是母亲对他十分严厉，尽管对他非常疼爱，偶尔也会因他做错事而发火，用手杖打他。每当这时，他就会低头躬身等着挨打，不加分辩也不哭。直等母亲打完了，气也渐渐消了，他才和颜悦色地低声向母亲谢罪，母亲也就转怒为喜了。

有一次，母亲又因故生气，举杖打他，但是由于年高体弱，打在身上一点也不痛。伯俞忽然哭了起来，母亲感到十分奇怪，问他："以前打你时，你总是不言声，也未曾哭泣。现在怎么这样难受，难道是因为我打得太疼吗？"伯俞忙说："不是不是，以前挨打时，虽然感到很疼，但是因为知道您身体康健，我心中庆幸以后母亲疼爱我的日子还很长，可以常承欢膝下。今天母亲打我，一点儿也不觉得疼，足见母亲已筋力衰迈，所以心里悲哀，才情不自禁地哭泣。"韩母听了将手杖扔在地上，长叹一声。

故事出处：刘向《说苑·建本》

要以礼侍奉、赡养，还要及时解除病痛，满足父母生存时需要的物质条件；父母死后，子女要以礼安葬，并且按照礼仪祭祀。子女对父母要尽物质奉养的义务，这是孝行的最基本要求。二是对父母有发自内心的敬重之情。孔子说："今之孝者，是谓能养，至于犬马，皆能有养。不敬，何以别乎？"（《论语·为政》）这里的意思是，养是人与动物共有的，而人在养之上，又有了敬，才有了与动物的区别。一次子夏向孔子问孝，孔子说："色难，有事，弟子服其劳，有酒食，先生馔。曾是以为孝乎？"（《论语·为政》）孔子回答的意思是："在父母面前，始终和颜悦色很难。有事情，年轻人去帮着做，有了酒饭，让长辈吃，难道这样就是孝吗？"其意思是说，替长辈做了事，请长辈吃了好的，不一定就是孝了。为什么呢？"色难"，脸色难看，态度不好。三是继承父母遗志，完成先人未竟事业。孔子曰："父在观其志，父没观其行，三年无改于父之道，可谓孝矣。"（《论语·学而》）

孔子学生曾子以孝行著称。他将孝视为"天下之大经"（《大戴礼记·曾子大孝》），放之四海而皆准，认为孝包括赡养父母—不辱没父母名声—尊亲三个由低到高的层次，说："大孝尊亲，其次弗辱，其下能养。"（《礼记·祭义》）

孟子将事亲看作仁的本质内容，说："事孰为大，事亲为大。"（《孟子·离娄上》）孟子列举了五种不孝的行为，他说："世俗所谓不孝者五：惰其四支，不顾父母之养，一不孝也；博弈好饮酒，不顾父母之养，二不孝也；好财货，私妻子，不顾父母之养，三不孝也；从耳目之欲，以为父母戮，四不孝也；好勇斗狠，以危父母，五不孝也。"（《孟子·离娄下》）

IV. 浓缩孝文化的 《孝经》

对孝进行全面系统论述的是《孝经》。《孝经》认为孝是天经地义的："夫孝，天之经也，地之义也，民之行也。"还说"人之行莫大于孝"，认为孝是一切德行之本。《孝经》对孝子的要求是："居则致其敬，养则致其乐，病则致其忧，丧则致其哀，祭则致其严。"这就是要儿女们，平日里居住在一起时要敬重父母；赡养父母，要让其快乐；父母有病了要忧心忡忡，为其治病；父母离世，要表示哀痛；祭祀父母，要严格遵从礼的规范。《孝经》明确提出了"移孝作忠"的观点，认为"忠"是"孝"的延伸，"忠""孝"是一体的。《孝经》还主张"以孝治天下"，认为这样就会"天下和平，灾害不生，祸乱不作"，将孝的地位和作用提到空前的高度，贯通家庭道德和社会政治。

V．汉以后孝道思想的强化

到了汉代，董仲舒明确提出并系统论证了"三纲"学说，确定了父尊子卑、君尊臣卑、夫尊妇卑的伦理关系，孝开始直接服从于"父为子纲"、间接服务于"君为臣纲、夫为妻纲"的道德规范。

从汉以后，历代统治者或思想家主张"以孝治天下"，把孝文化作为封建政治统治的伦理精神基础。

扇枕温衾

黄香，出生在东汉时期，九岁的时候，母亲去世了。父亲体弱多病，黄香便主动承担起家务，辛勤劳作，照顾父亲。

夏天，天气炎热，晚上屋里还有蚊子，使人难以入睡。为了让父亲休息好，黄香晚上总是先用扇子替父亲把席子扇凉，赶走蚊子，才让父亲躺下，使父亲能早些入睡。

冬天，屋外寒风刺骨，屋内被子冰冷，黄香怕父亲着凉，在睡觉前，自己先为父亲把被窝捂暖，再让父亲上床睡觉。

故事出处：《二十四孝》

儒家孝文化发展到宋代，随着新儒学的兴起，发展到一个新阶段。北宋中期，张载对孝作了更深层次的引申。认为天人一体，人的本性也就是天地万物的本性，人都是天地的子女，百姓万民都应看作兄弟，万物应看作朋友。孝的原则被说成宇宙的最高原则。

朱熹认为父子之理先于父子关系的存在，他说："万物皆有此理，理皆同出一原。但所居之位不同，则其理之用不一。如为君须仁，为臣须敬，为子须孝，为父须慈。"所谓父子之理即是父慈子孝。但朱熹主张为人子者应当谏父之过，说："使不陷于不义，这处方是孝。"还提出子女应当对外隐瞒，对内委婉、不倦地劝谏父母（《朱子语类》），发展了儒家的孝道思想。

元代出现了在民间影响巨大、流传甚广的《二十四孝》，多数人认为它是郭居敬撰辑的。《二十四孝》的流传对社会人伦秩序的维护起了重大的良性作用，但也扭曲了人们"孝"的观念，自元代之后，由于"二十四孝"的广泛宣扬和提倡，不近人情的愚孝行为，在民间社会也时有发生。

进入近代后的一百多年，中国社会在艰难曲折中由传统社会向现代社会过渡，传统孝道因为精华与糟粕并存，且其赖以存在的社会、经济、文化基础动摇，在近现代受到了激烈批判，孝道在内的伦理道德也实现着从传统向近现代的转变。

二 传统孝文化要义及价值

综观中国传统孝文化，它主要是儒家的核心伦理观念，其内涵大致包含五个方面：

一是赡养父母，为父母提供必需的生活条件。二是敬重父母，对父母和颜悦色，内心虔敬，表里如一。三是继承父母遗志，完成父母未竟事业。四是将孝老推及爱亲，由爱父母推及爱兄弟、爱家人，形成父义、母慈、兄友、弟恭、子孝的家庭伦理道德体系，以维持家庭成员之间的和谐。五是将孝由家庭推广到社会，移"孝"为"忠"，"忠孝一体"，把维护宗法血亲关系同维护封建等级制度联系起来，使"孝"同时成为得以维系家族与政治的伦理纽带。

在传统中国，孝观念渗透到社会政治生活的各个方面。孝道不仅是规定、调整家庭内部成员，包括父母子女、兄弟姐妹之间的关系的行为准则，而且也成为规定和调整家庭和国家、君主和臣民之间关系的行为准则。历代帝王深知提倡孝道对于维护封建统治和宗法秩序的重要性，一方面大力提倡和宣扬孝道，褒扬孝子，举荐"孝廉"；另一方面采取法律措施，惩罚"不孝"，推行"孝治天下"。

传统孝观念在漫长的历史发展中，经过历代统治者、思想家的改造，已经变成了一种内涵极其丰富的伦理规范，经历代统治者的推崇和文人学士的褒扬，深入到中华民族的潜意识之中，成为人们的一种自觉意识，在中国几千年发展过程中对维护国家、社会的和谐稳定，起了重要作用。

纯孝之报

东晋时期，吴郡人陈遗，在家里非常孝顺。他母亲喜欢吃锅巴。陈遗在郡里做主簿的时候，总是收拾好一个口袋，每逢煮饭，就把锅巴储存起来，等到回家，就带给母亲。后来遇上孙恩贼兵侵入吴郡，内史袁山松马上要出兵征讨。这时陈遗已经积攒到几斗锅巴，来不及回家，便带着随军出征。双方在沪渎开战，袁山松打败了，军队溃散，都逃跑到山林沼泽地带，没有吃的，多数人饿死了，唯独陈遗靠锅巴活了下来。当时人们认为这是对他淳厚的孝心的报答。

故事出处：《世说新语·德行》

历经千年的传统孝道，教育于全社会，实行于各阶层，使全社会具有共同的道德认识和行为标准，成为一种民族意识，使国民在家尽孝，为国尽忠，忠孝合一，外在强制性的社会规范和内在道德修养结为一体，人人行孝悌之道，服从和维护权威，从而有利于天下太平，维护社会政治的稳定。

孝自古以来就有促进家庭和睦、代际和谐的意义。孝敬父母及亲戚，可理顺家庭中的主要关系，立威于兄弟之间，扬名于村邻之域，造就家庭的整体感与和谐气氛。

传统孝文化是中国古代小农经济和宗法制度的产物，具有历史局限性。主要表现在：第一，对父祖绝对服从，剥夺了子孙的独立人格。第二，封建孝文化宣扬"忠孝合一，移孝作忠"，为专制统治张本。第三，导致历史上一些愚孝愚忠行为，制造不少人间悲剧。

三　做一个有德有成之人，从孝敬父母开始

孝文化在历史的演化进程中，打上了时代和阶级的烙印，但就孝文化的整体而言，其基本方面应当肯定。传统孝文化不仅仅是一种通过行为表现出的人伦道德，而且还是一种社会性行为。孝在当代社会，虽不能再具有泛孝主义的地位，但是其在弘扬传统美德、构建和谐代际关系、形成良好社会风气等方面能发挥积极作用。我们一方面应继承和弘扬传统孝文化的精华，剔除其糟粕；另一方面则应从时代发展与和谐社会的需要出发，赋予孝道伦理以时代精神和新的内涵，促成其从传统社会向现代社会转化。

Ⅰ．传统孝文化之殇

近现代以来，中国传统孝文化不断受到重创。而今，社会中尊老、

敬老、养老观念日益淡泊，不孝敬父母、不赡养父母、无视老年人权益等现象，也经常发生。其中原因，一是中国家庭结构发生重大变化，传统社会以血缘关系组成的联合式大家庭走向崩溃，家庭结构趋向于小型化、松散化和核心化，传统"孝"文化的家庭基础已经不再。二是受西方文化影响，倡行个人独立人格，家庭的亲子关系本位让位于个人本位。三是"五四"运动中，对孝文化糟粕的清算和批判，矫枉过正。四是"文化大革命"的极左思想，对孝文化进行了全面批判和全盘否定，致使人们难以科学理性地认识和对待传统孝文化。五是随着市场经济发展，拜金主义、极端利己主义渗入家庭中。

游子吟

（唐）孟 郊

慈母手中线，游子身上衣。

临行密密缝，意恐迟迟归。

谁言寸草心，报得三春晖。

II．"孝，德之始也"，继承传统重孝精神，善待自己的父母

《孔子家语·弟子行》说："孝，德之始也。"行孝是讲道德的第一步。"孝"是中国道德文化的核心内容，孝敬父母自古即是我国最基本的道德准则。当代社会，虽然人的自主意识和社会保障水平提高，孝敬父母仍是最基本的道德要求。

在现实中，不爱自己父母的情形比较严重，有不赡养父母者，有不尊敬父母者，有"啃老""弃老"者，有不愿侍候老人者。总之，对父母只图索取，不愿付出，根子出在对父母缺乏仁爱之心。现在社

会诟病较多的是独生子女对父母较普遍地缺乏爱心，比较自我。这与父母对其无原则的溺爱深有关系。在独生子女从出生到成长的过程中，父母、家人无原则地满足，无止境地给予，无条件地包办。久而久之，孩子养成了自私、霸道、没有爱心、不善与人交流、不懂尊重别人等不良品性。在许多独生子女看来，父母爱他（她）、为其付出，理所当然，天经地义。由于父母长期无原则地顺从、满足其种种欲望、无理要求，造成不少独生子女霸道、不讲理性，缺乏包容之心。

父母对子女的爱是最伟大、无私的，为了抚养和教育子女，父母总是倾注全部心血。对父母的养育之恩，做子女的当知报答，而且无论如何也是报答不尽的。况且我们每个人也都会老，"善待老人，就是善待明天的自己"。所以，孝敬父母，是子女必须承担的义务。做晚辈的要多与老人交流、沟通，除照顾他们的物质生活外，还应在精神上给予更多的关心和体贴，使他们充分享受天伦之乐。

培养后代的仁爱之心，父母责任重大，一是要言传身教，率先垂范。二是要讲究爱幼之道，对子女教育不能重智轻德、娇宠溺爱，应当做到爱严结合、放管结合，创造条件磨炼孩子意志。三是要培养孩

怀橘遗亲

陆绩，三国时期吴国人，科学家。六岁时，随父亲陆康到九江谒见袁术，袁术拿出橘子招待，陆绩往怀里藏了两个橘子。临行时，橘子滚落地上，袁术嘲笑道："陆郎来我家做客，走的时候还要怀藏主人的橘子吗？"陆绩回答说："母亲喜欢吃橘子，我想拿回去给母亲尝尝。"袁术见他小小年纪就懂得孝顺母亲，十分惊奇。陆绩成年后，博学多识，通晓天文、历算，曾作《浑天图》，注《易经》，撰写《太玄经注》。

故事出处：《二十四孝》

子独立自主意识、责任意识和感恩意识，尤其感恩意识是爱心养成的动力之源，务必让孩子知道，对凡是给予他们关怀、爱护、帮助、照顾、支持的人，都必须有感恩之情和报恩之行。

III．"悌，德之序也"，将孝老推及爱亲，由爱父母推及爱兄弟、爱家人

儒家移"孝"为"弟"，讲求兄弟姊妹间、家庭亲人间的仁爱。在儒家看来，亲人之间的仁爱，是仅次于孝道的道德。兄弟姊妹和其他亲人之间应该友爱，相互帮助，和睦相处。

当今，兄弟间、亲人间为了争夺财产、推卸养老责任而失和的现象比较普遍。有的人参加传销，发展下线，首先从亲人下手，最终闹得兄弟反目，亲人间矛盾重重。亲人间还有一个较普遍存在的婆媳失和现象，有"十对婆媳九不和"之说。

建立兄弟姊妹间的仁爱关系，即"悌"，指手足之情，姐妹之爱，平辈之间的互敬互爱。同胞兄弟、姐妹有血缘之亲，互相关爱乃是人的自然感情。且平辈之间有相似的生存背景、社会心理，容易互相理解、同情、关爱。兄弟间最重要的是互敬互让，处理好家庭责任和权利的关系，在性情、个性上能互相尊重，在经济和发展上能互相提携、互相帮助，在家庭财产利益关系上，能互相尊重礼让。

婆媳关系的融洽关键是双方以诚相待。儿媳应真心实意地孝敬婆婆，婆婆也要实实在在地疼爱儿媳。媳妇要从老年人的心理角度多为婆婆着想；婆婆也应多从年轻人的心理状态考虑问题，双方多作换位思考。

IV．"老吾老以及人之老"，在社会形成尊老敬老爱老的风气

孟子曾说："老吾老以及人之老。"（《孟子·梁惠王上》）从孝敬尊重自己的父母，推及爱社会的老人，善待社会上所有的老人。

现在我国进入老龄化社会，老年人是我国的重要群体，为了维护老人权益，尊老、敬老、爱老这一中华民族几千年来的美德更显得重要。

有人说，童年是一幅画，少年是一个梦，青年是一首诗，中年是一篇散文，老年人是一部历史。老年人，对我们这个社会做出过贡献，今天他们年纪大了，全社会就应关心他们，让他们幸福地度过晚年。哲学家康德说："老年时像青年一样高高兴兴吧！青年，好比百灵鸟，有它的晨歌；老年，好比夜莺，就应有他的夜曲。"老人的生活不应是黯淡的，应富含生的气息与爱的欢笑。

有诗曰："老来难，老来难，少年莫把老人嫌。当初只嫌别人老，如今轮到我头前。"老人的今天就是我们的明天，尊重老人，就是尊重明天的自己。

"天意怜幽草，人间重晚晴。"关爱老人，就要提高老年人的生活质量，为老年人提供更多的生活便利，为老人创造更好的颐养天年的环境；就是要敬重老人，尊重老人的思维方式和自主选择，对老人放手，使他们有自己喜欢的生活方式；就是要对老人们多一些理解、多一些沟通，多与他们谈心交流，多征求他们的意见和建议，多学习他们做人、说话、办事的精神和品质。总之就是要真正让老人们"老有所养、老有所医、老有所为、老有所学、老有所教、老有所乐"。

Ⅴ. 继承传统孝道，必须赋予现代平等意识

传统孝道是建立在父尊子卑的人格不平等关系上的，现代亲子关系及一切人际关系的基础均是人格平等，传统孝道在人格上的不平等必然造成履行权利义务方面的不平等，具有明显的"重孝轻慈"倾向。人格平等独立是当代文明的重要表征，父母子女都具有独立人格，子女对父母不具有人身依附关系，新型孝文化应该是在强调人格平等上的事亲意识和行为，主张子孝父慈的对等性。长期以来，国人对传统

孝亲观念有一定误读，如以为子女孝顺父母应当唯父母之命是从、不可违抗。其实，古代儒学中亦有谏亲思想，孝顺父母并非愚孝，并非不辨是非一味听从父母的意愿行事，而是可以晓之以理、劝谏父母之过。

论孝悌

曾国藩

余尝语岱云曰："余欲尽孝道，更无他事，我能教诸弟进德业一分，则我之孝有一分；能教诸弟进十分，则我孝有十分；若全不能教弟成名，则我大不孝矣。"九弟之无所进，是我之大不幸也，惟愿诸弟发奋立志，念念有恒，以补我不孝之罪。（道光二十二年十一月十七日致诸弟）

我去年曾与九弟，云为人子者，若使父母见得我好些，谓诸兄弟俱不及我，这便是不孝；若使族党称道我好些，谓诸兄弟俱不如我，这便是不弟。何也？盖使父母心中有贤愚之分，使族党口中有贤愚之分，则必其平日有讨好底意思，暗用机计，使其自己得好名声，而使其兄弟得坏名声，必其后日之嫌隙由此而生也。刘大爷、刘三爷兄弟皆想做好人，卒至视如仇雠。因刘三爷得好名声于父母族党之间，而刘大爷得坏名声故也。今四弟之所责我者，正是此道理，我所以读之汗下。但愿兄弟五人，各个明白这道理，彼此互相原谅。兄以弟得坏名为忧，弟以兄得好名为快。兄不能使弟尽道得令名，是兄之罪；弟不能使兄尽道得令名，是弟之罪。若各各如此存心，则亿万年无纤芥之嫌矣。（道光二十三年正月十七日致诸弟）

男接信时，又喜又惧。喜者，喜弟志气勃勃不可遏也；惧者，惧男再拂弟意，将伤和气矣。兄弟和，虽穷氓小户必兴；兄弟不和，虽世家宦族必败。男深知此理，故禀堂上各位大人俯从男等兄弟之情。男之意实以和睦兄弟为第一。（道光二十三年二月十九日禀父母）

今人都将学字看错了。若细读"贤贤易色"一章，则绝大学问即在家庭日用之间。于孝弟两字上尽一分便是一分学，尽十分便是十分学。今人读书皆为科名起见，于孝弟伦纪之大，反似与书不相关。殊不知书上所载的，作文时代圣贤说的，无非要明白这个道理。若果事事做得，即笔下说不出何妨！若事事不能做，并有亏于伦纪之大，即文章说得好，亦只算个名教中之罪人。贤弟性情真挚，而短于诗文，何不日日在孝弟两字上用功？（道光二十三年六月初六日致诸弟）

至于兄弟之际，吾亦惟爱之以德，不欲爱之以姑息。教之以勤俭，劝之以习劳守朴，爱兄弟以德也；丰衣美食，俯仰如意，爱兄弟以姑息也。姑息之爱，使兄弟惰肢体，长骄气，将来丧德亏行。是即我率兄弟以不孝也，吾不敢也。（道光二十九年三月二十一日致诸弟）

孝友为家庭之祥瑞。凡所称因果报应，他事或不尽验，独孝友则立获吉庆，反是则立获殃祸，无不验者。

吾早岁久宦京师，于孝养之道多疏，后来展转兵间，多获诸弟之助，而吾毫无裨益于诸弟。余兄弟姊妹各家，均有田宅之安，大抵皆九弟扶助之力。我身殁之后，尔等事两叔如父，事叔母如母，视堂兄弟如手足。凡事皆从省啬，独待诸叔之家则处处从厚，待堂兄弟以德业相劝、过失相规，期于彼此有成，为第一要义。其次则亲之欲其贵，爱之欲其富，常常以吉祥善事代诸昆季默为祷祝，自当神人共钦。温甫、季洪两弟之死，余内省觉有惭德。澄侯、沅甫两弟渐老，余此生不审能否相见。尔辈若能从孝友二字切实讲求，亦足为我弥缝缺憾耳。（同治九年六月初四谕纪泽纪鸿）

（题目为编者所加。唐浩明：《唐浩明评点曾国藩家书》，广东人民出版社2016年版）

第十五讲
见利思义

　　富与贵，是人之所欲也；不以其道得之，不处也。贫与贱，是人之所恶也；不以其道得之，不去也。君子去仁，恶乎成名？君子无终食之间违仁，造次必于是，颠沛必于是。

——《论语·里仁》

　　仁人正谊不谋利，明道不计功。此语初看极好，细看全疏阔。古人以利与人，而不自居其功，故道义光明。后世儒者，行董仲舒之论，既无功利，则道义者，乃无用之虚语尔。

——《习学记言序目》

先说两个与孔子有关的故事，一个叫做"子路受而劝德"：

孔子的学生子路孔武有力。一次从河中救出了一位落水者，其家人为了感谢子路，将家里最值钱的牛送给子路，子路坦然地接受了。孔子赞叹说："鲁人必拯溺者矣。"即子路的义举并接受谢礼，让大家知道救人会得到报答，今后鲁人若遇人落水，大家必然抢着去救。

另一个叫做"子贡让而止善"：

孔子的另一个学生子贡非常富有，当时鲁国有法令，凡从诸侯各国赎回鲁人的，可以到官府补偿。子贡赎回了鲁人但不愿去官府领取赏金。孔子告诫说："取其金则无损于行，不取其金则不复赎人矣！"即你只考虑自己有钱，不在乎那点钱，甚至为了表明自己品行高洁而不求回报，那其他赎人的人再去领取赏金就很为难了，长此以往，就再没有人愿意去赎人了，这对在外为奴的鲁人相当不利。

从这两个故事我们可以领略到"见利思义"的深刻内蕴。

义与利是中国传统文化中一个重要命题。程颢曾言："天下之事，惟义利而已。"（《二程遗书》）朱熹更认为："义利之说，乃儒者第一义。"（《与延平李先生书》）可知，义利观在中国文化、哲学中的重要性。

一 传统义利之辩

Ⅰ. 何谓"义"？何谓"利"？

"义"在甲骨文中，本义为"从我羊"，是一个会意字，表示一个人头戴羊形冠饰，故原意为"礼仪"的"仪"，后来假借为"适宜""合意"，指公正、合理和应当做的事情或者行为。《释名》曰："义，裁制事物，使各宜也。"

"义"的内涵比较丰富。首先，义，同仪，有适度之意。"仪"主要是就人的容貌和风度而言的，即指人的仪表。"仪者，度也"，所谓"度"就是适度、适当之义也。其次，义，同宜，合宜的意思。《释名·释言语》说："义，宜也。"韩愈指出："博爱之谓仁，行而宜之之谓义。"（《原道》）朱熹曰："义者，行事之宜。"（《四书章句集注》）这种含义下的"义"实际上是要突出一个字，即"宜"。公平、公正、中正、合宜的道理谓之"义"。

关于传统社会中"义"的内涵，《礼记·礼运》中说："父慈、子孝、兄良、弟弟、夫义、妇听、长惠、幼顺、君仁、臣忠十者，谓之人义。"从字面上看，"义"是调整五种人际关系即父子、兄弟、夫妇、长幼、君臣的原则。

总体而言，义一般是指合乎正义和公益的或公正合宜的道理或举动。它与"仁"的区别，用董仲舒的话来说就是："以仁安人，以义正我。"（《春秋繁露·仁义法》）用王夫之的话说是："以仁爱人，以义制我。"（《黄书·任官》）意思就是，用仁爱去爱护别人，用道义来克制自己。总之，"仁""义"都是儒家的核心道德理念，"仁"是对别人而言的，"义"是对自我而言的。

"利"即利益、利害、功利，有时也包括人的欲望。《国语》中如是说："夫利，百物之所生也，天地之所载也，而或专之，其害多矣。天地百物皆将取焉，胡可专也？"但利的含义也非常复杂，有公利、私利之分。

Ⅱ．儒家主张"重义轻利""义以为上""见利思义"

对于义利关系，孔子的观点是鲜明的：重义轻利，见利思义。他把是否合乎"义"作为区分君子与小人的标准，说："君子喻于义，小人喻于利。"（《论语·里仁》）孔子学生子路曾经问孔子，怎样才能算是一个真正的成人？孔子回答他说："见利思义，见危授命，久要不忘平生之言，亦可以为成人矣。"（《论语·宪问》）其意是说，见到利就要思义；遇到危险要能挺身而出，勇于承担；不管多长时间，只要承

身在曹营心在汉

建安五年（200年），曹操东征，刘备投奔袁绍。曹操活捉关羽而回，任命关羽为偏将军，待他非常客气。袁绍派遣大将军颜良到白马进攻东郡太守刘延，曹操让张辽和关羽作先锋迎击颜良。关羽远远望见了颜良的旗帜和车盖，便策马驰入千军万马之中刺杀颜良，割下颜良首级回到营中，袁绍的众多将领没有人能够抵挡他，于是解了白马之围。曹操当即上表奏请朝廷封关羽为汉寿亭侯。曹操觉察到关羽无久留之意，对张辽说："你凭私人感情去试着问问他。"不久张辽询问关羽，关羽感叹地说："我非常清楚曹公待我情义深厚，但是我受刘将军的深恩，发誓与他同生死，不能背弃他，我终将不能留下，必当立功来报答曹公后才离开。"张辽将关羽的话回报给曹操，曹操认为他是义士。关羽杀了颜良后，曹操知道他一定会离开，便重加赏赐。关羽全部封存曹操给他的赏赐，呈书告辞，到袁绍军中投奔刘备去了。曹操左右的人想要追赶关羽，曹操说："各人都是为了自己的主人，不必追了。"

故事出处：陈寿《三国志·关张马黄赵传》

诺过的事，就一定要去实现它。孔子认为只要做到这三条，就可以算成人了。

孟子比孔子更看重"义"，将"义"跟"仁"并列，从此，"仁义"成为儒家最重要的道德。孟子在告诫梁惠王时说："王何必曰利，亦有仁义而已矣。"（《孟子·梁惠王上》）孟子还主张"舍生取义"。他说："鱼，我所欲也；熊掌，亦我所欲也。二者不可得兼，舍鱼而取熊掌也。生，亦我所欲也；义，亦我所欲也。二者不可得兼，舍生而取义者也。"（《孟子·告子上》）

在义利关系上，荀子与孔孟如出一辙。他主张"先义后利"，说"先义而后利者荣，先利而后义者辱"（《荀子·荣辱》），还提出了"以义制利""公义胜私欲"等主张。

汉代，董仲舒强化了重义轻利的思想，在著名的"三纲五常"中单独列出了义，足见其对义的重视。他主张重义忘利，甚至还提出了"正其谊不谋其利，明其道不计其功"（《汉书·董仲舒传》）的观点。

至宋代，理学兴起，"义利"之辩转变为"理欲"之辩。程颢说："义与利，只是个公与私也。""大凡出义则入利，出利而入义。"（《二程集》）意思是非义即利，非利即义。朱熹引用董仲舒的话说："正其义（谊）不谋其利，明其道不计其功。"（《朱子大全·白鹿洞书院揭示》）朱熹以理释义，以欲释利，认为"天理存，则人欲亡；人欲胜，则天理灭，未有天理人欲夹杂者"（《朱子语类》），由此提出"存天理灭人欲"。在宋代的二程、朱熹那里，孔子的"义以生利"（《孔子家语·正论解》）蜕化为以义代利。

王阳明的心学，主张从心底除去谋利之欲。他说："仁人者，正其谊不谋其利，明其道不计其功。一有谋计之心，则虽正谊明道，亦功利耳。"（《与黄诚甫》）

III. 先秦的墨家、宋代事功学派、明末清初经世致用学派："义利并重"或义利统一

墨子思想理论的核心是"兼相爱，交相利"（《墨子·兼爱》），意思就是人民之间要互爱互利，才能最终互爱。墨子认为"义，利也"（《墨子·经上》），"义"与"利"并不矛盾，贵义即是贵利，贵利亦是贵义，因此不存在义利轻重和义利先后的问题。总的来说，墨子主张"义利合一""义利相兼"。

以宋代陈亮、叶适为代表的事功学派，主张"义利并重"，义与利统一。陈亮从自然主义的人性论出发肯定了人的自然欲望，反对撇开人的日常生活空谈仁义道德。他说，"既无功利，则道义者乃无用之虚语耳"（《习学记言》），认为满足人的物质欲望正是义之所在。时人陈傅良在《致陈同甫书》中，将事功学派的观点归纳为"功到成处，便是有德；事到济处，便是有理"。在事功学派看来，成功就是德，事成即有理，利与义没什么区别。

到了明末清初，唐甄、颜元等在批判程朱理学的同时表达了自己义利并重的观点。唐甄讲到"财用足，礼义兴"（《潜书·善施》），只有"利"才可兴"义"，唐甄也讲到君子只有兴百姓之利才可称得上是真正的君子。颜元明确提出"正谊便谋利，明道便计功"（《习斋言行录》）。

IV. 见利思义，不是一般地反对"利"，而是指见到利益，应首先想一想符不符合道义，该取的可以取，不该取的不应据为己有

其实，早期儒家并不反对利。孔子曾经说："富与贵，是人之所欲也。""贫与贱，是人之所恶也。"（《论语·里仁》）孟子说："欲贵者，人之同心也。"（《孟子·告子上》）荀子在一定程度上也肯定利的合理性，他说："夫贵为天子，富有天下，是人情之所同欲也。"（《荀子·荣辱》）但儒家是看重仁义道德的，主张人对利益的追求索取要遵循道

义原则。孔子主张，"君子爱财"，要"取之以道"，"不义而富且贵，于我如浮云"（《论语·述而》）。而且还明确说："义然后取，人不厌其取。"（《论语·宪问》）

见利思义之"义"还体现在处理好公利与私利关系上。儒家认为，为公即为"义"，为私则为"利"，因此儒家主张见利思义就是提倡急公好义。

见利思义之"义"也体现在我与他人的关系上。有门徒曾经问朱熹何谓"义利"，朱熹回答说，为己就是"人欲之私"，是为"利"；为人则是"天理之公"，是为"义"。因此儒家主张见利思义实质上也是主张人们舍己利人。

可以说，儒家的见利思义思想，是一种浸润了儒家仁爱思想的高标的道德观念。

赵太祖千里送京娘

民女赵京娘随父去北岳还乡愿，不料路遇响马，被扣押于赵匡胤叔父赵景清所在的道观清油观。赵匡胤闲逛道观时听到哭声，便救下了京娘。从太原回蒲州，一千五百里，山川阻隔，赵匡胤害怕京娘再遭意外，决定护送她回乡。一路上经历了许多磨难，赵京娘心生爱慕，愿以身相许。赵匡胤说："我本为义送你回家，若为私情，与强盗有何不同？"坚决不允。赵匡胤护送赵京娘回到蒲州，赵京娘的家人千恩万谢，并提出将女儿许配给赵匡胤，也遭到了赵匡胤的拒绝，他认为施恩图报，非义士所为。最终，他认赵京娘为义妹，然后毅然离开。痴情的赵京娘未再嫁人，抑郁之中早逝。赵匡胤即位，得知此事后，甚是嗟叹，专门为其敕封立祠。

故事出处：冯梦龙《警世通言》等

二 如何看儒家义利观？

综观中国传统义利观，除了墨家及事功学派义利统一、法家过于强调君主之利、道家轻义轻利及其杨朱学派"拔一毛而利天下，不为也"外，以儒家为首的重义轻利是主流。

如何看儒家重义轻利观？从文首所引的两个故事可以看到，儒家确实重"义"，把"义"作为终极追求，但并不是简单地否定利，为了"义"，也可以去得"利"，因而是带着辩证观看待义和利的。

I．引导人们处理好群己关系

义利关系，公义与私利的关系，实际上是群体利益与个人利益的关系。儒家认为，社会是人群组合而成的集合体，每个人只有在群体中才能生存、发展，群体高于个体，个体利益应服从集体利益。因此，儒家认为群体内部有不同的等级区别，每个人只有恪守分位、安分守己、各司其职、各得其所，才能维系群体的稳定和实现自身的价值。儒家这种群体意识和等级观念，对中国历史发展产生深远影响，中国社会在漫长的历史进程中，维持一种"大一统"的格局，是与儒家的这种观点分不开的。

II．引导人们崇尚道德

儒家见利思义思想，强调"义以为上"（《论语·阳货》），义大于利，告诉人们要崇尚道德的价值，追求精神上的需要，而不是去追求物质方面的富足，必要时还要做到舍生取义。这种以"义"为人生目标的思想激励了无数仁人志士乃至整个民族对"义"的不懈追求。古往今来，造就了无数民族英雄、华夏精英，他们一次次用生命的绝唱证明了中华民族自强不息、不怕牺牲的民族大义。

III．引导人们重视公利

爱国主义、集体主义，强调的是公利、国家利益或者社会整体利益，而非私利、个人利益，且必要时要勇于牺牲个人利益，以实现国家和人民的利益。古代有很多耳熟能详的名句表达了这种义利思想，比如说范仲淹的"先天下之忧而忧，后天下之乐而乐"（《岳阳楼记》），顾炎武的"天下兴亡，匹夫有责"（《日知录·正始》），还有陆游的"位卑未敢忘国忧"（《病起书怀》）等，渐渐形成了中华民族重大义、尚情操的社会道德风尚和爱国主义的传统美德。

甄彬还金

南朝梁时有一个叫甄彬的人，他困苦时，曾经以一束可以织布的苎做抵押，向长沙西库借钱。后来赎回苎时，发现苎内藏有五两金子，甄彬心想这些金子，不是我分内该得的，我不能无缘无故吞没，于是随即送还当铺。管理西库的人非常吃惊说："早先有人用金子抵押换钱，当时仓促，未能记录下这件事，你却能在见到后归还，恐怕是从古到今都没有这样的事。"于是用一半金子作为酬劳感谢甄彬，两人往复推辞了十多次，甄彬坚决不肯接受。这件事在梁武帝做平民时就已听说，心中对甄彬的人格修养非常赞赏。

到了梁武帝即位后，便任用甄彬，派他前往带郫郡，当地方县令。临走之前，同等官位五人，武帝一一告诫他们，为地方县令，应以廉洁慎重最为重要，愿卿等多多加勉。唯独对甄彬说："卿往日有还金的高洁美德，所以寡人就不用再以这些话相嘱咐了。"

故事出处：李昉《太平广记》

IV. 将见利思义推向极端，容易滋生伪道学、伪君子

早期儒家尊重人的合理利益，后来的儒家不断将重义轻利推向极端，特别是宋明理学，提出"存天理，去人欲"，把"义"解释为"天理"，把"利"解释为"人欲"，将"义"与"利"完全对立起来了。人作为活生生的个体，有生存需要和欲望，能满足个人各种需要和欲望的便是利，即利益，这种利益我们称之为个体的利益或私利；人类或者各种大大小小的人的群体要存在和发展，也必须有满足其需要的利益，这种利益我们称之为群体的利益或公利。这些利益都是客

观存在的，不容抹杀。人们的各种活动都与追求利益有关。公利和私利是对立统一的，私利存在是公利存在的基础，公利是实现私利的重要条件，如公利得不到有效保障，私利也往往会受损。如果不正视人的逐利本性，一味地要求人们去利重义，重义轻利就成为凌空蹈虚的道德说教。在强大的"道德"宣传压力下，人们虽不敢公开主张自己的私利，但在实践中，见利忘义之徒层出不穷，受到压抑扭曲的欲望为得到满足，甚至会不择手段地掠夺公利、破坏公共秩序。

三　我们要秉持怎样的义利观？

当今，"义""利"的概念范畴发生了变化。"利"的范围更加广泛，包括物质利益、政治利益和精神利益，如对生活环境的关注、对政治的参与、对文化的欣赏等。当今社会，对芸芸众生而言，正确的义利观应该是谋求个人正当合法利益的同时，能自觉维护国家利益、集体利益或者他人利益，以义取利，共赢发展。

Ⅰ．"先义而后利者荣"，坚持义居首位，个人利益要服从国家和集体利益

儒家强调义利统一，同时又指出了义相对于利的优先地位，说"君子义以为质"（《论语·卫灵公》）、"义以为上"（《论语·阳货》），认为义高于利，以"义"作为最高价值的选择目标。这应该是今天解决义利矛盾、处理义利关系应该秉持的基本理念。我们承认并且肯定义与利都是真实的存在。同时必须看到义与利是两个不同性质的东西，当两者发生矛盾时，总要决出一个"孰先孰后"的结果。在这个问题上，须坚持"义居首位"的原则，把国家和人民利益放在首位。

Ⅱ．坚持义利统一、义利并重，鼓励和保护公民追求正当的合法利益

义利统一、义利并重也是中国历史上一种具有重要影响的义利观。

在义利关系上，我们要彻底抛弃封建道学家所崇尚的空谈性命、空谈道德、利字不出口、君子不言钱的虚伪说教。在过去相当长的一段时期内，受传统的"重义轻利"思想影响，我们国家在经济生活中搞平均主义，在道德生活中对个人正当利益肯定不够，不切实际地要求人人大公无私，"狠斗私字一闪念"。改革开放以来，肯定个人追求正当利益的合理性，鼓励个人通过诚实劳动和合法经营取得收入，并以"利"的差别调动人的生产积极性，为经济发展和生产力水平的提高提供了动力。

III. 君子爱财，取之有道，反对见利忘义、唯利是图

前文已经指出，早期儒家并不反对利，崇尚的是重利思义、见利思义。人们在追求个人之利（包括金钱、财富、权力、地位等个人利益）时，必须考虑是否符合"义"，是否符合社会公德，是否不损害他人利益。人需要生存，追求钱财是正当的；人需要心理满足、精神愉悦，追求名誉地位也是合理的，但这一切应以不损害他人、社会和国家利益为前提。孔子说："富与贵，是人之所欲也；不以其道得之，不处也。"（《论语·里仁》）"不义而富且贵，于我如浮云。"（《论语·述而》）就是这个意思。

赠友人三首（节录）

（唐）李 白

廉夫唯重义，骏马不劳鞭。
人生贵相知，何必金与钱？

在经济市场化的今天，三百六十行，行行出状元，每个人都有充分展示自己才能的舞台，也都有获取钱财的途径和方法。人们要自觉遵守市场规则，通过劳动奋斗获取财富，不能以违法和非道德的手段获取不义之财。但在现实中，一些人为追逐利益，不择手段，制假售

假，坑蒙拐骗，轻诺寡信，为了一己之私，不惜损害他人利益，践踏道德准则乃至国家法律。这些人拜金主义思想严重，把一切人际关系、社会关系都看作金钱利益关系，所以唯利是图，见利忘义，背信弃义。

我们要继承传统义利观中见利思义的合理内核，开展正确的义利观教育，推进社会公德、职业道德、个人品德建设，激励人们在观念上重义、在谋利时思义，同时要通过健全制度和加强法治，让各种不道德的和非法的谋利行为，在社会上无容身之地。

四　义、利之外，还可以过一种审美人生

孔子曾经说："兴于诗，立于礼，成于乐。"（《论语·泰伯》）还说："志于道，据于德，依于仁，游于艺。"（《论语·述而》）孔子在主张"仁""德""礼""道"之外，还注重"乐"和"艺"，追求一种以"仁"为核心的审美化、情感性的人生境界。中国传统文化充满着诗情画意，追求神情飞扬、气韵生动的心灵境界，是中国传统人生哲学的一个显著特征。

义和利，一个追求个人德性的完美，一个追求个人物欲的满足，前者是一种伦理的人生态度，后者是一种功利的人生态度，但两者都无视人的心灵生活，遮蔽了人真正的"自我"。在"义""利"之外，还有别样的人生追求，这就是审美情趣。个体生存的完满不仅仅在于他有道德、有智力、有健康，也不仅仅在于有财富、有权力、有名誉，而且还在于有丰富的情感需要和满足，没有审美活动的人生是有缺憾的，在义务和权利之外的，还可以过一种值得一过的审美人生。

审美活动使个体精神跃入自由闲适的状态，跳出自我，用审美的眼光和心胸看待世界，追求创造的乐趣，人的真情性得以展开，人的情感得以满足。追求审美的人生，就是追求诗意的人生，追求创造的人生，追求爱的人生。在世人匆忙逐利的时代，葆有一种淡泊之志和闲适之情，不为利驱，不为物役，率性而行，实为一种高妙的人生境界。

人生的境界（节录）

冯友兰

　　哲学的任务是什么？我曾提出，按照中国哲学的传统，它的任务不是增加关于实际的积极的知识，而是提高人的精神境界。在这里更清楚地解释一下这个话的意思，似乎是恰当的。

　　我在《新原人》一书中曾说，人与其他动物的不同，在于人做某事时，他了解他在做什么，并且自觉地在做。正是这种觉解，使他正在做的事对于他有了意义。他做各种事，有各种意义，各种意义合成一个整体，就构成他的人生境界。如此构成各人的人生境界，这是我的说法。不同的人可能做相同的事，但是各人的觉解程度不同，所做的事对于他们也就各有不同的意义。每个人各有自己的人生境界，与其他任何个人的都不完全相同。若是不管这些个人的差异，我们可以把各种不同的人生境界划分为四个等级。从最低的说起，它们是：自然境界，功利境界，道德境界，天地境界。

　　一个人做事，可能只是顺着他的本能或其社会的风俗习惯。就像小孩和原始人那样，他做他所做的事，然而并无觉解，或不甚觉解。这样，他所做的事，对于他就没有意义，或很少意义。他的人生境界，就是我所说的自然境界。

　　一个人可能意识到他自己，为自己而做各种事。这并不意味着他必然是不道德的人。他可以做些事，其后果有利于他人，其动机则是利己的。所以他所做的各种事，对于他，有功利的意义。他的人生境界，就是我所说的功利境界。

　　还有的人，可能了解到社会的存在，他是社会的一员。这个社会是一个整体，他是这个整体的一部分。有这种觉解，他就为社会的利益做各种事，或如儒家所说，他做事是为了"正其义不谋其利"。他真正是有道德的人，他所做的都是符合严格的道德意义的道德行为。他所做的各种事都有道德的意义。所以他的人生境界，是我所说的道德境界。

最后，一个人可能了解到超乎社会整体之上，还有一个更大的整体，即宇宙。他不仅是社会的一员，同时还是宇宙的一员。他是社会组织的公民，同时还是孟子所说的"天民"。有这种觉解，他就为宇宙的利益而做各种事。他了解他所做的事的意义，自觉他正在做他所做的事。这种觉解为他构成了最高的人生境界，就是我所说的天地境界。

这四种人生境界之中，自然境界、功利境界的人，是人现在就是的人；道德境界、天地境界的人，是人应该成为的人。前两者是自然的产物，后两者是精神的创造。自然境界最低，往上是功利境界，再往上是道德境界，最后是天地境界。它们之所以如此，是由于自然境界，几乎不需要觉解；功利境界、道德境界，需要较多的觉解；天地境界则需要最多的觉解。道德境界有道德价值，天地境界有超道德价值。

（冯友兰：《中国哲学简史》，中华书局 2015 年版）

第十六讲

谦和好礼

夫人必知礼，然后恭敬，恭敬然后尊让。

——《管子·五辅》

人无礼，则不生；事无礼，则不成；国家无礼，则不宁。

——《荀子·修身》

道德仁义，非礼不成；教训正俗，非礼不备；分争辨讼，非礼不决；君臣、上下、父子、兄弟，非礼不定；宦学事师，非礼不亲；班朝治军，莅官行法，非礼威严不行；祷祠祭祀，供给鬼神，非礼不诚不庄。是以君子恭敬、撙节、退让以明礼。鹦鹉能言，不离飞鸟；猩猩能言，不离禽兽。今人而无礼，虽能言，不亦禽兽之心乎！夫唯禽兽无礼，故父子聚麀。是以圣人作，为礼以教人，使人以有礼，知自别于禽兽。

——《礼记·曲礼上》

公元 190 年，汉献帝迁都长安，蔡邕也一同到了长安。蔡邕时任左中郎将，显贵朝廷，出入前呼后拥。当时，在现在的山东高平的地方有个叫王粲的人，出身名门，曾祖父、祖父都曾位列三公，父亲王谦是大将军何进的长史。王粲年少时记忆超群，好读书，精通诗学，并且写得一手好文章。为了生计，王粲曾在街头设案代笔，为人们写家信。王粲的信写得十分出色，据说有一位弃妻出走的丈夫，在外地收到妻子找王粲代笔的信后，不禁失声痛哭，被妻子的深情深深感动，终于归来。他写信出彩的美名不胫而走，人们纷纷说京城出了个"王铁笔"。"王铁笔"的美名还传到了高门大户，被蔡邕知道了。他听说王粲的一纸书信竟能让浪子回心转意，大为诧异，便邀请王粲来家中做客。二人见面后，蔡邕极欣赏他的才华，二人成为忘年之交。

有一次，蔡邕设宴请客，门外车马声喧，室内高朋满座，都是朝野权贵。正当酒酣之际，仆人凑近蔡邕的耳朵，低声说："门外王粲求见。"蔡邕听后，立刻亲自跑出去迎接，慌忙中，鞋子竟然穿反了。众人见主人如此慌张的样子，以为必有什么社会名流驾到，纷纷起立，不料来的人却是一个布衣少年，众人无不被蔡邕谦逊有礼的行为深深感动。从此，蔡邕礼待布衣、倒屣迎宾的故事便流传开来。

蔡邕"倒屣迎宾"之类的佳话，在我国历史中不胜枚举，反映了我国的谦和好礼传统。

一　重"礼"的国度

I．礼是什么？

我国很早就被称为礼仪之邦，那么何谓礼呢？礼最初是祭祀神灵、上天而祈求福佑的行为和仪式，后来发展为约束个人日常生活的行为方式和仪式，再发展到国家的典章制度。礼经过了纯粹事鬼、事神逐步扩展到事天、事人、事政的过程。因此，礼的含义是日益复杂的，作为待人接物的形式，称为"礼节""礼仪"；用于处理与他人的关系，称为"礼让""礼貌"；作为伦理制度和伦理秩序，称为"礼制""礼教"。陈来总结出儒家之礼有六种含义：礼义、礼乐、礼仪、礼俗、礼制和礼教（《儒家礼的观念与现代世界》）。传统礼制，就是肇始祭祀礼仪，经历代儒家不断充实的一套别贵贱、尊卑、长幼、亲疏的社会秩序制度。

木　瓜
《诗经·卫风》

投我以木瓜，报之以琼琚。匪报也，永以为好也！
投我以木桃，报之以琼瑶。匪报也，永以为好也！
投我以木李，报之以琼玖。匪报也，永以为好也！

Ⅱ. 礼本为远古祭神祈福行为方式

礼起源于原始部落的神鬼祭祀与崇拜行为，是一种宗教色彩浓郁的祭祀上帝和各种神灵的仪式，人们以此表达对神灵的敬意，乞求得到神灵的恩赐和保护。《说文解字》曰："礼，履也，所以事神致福也。"其意是，礼是一种可以被人重复践行的祭神祈福活动。王国维说，礼最早为以器皿盛两串玉献祭神灵，后来兼指以酒祭祀神灵，再后来则是"奉神人之事，通谓之礼"（《观堂林集·释礼》）。

Ⅲ. 孔子：克己复礼，天下归仁

孔子很重视礼。一次孔子独自立于庭中，其子孔鲤经过，孔子问："最近学礼了没有？"孔鲤说："没有啊。"孔子教训孔鲤："不学礼，无以立。"（《论语·季氏》）生活在春秋末期的孔子，非常憧憬前朝周礼，说"克己复礼，天下归仁焉"（《论语·颜渊》）"周监于二代，郁郁乎文哉，吾从周"（《论语·八佾》）。周礼是周初制定的一系列典章制度、行为规范、礼仪，孔子加入仁的义蕴，赋予礼以新价值、新意义。春秋时期，社会剧烈动荡，礼崩乐坏，孔子因此主张践行周礼，调节人自身身心关系和人与人的关系，整顿社会秩序。孔子的礼学，来源于经过他改造的周礼。

孔子的礼以"仁"为本体，礼是"仁"外化的行为规范、礼仪。孔子的礼继承了周礼的等级制原则，各等级有名分差别，但各个等级均需体现"仁"的要求和"仁"的精神。孔子的"君君、臣臣、父父、子子"一方面服务于君权父权的等级制度，另一方面以仁为联系的纽带，使君臣父子融为一体。比如君臣关系，"君使臣以礼，臣事君以忠"（《论语·八佾》），君臣为一体，互为前提。孔子说："古之为政，爱人为大。所以治爱人，礼为大。"（《礼记·哀公问》）认为古人为政，把爱护他人看得很重要。要做到爱护他人，礼最重要。孔子希望人们发自内心地按照礼的准则来约束自己，做到"非礼勿视，非礼勿听，非礼勿言，非礼勿动"（《论语·颜渊》）。

孔子认为礼来源人的恭敬之心、辞让之心。他说："所以治礼，敬为大。"（《礼记·哀公问》）孔子尊崇礼，其目的在于建立和谐的社会秩序，所以《论语·学而》曰："礼之用，和为贵，先王之道，斯为美。小大由之，有所不行。知和而和，不以礼节之，亦不可行也。"其意为，礼之应用，以和谐为贵，先王们的治国之道，最宝贵之处，就在这里。不过，如果大事小事，都按和谐的方法去做，有时候就行不通，这是因为，为和谐而和谐，不以礼来节制约束，也是不可行的。在孔子看来，统治者常怀仁德之心，做利民的事，庶民不犯上作乱，互助互爱，大家都依礼而行，就能实现仁，这样的社会，就非常好了。

IV．孟子：辞让之心，礼之本源

孟子发展了孔子的礼学，主要是以其性本论，从本体的角度解释了礼的本源，奠立了儒家礼学的理论基石。孟子一方面赞成孔子所说的"礼"出自"敬"，说"仁者爱人，有礼者，敬人"（《孟子·离娄下》）。但在此基础上认为人的恭敬或者说礼心，是人本性所具有的。孟子认为人皆有恻隐之心、羞恶之心、辞让之心和是非之心，"恻隐之心，仁之端也；羞恶之心，义之端也；辞让之心，礼之端也；是非之心，智之端也"（《孟子·公孙丑上》）。其中的"辞让之心，礼之端也"便是说人所具有的"辞让之心"，是人人讲礼的根源。孟子开创的性本论礼学传统，对后世影响极大。

V．荀子：礼为教化手段

荀子也重礼，但关于礼产生的本源，与孟子完全不同。请看荀子这段著名的话：

礼起于何也？曰：人生而有欲，欲而不得，则不能无求，求而无度量分界，则不能不争；争则乱，乱则穷。先王恶其乱也，故制礼义以分之，以养人之欲，给人之求。使欲必不穷于物，物必不屈于欲，两者相持而长，是礼之所起也。（《荀子·礼论》）

这段话说得很明白，古代的圣王厌恶祸乱，所以制定了礼义来确定人们的名分，以此来调养人们的欲望、满足人们的要求。也就是说，礼是为了节制人的欲望、防止社会生乱，不得不制定的社会制度、规范和礼仪。与孟子的性善论不同，荀子认为人性是恶的，因此必须制定礼予以教化和制约，社会才会安定。荀子从现实的角度回答了礼的本源问题，其教化论对后世也产生了深远影响。

VI. 程朱理学：礼为天理的表现形式和人事的行为准则

程朱理学继承发展了孟子的心性之学，认为礼和仁义皆人之性，礼即天理。二程说："礼，即是理也。"（《二程遗书》）朱熹说："礼即天之理，非礼则己之私也。"（《论语或问》）他还说："礼者，天理之节文，人事之仪则也。"（《论语集注》）意为礼是天理的表现形式，是人事的行为准则。在程朱看来，礼和理是二而一、一而二的关系，礼的本质是理，理是礼的体现。圣人依礼制礼，认为礼所规范的君臣、父子、兄弟、夫妇、朋友等人伦关系和仁义道德规范都是天理的表现，将礼上升到本体论的高度。

VII. 陆王心学：礼是人本心的自然呈现

陆九渊、王阳明进一步从心体上为礼建立本体论依据。陆王认为一切道德规范、社会秩序都不是外在于人的，而是人的本心的自然呈现。王阳明曾说："知是心之本体，心自然会知。见父自然知孝，见兄自然知弟，见孺子入井自然知恻隐，此便是良知，不假外求。"（《传习录》）也就是说，与程朱将礼视作天理的外在表现形式不同，陆王认为礼是人本心所具有的。

二　何谓"好"礼？

作为个人修养的重要表征，以及礼仪之邦的重要精神范畴之一，谦和好礼包括以下几方面的内涵：

Ⅰ．谦让待人

谦和有礼首先体现为一个人待人接物的谦逊态度、辞让之心。谦逊待人，温和处事，辞让好礼，我们通常将具备这些品质的人称之为"君子"。儒家传统文化一直尊崇君子，"谦谦君子，卑以自牧也"（《周易·谦卦》）。君子始终以谦逊的态度为人处世。《礼记·曲礼上》有云："夫礼者，自卑而尊人，虽负贩者，必有尊也，而况富贵乎？"即是说谦和好礼之人在对待别人时，总是放低自己的姿态，对任何人都持有谦卑恭敬之意，无论是贩夫走卒还是富贵大家。谦和好礼之人能推己及人，他们深谙"己所不欲，勿施于人"的道理，对人宽厚、博爱。

Ⅱ．以和为贵

谦和有礼第二重含义就是和气待人，以"和"处理各种人际关系。"谦"与"和"相容相生，没有"和与众处"的愿望，便难有"以谦接物"的气度。面对廉颇的愤愤不平与百般刁难，蔺相如选择了以大局为重、隐忍退让，"先国家之急而后私仇也"，这种无私的大度情怀终使得廉颇愧疚而负荆请罪，成就"将相和"的佳话。面对与邻居的土地纷争，清朝大官张英并没有仗势欺人，而是修书劝诫"让他三尺又何妨"，促成了邻里和睦，也使"六尺巷"的美名流传至今。

信陵君与守门人

魏国公子无忌，是魏昭王的小儿子，被封为信陵君。信陵君为人，待人仁爱。凡是士人，不论德才高低，都谦逊有礼貌地同他们结交，不敢凭仗自己的富贵对士人骄傲。因此，方圆几千里以内的士人都争着去归附他，他招来了食客三千人。在这个时候，各国诸侯因为公子贤能，又有很多门客，有十多年不敢施加武力打魏国的主意。

魏国有位隐士，名叫侯嬴，七十岁了，家里贫穷，做大梁夷门的守门人。公子听说这么个人有才，就去拜访他，想送他一份厚礼，侯嬴不肯受，说："我清修自守，保持初心，已经几十年了，终竟不能因为看守城门穷困的缘故接受公子的财物。"公子于是办了酒席，大会宾客。众宾客坐好以后，公子带着车马，空出车上左边的座位，亲自去迎接夷门的侯生。侯生撩起破旧的衣服，径直走上车子，坐在公子的上座，毫不谦让，想借此观察公子的态度。公子握着缰绳，态度更加恭敬。侯生对公子说："我有个朋友在肉市里，希望委屈你的车马去访问他。"公子就驱车进入肉市。侯生下了车，会见他的朋友朱亥，斜着眼睛傲视着，故意久久地站着跟他的朋友谈话，一面暗暗地观察公子，公子的脸色更加温和。在这个时候，魏国的将相和贵族以及其他宾客坐满堂上，等待公子开宴；市上的人都看着公子握着缰绳驾车，公子的随从都暗地骂侯生。侯生看见公子温和的脸色始终没有改变，才辞别朱亥登上车子。到了公子家中，公子领侯生坐在上座上，向侯生一个一个地介绍宾客，宾客都很吃惊。酒喝得正痛快的时候，公子站起来，到侯生面前为他举杯祝寿。侯生于是对公子说："今天我难为您也算够了。我不过是夷门的看门人，公子却亲自委屈自己的车马，亲自迎接我。在大庭广众之中，不应该有逾越常礼之处，但今天公子特意逾越常礼。然而我想要成就公子爱士的美名，所以故意让公子的车马久久地站在市场中，借访问朋友来观察公子，公子却更加恭敬。街上的人都认为我是小人，认为公子是有德性的人，能够谦虚地对待士人。"

故事出处：司马迁《史记·魏公子列传》

III. 彬彬有礼

谦和好礼第三重含义就是注重礼节、礼仪，内心谦和，发之于外，体现为行动，就是礼。谦和有礼之人，从不自持身份，对他人讲礼仪、礼节，本着真诚的态度尊重每一个人。蔡邕听说王粲来了，急忙出门迎接，就是讲究门外迎宾的礼仪，可能是王粲来得突然，彬彬有礼的蔡邕，急忙中把鞋子穿反了。

三 如何看传统礼文化？

I. 礼与人生

儒家之礼是古代社会生活的规范、规矩。在早期儒家那里，礼是人立身行事的准则和规范，是人出于"敬"遵守一定的章程，从而确立自己的身份位置。这种敬既有尊敬的成分，也有敬畏或者恐惧的成分。

礼是人之为人的重要标志，所以《礼记》中说："凡人之所以为人者，礼义也。"（《礼记·冠义》）人之所以成为人，关键在于人懂得礼义；人和人交往，要经过礼义来交流情感、表达思想，以昭示人生的意义和价值。礼同时又是立身行事之本和区分人格品性高低的标准。《诗经·庸风·相鼠》中就有"人而无礼，胡不遄死"的诗句，意即人如果没有礼，活着也就没有了意义。如果我们将儒家学说看作一门做人的学说，那么做人的标志之一便是知礼和守礼。荀子说："故礼者，养也。"（《荀子·礼论》）说明知礼守礼对个人的身心修养具有重要价值。

中山君礼招祸福

中山君设宴款待国都的士人，大夫司马子期在座。羊羹没有分给司马子期，他一气之下跑到楚国，说服楚王攻打中山，中山君逃跑了。有两个人提着戈跟随在中山君的后面，中山君回头对二人说："你们是干什么的？"二人回答说："我家老父，饿得快死了，君王曾经赐了一壶熟食给我们父亲吃。父亲临死时说'中山君一旦有难，你们一定要为中山君效死'。所以我们来为君王效死报恩。"中山君感慨地仰天长叹说："施与不在多少，而在于处在他遭受困厄的时候；怨恨不在深浅，而在于是否伤了人的心。我以一杯羊羹亡国，而以一壶熟食得到两位为国效死的义士。"

故事出处：刘向《战国策·中山策》

Ⅱ. 礼与社会

"礼别异"（《荀子·乐论》），礼的主要作用是就是通过礼来认识不同的身份，认识不同身份背后担当的责任和义务。比如父母的责任是"生而养，养而教"，子女的责任就是孝。儒家通过礼乐教化让人明白自己的身份，然后按照自己的身份去尽自己的职责。

从社会角度来看，儒家之礼是介于道德和法律之间的一种强制性的社会规范，旨在调整维系社会整体秩序。中国古代社会的繁荣与稳定，儒家礼学起了积极作用。

Ⅲ. 礼与礼教

20世纪初新文化运动时期，许多主张社会革命和新文化的思想家和学者认为，中国数千年的封建社会的种种罪恶导源于封建"礼教"，而孔子所创立的儒家学说实际上就是一无是处的吃人的礼教。这种观点，把孔子所倡导的以"仁"为核心的礼与世俗社会的"礼教"混为一谈。

高士管宁

管宁，字幼安，北海郡朱虚县人，《高士传》载：管宁所居住的村落，村民在井旁打水时，或男女杂错，或据井争吵。管宁对此很忧虑，就买了许多水桶，分置井旁，打好水后等待村民，又不让大家知道。来挑水的人都很奇怪，询问后才知道这件事是管宁做的，大家就相互责备，从此以后就不再发生为挑水而争吵的事了。管宁邻居的牛糟蹋了他的庄稼，管宁把牛牵到阴凉处，喂牛饲料，等待牛的主人。牛主得牛后，非常惭愧，好像受到大刑一样。自此以后，管宁左右再无斗讼之声，礼让之风移于海边。

故事出处：《三国志·魏书·管宁传》

早期儒家倡导的"礼"与封建礼教是有区别的，孔孟的礼学以仁爱为依归，强调了各自的责任；后世的礼教，却越来越远离"仁"，成为既得利益者维护既定社会秩序的工具。

四　做一个谦卑有礼之人

由于西方思想的传入，人们对中国传统文化进行全盘否定，中国传统礼仪文化也经受了从思想体系、内容、形式等方方面面的颠覆、批判和洗礼。中华人民共和国成立之后，现代礼仪得到一定的发展，但之后的"文化大革命"却又对传统文化造成了巨大的打击。直到改革开放之后，随着中西方文化的不断交流与碰撞，"礼"逐渐具有新的内涵和意义，人们也逐渐开始重视礼仪，并学会以理性的态度去对待传统文化，寻找更符合现代生活的礼。"国尚礼则国昌，家尚礼则家大，身尚礼则自修，心尚礼则自泰"（颜元语），我们要扬弃传统礼文化中不平等的因素，吸收其蕴含的"仁""敬""和"等思想，创造性地继承和弘扬传统礼文化。

Ⅰ．讲礼从恭敬谦让开始

传统礼文化的核心要素是敬。孔子说："所以治礼，敬为大。"（《礼记·哀公问》）孟子说："有礼者敬人。"（《孟子·离娄下》）朱熹说："礼貌，敬之也。"（《孟子集注》）都声明礼出自敬。而恭敬之心发之于外就是"让"，所以孟子说："辞让之心，礼之端也。"朱熹说："让者，礼之实也。"（《朱子语类》）

辞让，是谦逊礼让的为人处世心态，是一种高尚的品德。《字汇·言部》解释"谦"字："谦，敬也，让也，不自满也。"继承谦和好礼文化传统，首先就是要弘扬礼让精神。

谦和礼让，是当今社会主义核心价值观"友善"的文化之根，践行友善价值观，就是要弘扬谦和礼让精神。

我们社会不乏谦和之人，也不乏礼让的故事。有谦谦君子般的学者、长者；有驾车者停车礼让横过马路的老人、主动避让救护车；在汶川"5·12"地震时，有老师将求生、救援的宝贵时间留给学生，把生的希望让给孩子们，把死的危险留给了自己……

但我们也经常见到不谦和礼让的场景。如乘客在公交站台候车，上车时总是推搡着涌向车门；乘客上地铁，不遵守先下后上的规则，车门一开，蜂拥而上，将下到车边的乘客冲回车内；还有驾车者互不相让，造成人为的交通拥堵——让我们看到了人们辞让和文明之心的缺失。

有些人为何不能谦和礼让？内在原因是缺友善之心，内心只装着自我，无爱人、敬人之心，这个与修养水平和文明程度有关。外在原因是未形成社会约束机制，可以让谦和者受尊敬、不吃亏，让无礼者受到谴责，如老鼠过街人人喊打。对我国而言，建立人人谦和礼让的人际关系，仍任重而道远。

礼让，意味着为人谦逊。古人通过对日月消长转化的感悟（"日中则昃，月盈则食"，《周易·丰卦上传》）和历史人物命运遭际的总结，很早就认识到了"满招损，谦受益"的道理，推崇谦逊的品格。《周易》说，真正谦虚的人，由于他的恭谨，自然能够保存他拥有的地位（"谦也者，致恭以存其位者也"，《周易·系辞》）。历史上还有"自高必危，自满必溢"的说法。高傲自满的人必然处于危险境地。

现实中无数的事实印证了古人的智慧之言。谦恭不自傲的人，容易被人接受，社会关系和谐，受到他人尊重，在职场往往能如鱼得水，顺利进步。骄横跋扈之人，人人痛恨，虽然能一时得势，但最终总是没有好下场。

谦虚不自满之人，会看到自己的不足，好学不止，自强不息，不断进步。骄傲之人，自以为是，睥睨一切，不愿放低身段向他人学习，别人在往前走，他在原地踏步，不落后才怪。谦虚品质的养成，需要走出自我认知的牢笼，开阔视野，知道山外有山，人外有人；需要不断审视自我和他人，认识到自己和别人的优缺点，公正客观地看待自己和别人。

总之，内心有敬，则举止有度。一个人如果内心处处敬重他人，自然举止庄重、进退有节。要赓续我国礼仪之邦的传统，关键在于养成人人敬人之心。

Ⅱ．"不学礼，无以立"，讲究礼貌、礼节和礼仪

内在的对他人敬爱辞让之心，发之于外，就是礼貌、礼节和礼仪。礼貌是指人们在相互交往过程中言语动作表现出来的谦虚恭敬。礼节是人和人交往的礼仪规矩，是人对人表示尊重的各种形式，如语言形式问候、道谢等，动作形式握手、鞠躬、磕头等。礼仪是在人际交往中，以一定的约定俗成的程序方式来表现的律己敬人的过程，当代礼仪大致分为政务礼仪、商务礼仪、服务礼仪、社交礼仪、涉外礼仪、外交礼仪等。

礼仪有助于提高人们的自身修养，美化自身，美化生活；有助于

促进人们的社会交往，改善人们的人际关系；有助于净化社会风气和有助于树立企业形象。我们要吸取统礼仪文化中的精华，在社会生活中时时处处讲究礼节礼仪。

但遗憾的是，古代彬彬有礼的传统，现在被商业化浪潮冲得七零八落了。现在不少老辈人常常诟病新生代的待人接物方式。确实有不少年轻人，特别是独生子女，不太讲究礼节礼仪，他们对生人不讲礼貌，对熟人也不讲礼节，在电梯里见到同事，也不打招呼，对方向其打招呼，也爱理不理。家里来了客人，待在自己房间里不出来迎客、招呼客人。对当今中国社会而言，亟须传扬知礼守礼之风。

传统礼仪大多有其特定的意义，比如成年的冠礼，是为了明成人之责；婚礼是为了立夫妇之义；丧礼在于慎终追远，明死生之义……值得我们恢复和改造。

发展现代礼仪关键是要吸收传统礼仪中的仁爱精神，仁爱不在，礼仪就变得虚伪，达不到和谐的目的。新时代的礼仪既要举止文明、动作优雅，又要表里一致、平等待人。

III. "凡人之谦，有所宜施"，好礼必须与法治精神相结合

我国古代有隆礼重法、王霸兼治的传统。儒家代表人物荀子就主张将礼和法结合起来，中国几千年历史是外儒内法的治理模式。我们今天传承谦和好礼的传统，也必须将其与现代法治结合起来。谦和是有原则和边界的，对于逾越道德底线的行为，我们不能谦让，对坏人的谦让就是对好人的残忍，对坏人的违法行为应该绳之以法。程颐曰："凡人之谦，有所宜施，不可过其宜也。"（《二程集·周易程氏传》）只有把握好了"谦和"的内涵和对象，施之以礼，才能真正继承谦和好礼之真谛。

谈 礼

梁实秋

礼不是一件可怕的东西，不会"吃人"。礼只是人的行为的规范。人人如果都自由行动，社会上的秩序必然要大乱，法律是维持秩序的一套方法，但是关于法律的力量不及的地方，为了使人能更像一个人，使人的生活更像是人的生活，礼便应运而生。礼是一套法则，可能有官方制定的成分在内，亦可能有世代沿袭的成分在内，在基本精神上还是约定俗成的性质，行之既久，便成为大家公认共守的一套规则。一套礼法也不是一成不变的，事实上是随时在变，不过可能变得很慢，可能赶不上时代变迁得那样快，因此至少在形式上可能有一部分变成不合时宜的东西。礼，除非是太不合理，总是比没有的好，这道理有一点像"坏政府胜于无政府"。有些人以为礼是陈腐有害的东西，这看法是不对的。

我们中国是礼仪之邦，一向是重礼法的。见于书本的古代的祭礼丧礼婚礼士相见礼等等，那是一套，事实上社会上流行的又是一套，现行的一套即是古礼之逐渐的各别的修正，虽然各地的情形不同，大礼上尚有规模存在，等到中西文化接触之后便比较有紊乱的现象了。紊乱尽管紊乱，礼还是有的，制礼定乐之事也许不是当前之急务，事实上吾人之生活中未曾一日无礼活动。问题是我们是否认真地严肃的遵循着礼。孔门哲学以"克己复礼"为做人的大道理。意即为吾人行事应处处约束自己使合于礼的规范。怎样才是非礼勿视，非礼勿言，非礼勿动，那是值得我们随时思考警惕的。

读书人应该知道礼，但是有些人偏不讲礼，即所谓名士。六朝时这种名士最多，《世说新语》载阮籍的一句话最有趣："礼岂为我辈设也？"好像礼是专为俗人而设。又载这样的一段故事：

阮步兵丧母，裴令公往吊之。阮方醉，散发坐床，箕踞不哭，裴至，下席于地，哭唁毕，便去。或问裴曰："凡吊，主人哭，客乃为礼，阮既不哭，何为哭？"裴曰："阮方外之人，故不崇礼制，我辈俗中人，故以仪轨自居。"人叹为两得其中。

没有阮籍之才的人，还是以仪轨自居为宜。像阮步兵之流可以欣赏，不可以模仿。

中西礼节不同。大部分在基本原则上并无二致，小部分因各有传统亦不必强同。以中国人而用西方的礼，有时候觉得颇不合适，如必欲行西方之礼则应知其全部底蕴，不可徒效其皮毛而乱加使用。例如，握手乃西方之礼，但后生小子在长辈面前不可遽然伸手，因为长幼尊卑之序终不可废，中西一理。再例如，祭祖先是我们家庭传统所不可或缺的礼，其间绝无迷信或偶像崇拜之可言，只是表示"慎终追远"的意思，亦合于我国所谓之孝道，虽然是西礼之所无，然义不可废。我个人觉得，凡是我国之传统，无论其具有何种意义，苟非荒谬残酷，均应不轻予废置。再例如，电话礼貌，在西方甚为重视，访客之礼，探病之礼，均有不成文之法则，吾人亦均应妥为仿行，不可忽视。

礼是形式，但形式背后有重大的意义。

（梁实秋：《雅舍杂文》，江苏人民出版社 2015 年版）

第十七讲
讲信修睦

君子之言，信而有证。

——《左传·昭公八年》

是故诚者，天之道也；思诚者，人之道也。至诚而不动者，未之有也；不诚，未有能动者也。

——《孟子·离娄上》

志不强者智不达，言不信者行不果。

——《墨子·修身》

唯天下至诚，为能经纶天下之大经，立天下之大本。

——《礼记·中庸》

学贵信，信在诚。诚则信矣，信则诚矣。人无忠信，不可立于世。

——《二程遗书》

季札，春秋时吴王寿梦第四子，又称公子札、延陵季子，以博学多才、品行高尚、信守诺言著称于时。

一次，季札遵照国君旨意携带宝剑出使晋国，中途路过徐国，受到徐国国君热情款待。两人意气相投，谈古论今，十分投机。几天后，季札将要离开徐国赶赴晋国，徐国国君设宴为其饯行。宴上季札抽出宝剑，一边唱歌一边舞剑，以助酒兴，感谢徐国国君的盛情款待。徐国国君观此宝剑，禁不住连声称赞："好剑！好剑！"嘴上没有说什么，但脸色透露出想要宝剑的意思。

季札因有出使晋国的任务，就没有把宝剑献给徐国国君，但他已在心里许诺给徐国国君了。季札出使在晋国，总想着献剑一事，可是徐国国君却突然死亡。于是，季札解下宝剑送给继位的徐国国君。随从人员阻止他说："这是吴国的宝物，不是用来作赠礼的。"季札说："我不是赠给他的。前些日子我经过这里，徐国国君观赏我的宝剑，嘴上没有说什么，但是他流露出想要这把宝剑的表情；我因为有出使晋国的任务，就没有献给他。虽是这样，但我心里已经答应给他了。如今他死了，就不把宝剑献给他，这是欺骗我自己的良心。因为爱惜宝剑而违背自己的良心，正直的人是不会这样做的。"继位的徐国国君说："先君没有留下遗命，我不敢接受宝剑。"于是，季札把宝剑挂在了徐国国君坟墓边的树上就走了。

一　千古"信"德

"季札挂剑"的历史故事体现了个人诚实守信和国与国之间的和睦相处，完美诠释了"讲信修睦"。这个故事也让我们知道，讲信修睦是中华民族古已有之的优良美德和思想传统。《礼记》有云："大道之行也，天下为公。选贤与能，讲信修睦。"（《礼记·礼运》）更是将"讲信修睦"视为大同世界的理想境界，这也是"讲信修睦"的最早出处。

"信"字由"人"与"言"构成，专指人的言谈的真实性，言行一致、心口如一。"讲信"，就是守信，就是讲信义、守信用、重然诺，言行一致。

Ⅰ．远古对鬼神的虔信

有关"诚信"，其源头还可以追溯到更为久远的时代，它是来自于人们对鬼神的一种虔诚、虔信观念，并且是两个独立的概念。

"诚"的概念最早记载于《尚书》，《太甲》曰："神无常享，享于克诚。"这里的"诚"指的是笃信鬼神的虔诚。"信"在《尚书》中亦有记载，《康王》有云："信用昭明于天下。""诚"与"信"意思相近，皆是对鬼神的虔信。随着时代变迁，"诚"和"信"逐渐摆脱纯粹的宗教神秘色彩，而具有伦理道德意义。《周易·乾卦》有记："修辞立其诚，所以居业也。"此时"诚"有了新的含义，意指君子说话、立论都应该诚实不欺、真诚无妄，才能建功立业。

Ⅱ. 儒家"五常"之"信"

信与仁、义、礼、智并称为儒家"五常"或"五德"，为儒家基本道德准则。儒家创始人孔子非常重视人与人之间的信任。《论语》有云："人而无信，不知其可也。大车无輗，小车无軏，其何以行之哉！"（《论语·为政》）"輗"与"軏"指的是车子辕前端与车横木衔接处的活销与销钉。他生动形象地将丧失信用的人比喻成少了关键配件的车子，没有活销与销钉的车子是无法正常行驶的。在孔子看来，无论做什么事，始终要以互信为基础，一个没有诚信的人，注定没有前途。

孔子也强调"信"在治理国家中的重要作用和价值，认为"民无信不立"。在孔子和他的弟子之间的一段有趣对话中，揭示了孔子对"诚信"和"信誉"的重视。孔子学生子贡向老师请教何为"为政之道"？孔子答道："粮食丰富，军备充实，让百姓相信自己。"子贡又问："如果实在没有办法，要去掉其中一项，应该去掉什么呢？"孔子

曾子杀猪

有一天，曾子的妻子要到市场上去，她的儿子一边跟着一边哭。孩子母亲说："你先回去，等会儿我回来杀猪给你吃。"妻子到市场上返回来后，见曾子正要捉猪杀掉它。妻子阻止他说："我说杀猪，只不过是跟孩子说着玩罢了。"曾子说："不能和小孩子开玩笑。孩子还不懂事，他看着父母的举动来向他们学习，并且听从父母的教导。今天你欺骗他，这是教孩子欺骗。母亲欺骗孩子，孩子就不会相信他母亲了，这不是好的教育方法。"于是，就把猪杀了给儿子炖猪肉吃。

故事出处：《韩非子》

说："去掉军备。"子贡继续追问："如果还要去掉一项呢?"孔子答道："去掉粮食。自古以来大家都有死的那一天,可是如果丧失了人民信任,国家就要垮掉了。"孔子作出这样的回答,足见他对"诚信"的重视。

儒家另一代表人物孟子曰："是故诚者,天之道也;思诚者,人之道也。"(《孟子·离娄上》)这是把诚信视为终极的真理,认为人应该追求诚信,以求贴合天道。

III. 诸子的诚信观

儒家之外,诸子对诚信亦多有阐述。如墨家创始人墨子提出："言不信者行不果。"(《墨子·修身》)认为说话不诚实的人,做事也不会有成绩。法家代表人物管仲则率先将"诚"与"信"组成词语使用并提出"诚信"概念,说"先王贵诚信。诚信者,天下之结也"(《管子·枢言》),认为诚信能够集结人心,使天下统一。法家集大成者韩

商鞅立木取信

公元前361年,秦献公之子嬴渠梁继立为国君,是为秦孝公。秦孝公拜公孙鞅为左庶长(相当于首席军政大臣)。商鞅为了使秦国强大,实施变法。

变法的律令已经制订好了,为了取信于民,商鞅立三丈之木于国都闹市的南门,谕令百姓有能把此木搬到北门的,给予十金。百姓对这种做法感到奇怪,没有人敢搬这根木头。商鞅又说:"能搬的人给他五十金。"有个大胆的人终于扛走了这根木头,商鞅马上给了他五十金,以表明诚信不欺。这一立木取信的做法,使老百姓确信新法是可信的,从而使新法顺利地推行实施。

故事出处:《史记·商君列传》

非子主张："小信诚则大信立。"（《韩非子》）从治国的角度出发，认为一个国家如果能从小事上注意诚信，那么在大的问题上也就能够建立信誉，商鞅的"徙木立信"与此有异曲同工之妙。

IV. 秦汉后强化的"信德"

秦汉以后，重视诚信已成为我国文化血脉的一部分。汉代人季布重视信誉，当时楚地有"得黄金百，不如得季布一诺"的说法。汉代董仲舒有言："夫仁谊（义）礼智信五常之道，王者所当修饬也。"（《汉书·董仲舒传》）其从维护封建大一统的等级秩序出发，将仁义礼智信列为"五常"，与"三纲"成为维护封建统治的正统道德规范。唐代高祖李渊曾经对李密说："丈夫一言许人，千金不易。"（《资治通鉴》）

忠信还债

明朝时，温璜的祖父很贫穷，曾经向朱姓人借了二十金，买米度日。过了一年，朱姓人病重，他是两槐公手下，所以不敢让他主人知道这笔私债，大家私下都侥幸地以为，这笔债可以不用还了。当时，温璜祖父正客居苏州，偶然得知朱家消息，就连夜赶回。他没有先回自己的家，而是直接拿着所欠本金与利息，去了朱家。朱姓人此时已经无法开口说话，温璜祖父缓缓取出银两，告诉他说："先前我欠下的全都一一奉上，请您过目收下。"朱姓人奋力撑起，称颂道："世上还有像您这样忠信的人啊？我可以闭上眼了。愿您世世代代都出孝子贤孙。"说完后就断了气。温璜祖父于是哭别而归。家人得知他已经偿还所欠金钱，有说他愚笨的。温璜祖父说："我确实愚笨，之所以不先回到家里，就是怕被你们这些人迷惑了。"

故事出处：温璜《温氏母训》

到了宋代，"信"同样受到宋儒们的重视和推崇。程颐、程颢主张"信有二般：有信人者，有自信者"（《二程遗书》），他们认为，信忠互为表里，"尽己之谓忠，以实谓之信。发己自尽为忠，循物无为为信，表里之也"（《二程遗书》）。理学集大成者朱熹重点阐述了信与诚、忠等关系，认为"诚是自然底实，信是人做底实"（《朱子语类》）。"忠是信之本，信是忠之发。"（《朱子语类》）

明代，守仁开创阳明心学，他和他的弟子们从心学的角度对信进行阐释，"自信本心，自信而是，天下非之而不顾，自信而非，得天下有所不为，集义也；不能自信，以外面毁誉为是非，义袭也"（《王龙溪全集》），强调和凸显本心的自信和诚实。

清末民初，由于西方思想的影响，诚信又被赋予了现代意义，经世致用内涵较为明显。

二 诚信之"用"

诚信之德，素来受到统治者和思想家的推崇，从而成为中国几千年传统社会中重要的道德规范之一。信，作为一种传统美德、相处方式以及生活心态，在个人、社会、国际关系等方面都起着重要的作用。

1. 立身之本

"信"作为"五常"之一，在我国传统道德中被视为"立人之道"。它要求人们真实无妄，言行一致，诚实不欺，故古人特别讲究诚信，孔子认为"信则人任焉"，提倡"与朋友交，言而有信"，将"信"视作为人的根本。

诚信不仅是个人的立身之本，也是人与人交往的基本规范。在人与人的交往过程中，如果缺失诚信，不仅自己欺骗自己，而且也必然欺骗别人，这种自欺欺人既毁坏了健全的自我，也破坏了人际关系，造成社会不安宁、不和谐的局面。

范式拜友

范式，字巨卿，年轻时在太学里游学，成为太学里的学生，他跟汝南的张劭（字元伯）是好朋友。一次，两人同时告假回乡。范式对元伯说："两年后我要回来，将经过你家拜见你的父母亲，并看看你的子女。"于是共同约定日期。等约定的日期将到，元伯把情况一一告诉母亲，请母亲准备菜肴来等候巨卿。母亲说："分别已两年，千里之外答应的话，你为什么还那么认真呢？"元伯回答说："巨卿是个守信用的人，必定不会违约。"母亲说："真是这样的话，一定要给你们酿酒。"到那天，巨卿果然来到，登堂拜见元伯父母并一起饮酒，尽情而别。

故事出处：《后汉书·独行列传》

II. 立业之本

《管子·乘马》云："非诚贾，不得食于贾；非诚工，不得食于工。"强调了诚信在工商业中的重要性。司马迁在《史记·货殖列传》为子贡、范蠡等诚贾廉商立传，称颂了他们恪守商德的商业伦理精神。明清两代，商品经济发展形成了地域性的商帮，以徽商和晋商为代表的商帮在长期商业经营中形成了"诚""信""义""仁"的商业伦理道德，继承了中国古代商业道德精华，纵横商界数百年，为后人留下了宝贵的精神财富。如今，诚实守信是所有从业人员在职业活动中必须而且应该遵循的行为准则，是为立业之本。

Ⅲ．立国之本

讲信修睦不仅是人与人往来的行为准则，而且更是国与国交流的基本原则。中国古代政治伦理素来强调讲信修睦。宋代司马光在《资治通鉴》中指出："夫信者，人君之大宝也。国保于民，民保于信。非信无以使民，非民无以守国。是故古之王者不欺四海，霸者不欺四邻。善为国者不欺其民，善为家者不欺其亲。不善者反之，欺其邻国，欺其百姓，甚者欺其兄弟，欺其父子。上不信下，下不信上，上下离心，以致于败。"（《资治通鉴》）诚信构成国德，诚信支配国运，没有诚信的国德就不能拥有长久向上的国运。

但传统讲信修睦也具有局限性，主要体现在两个方面：一是它过分强调和谐有序，而忽视了竞争；二是过分强调道德的能力和影响，对法治缺乏理解和敬畏。我国古代的商品经济、科学技术发展缓慢，法律体制不完善，与此相关。

商　鞅

（北宋）王安石

自古驱民在信诚，一言为重百金轻。

今人未可非商鞅，商鞅能令政必行。

三　怎样才能建成一个诚信社会？

当下，我们如何传承讲信修睦传统，建成一个人人向往的诚信社会呢？

I."人而无信，不知其可也"，做一个讲诚信的公民

一个人在社会中生活和工作，总离不开同他人打交道，要想做成一件事，更需要他人的支持、帮助，因此良好的人际关系十分重要。而重诺守信，则是一个人扩大朋友圈、改善人际关系的重要法门。《管子》一书指出，人在做出承诺之前，必须先掂量清楚，这承诺是不是符合道德要求，是不是切实可行。自己能做得到才承诺，做不到则不承诺。只有这样的承诺才可能真正守信。

上湖南崔中丞

（唐）戎 昱

山上青松陌上尘，云泥岂合得相亲。
举世尽嫌良马瘦，唯君不弃卧龙贫。
千金未必能移性，一诺从来许杀身。
莫道书生无感激，寸心还是报恩人。

我国改革开放以来，市场经济大潮澎湃，但暗流也在涌动。有些人为了追逐经济利益，不讲基本的诚信，虚假做广告，"毒奶粉""瘦肉精""地沟油""皮革奶""染色馒头""豆腐渣"工程……欺骗消费者的情况时有发生。这些事件暴露之后，个人、企业都蒙受重大损失，甚至摧毁了一些产业（如奶粉制造），可谓害人害己。更毒化了社会风气，增强了人们之间的不信任感。

现在"诚信"已经列为社会主义核心价值观之一，我们要从我国传统讲信修睦思想的资源中获得滋养，明了诚信乃是立身之本、立业

之本、立国之本，在全社会大力弘扬诚信价值观。

Ⅱ."宽则得众，信则人任"，打造诚信政府，建立社会信用保障体系

孔子说："宽则得众，信则人任焉。"(《论语·阳货》)，意即，宽厚，就会得到众人的拥护；诚实，就能得到别人的信任。人是这样，政府也是这样。《管子·枢言》说"先王贵诚信。诚信者，天下之结也"，认为诚信能够集结人心，使天下统一。

政府诚信能给社会起到示范和表率作用，是社会诚信的基石。政府诚信主要是打造诚信政府。诚信政府是以政府及其工作人员为主体的诚信，指政府必须履行其对公众承诺的责任。这意味着政府本身必须遵守自己制定的各项管理制度；意味着行政行为公开、公平、公正；意味着政府部门按章办事、信守承诺。

"得民心者得天下，失民心者失天下"，政府要靠正确的政策理念、诚信的人文精神去取信于民。我们的各级管理者不要说大话、假话、空话，多说实话，说到做到，少说多做，言行一致。如果把话说得很动听，口惠而实不至，你的声音就会变成自说自话，就会失信于民。此外，我们要真正落实出台的政策制度，不要让文件变成高台讲章，一纸空文。

建立诚信社会，政府难辞其责。诚信社会的建立，道德宣传、道德教化、道德示范固然是激发人良知的必要手段，但又不能仰赖于此。这需要我们综合利用道德、舆论、经济、政治和法律手段惩罚失信行为，加快建立以政府、经济、法律等领域为主的社会信用监督和保障体系，建立社会诚信系统、诚信奖惩机制。现在我国的信用体系建设刚刚起步，对不守信用者的处罚仍然较轻，一些西方发达国家信用体系非常严密，不讲信用者，无法在社会立足，对经营中严重失信者，

实行重罚，要罚到其倾家荡产，因而不敢不守信。我们要强化对失信者的惩罚，使守信者获益，使不守信者付出必要的代价。

III. 创新传统诚信观，促进诚信观由传统伦理型向现代契约型转化

现代诚信观必须建立在现代商业经济基础之上才会牢固。古代诚信观是建立在以宗族血缘为纽带的乡土社会基础上，那时人们之所以讲诚信，是由于聚族而居和自给自足的自然经济，个人依赖家庭、家族而生存，也必须接受官方和宗族一体化的意识形态，不讲诚信为家族和社会所不容。明清以来，特别是近代以后，随着商品经济的发展，乡村自然经济的逐渐解体，动摇了传统诚信社会的根基，特别是随着西方文化和价值观的传入，中国传统伦理型诚信观，面临着向商业社会的契约型诚信观的转型。信用是商业经济的基础，商业经济就是一种信用经济，但是在从自然经济向商业经济转型过程中，由于经济形态多轨、失序，寻租空间大，人们从失信中也能获得利益，甚至能够获得更多利益，所以不讲诚信大行其道。这在我国改革开放初期，经济刚刚放开搞活，商品经济初兴的时候，表现得比较明显，特别是以传统农业经济为主的内地省份，更是如此。而商品经济发展较早、较成熟的地区，如广东珠三角地区，民间相对讲诚信，因为商业诚信精神渗入社会，契约型诚信观得到认可。在商业经济发展更早更充分的欧美，诚信更是人、企业、社会组织立足社会的基本精神。

人们订立契约源于彼此的信任，当契约信守精神在社会中成为一种约定俗成的主流时，诚信社会得以形成。契约是西方文明的基石，进而又成为西方文明的基础，正是契约精神，孕育了西方人的诚信观念。现在重构国人的诚信观，一方面要吸取传统文化诚信观的合理内

核，继承传统家族家风文化中的诚信观。另一方面要好好地探究和吸收西方的契约精神。当然要有匹配的社会经济土壤：让市场经济得到充分发展，使交易、交往都以信用为中介，使信用成为生产、生活之必需；如此，诚信社会就不远了。

IV. 继承传统"修睦"功夫， 建立诚信社会

"修睦"就是调整相互间的关系，使之亲密和睦。传统儒家处理人际关系的准则是仁、义、礼、智、信，还有和而不同等，修睦就是要对他人、他者讲仁爱、正义、谦让和诚信，不要以邻为壑，而要以和为贵。

推官二子执后欲为之经营而未得也而二子死矣二首（一）

（明）顾炎武

生来一诺比黄金，那肯风尘负此心。

不是白登诗未解，菲才端自愧卢谌。

现代社会，竞争是常态，处处是竞争的角逐场，但竞争也需要合作，竞争离不开和谐。建立和谐社会，需要我们有"修睦"的功夫，人与人之间需要修睦，家与家、单位与单位、地区与地区之间都要修睦。

影响和睦关系的是利益的冲突，协调好利益关系，才能实现和睦。协调利益关系，必须做到经济活动的公平，这主要是实现机会平等，包括教育、就业、招投标、投融资等领域的公开公平公正；协调利益关系，还必须做到社会分配的公平，这主要是实现结果的相对平等，包括工资制度、财税制度、社会保障制度等的公平合理，缩小社会贫

富差别，防止两极分化。如此，社会群体之间方能和睦相处，减少分裂对抗。协调好社会利益关系，无论在经济活动领域，还是社会政治领域，我们还有很多的事要做，脚下路仍然漫长。

戒失信

蔡元培

失信之别有二：曰食言，曰愆期。

食言之失，有原于变计者，如晋文公伐原，命三日之粮，原不降，命去之。谍出曰："原将降矣。"军吏曰："请待之。"是也。有原于善忘者，如卫献公戒孙文子、宁惠子食，日旰不召，而射鸿于囿，是也。有原于轻诺者，如老子所谓"轻诺必寡信"是也。然晋文公闻军吏之言而答之曰："得原失信，将焉用之？"见变计之不可也。魏文侯与群臣饮酒乐，而天雨，命驾，将适野。左右曰："今日饮酒乐，天又雨，君将安之？"文侯曰："吾与虞人期猎，虽乐，岂可无一会期哉？"乃往身自罢之，不敢忘约也。楚人谚曰："得黄金百，不如得季布诺。"言季布不轻诺，诺则必践也。

愆期之失，有先期者，有后期者，有待人者，有见待于人者。汉郭伋行部，到西河美稷，有童儿数百，各骑竹马，道次迎拜。及事讫，诸儿复送至郭外，问使君何日当还。伋计日告之。行部既还，先期一日，伋谓违信于诸儿，遂止于野，及期乃入。明不当先期也。汉陈太丘与友期行日中，过中不至。太丘舍去。去后乃至。元方时七岁，戏门外。客问元方："尊君在否？"答曰："待君久不至，已去。"友人便怒曰："非人哉，与人期行，相委而去。"元方曰："君与家君期，日中不至，则是失信。"友人惭。明不可后期也。唐肖至忠少与友期诸路。会雨雪。人引避。至忠曰："岂有与人期，可以失信？"友至，乃去。众叹服。待人不愆期也。吴卓恕为人笃信，言不宿诺，与人期约，虽暴风疾雨冰雪无不至。尝从建业还家，辞诸葛恪。恪问何时当复来。

恪对曰："某日当复亲觐。"至是日，恪欲为主人，停不饮食，以须恪至。时宾客会者，皆以为会稽、建业相去千里，道阻江湖，风波难必，岂得如期。恪至，一座皆惊。见待于人而不愆期也。

夫人与人之关系，所以能预计将来，而一一不失其秩序者，恃有约言。约而不践，则秩序为之紊乱，而猜疑之心滋矣。愆期之失，虽若轻于食言，然足以耗光阴而丧信用，亦不可不亟戒之。

（蔡元培：《中国人的修养》，中州古籍出版社 2015 年版）

第十八讲
包容会通

　　江海所以能为百谷王者，以其善下之，故能为百谷王。是以圣人欲上民，必以言下之；欲先民，必以身后之。是以圣人处上而民不重，处前而民不害。是以天下乐推而不厌。以其不争，故天下莫能与之争。

——《道德经》

　　和以处众，宽以接下，恕以待人，君子人也。

——《省心录》

　　人之心胸，多欲则窄，寡欲则宽。

——《格言联璧》

　　1916 年，蔡元培出任北京大学校长，在任职期间提出"循'思想自由'原则，取'兼容并包'主义"，后来成了北大校训有争议"兼容并包，思想自由"。这一校训促成了当时北大的彬彬之盛，文、史、哲学科中的胡适、钱玄同、刘半农、黄侃、刘师培、周氏兄弟、孟森、陈垣、汤用彤等大师荟萃，简直可谓是中国学者的"全明星队"阵营。这些学者享誉大名，固然是由于其学问，但他们的轶事逸闻也为人纷纷乐道。

　　比如哲学系大师熊十力，学贯古今、会通中西，融摄道释、要归于儒，自成一家，创立了一个颇具特色的当代新儒学哲学体系；后来以新儒家名世的牟宗三、唐君毅、徐复观等，皆为熊门高足。"十力"者，出自佛典《大智度论》——"六度之业既深，十力之功自远"，用来比喻佛祖有超群的智慧、广大的神通和无边的力量。熊十力自称"十力"，可见他对自己的评价何其之高。论资格他早就应该当教授了，但当时的教授是要求讲六到八个小时的课，他认为自己一个星期只能讲两个小时的课，所以坚持不愿意当教授，要个讲师的位置就可以了。他的趣闻很多，其中一个就是跟人吵架的故事。当时北京大学还有一位教授叫做冯文炳，笔名废名。他是个诗人、小说家，信佛。熊十力跟冯文炳在北京大学宿舍住对门，他们几乎天天辩论，而且常常吵起来。邻居们对此早就习以为常了。有一天，两人如同平日一样又吵起来了，而且越吵越厉害，然而突然一下子没有了声音。大家都感到很奇怪，迅速跑去看看发生了什么事情。只见他俩互相掐着脖子，谁都发不出声音了。

此外，拖着辫子、戴着瓜皮帽的辜鸿铭，时人以之与备受敬重的蔡元培并置，称"古今中外蔡校长，瓜皮小帽辜鸿铭"；钱玄同买鞋两只同为一脚、刘半农穿"鱼皮鞋子"、胡适为校园餐厅题联——"学问文章，举世皆推北大棒；调和烹饪，沙滩都说海泉成"：这一则则说者或许无心、传者却为有意的逸闻，刻画了一个个不同性格、不同宗教信仰、不同学术思想精英学者的故事，其实也是从另一个角度诠释着北京大学"兼容并包，思想自由"的办学理念。

后来蒋梦麟、傅斯年、胡适当校长，基本上还是秉承与发展着蔡元培的办学理念。直至今天，"兼容并包，思想自由"仍是北大异于其他大学、吸引一代又一代学子的独特传统。

北京大学"兼容并包，思想自由"的办学理念，实质来源于中国传统的包容会通精神。

一　传统包容思想

"包容"一词，最早出现在《汉书·五行志下》："上不宽大包容臣下，则不能居圣位。""会通"一词，最早出现在《周易·系辞上传》："圣人有以见天下之动，而观其会通，以行其典礼。""会通"，即会合疏通异说异义。

Ⅰ．儒家的"和""宽""恕"

儒家对君子人格所要求的"和""宽""恕"，体现了我国早期的宽容思想。对此，宋代林逋在《省心录》中做了精辟的总结："和以处众，宽以待下，恕以待人，君子人也。"

儒家的"和为贵""和而不同"，尊重他人的意愿，体现了开放包容精神。"宽"为孔子五仁之一。孔子的学生子张曾经问孔子："什么是仁？"孔子说："能做好这五个方面就是仁了。"子张问："哪五个方面？"孔子说："恭、宽、信、敏、惠。"（《论语·阳货》）儒家宽容精神，还体现为"恕"。孔子学生曾子归结孔子之道为"忠""恕"两个方面（《论语·里仁》）。何谓"恕"？孔子自己做了解释。一次，子贡问孔子："有一言可以终身行之者乎？"孔子曰："其恕乎。己所不欲，勿施于人。"（《论语·卫灵公》）"己所不欲，勿施于人"，这种推己及人，设身处地为他人着想的博爱情怀，就是儒家的"恕道"。孔子还主张"躬自厚而薄责于人"（《论语·卫灵公》），劝慰人们不要苛责他人。

II. 道家的"不争"之德

老子倡导"不争"之德。老子说，"水善利万物而不争""夫唯不争，故无尤""以其不争，故天下莫能与之争"。老子主张以德报怨："善者吾善之，不善者吾亦善之。"（《道德经》）庄子说："常宽容于物，不削于人，可谓至极。"（《庄子·天下》）都体现道家的宽容精神。

III. 秦汉以后的包容思想

秦汉以后，包容思想绵延未绝。汉代董仲舒继承和发展了"中和"思想，说"德莫大于和，而道莫正于中"（《春秋繁露》），将先秦儒家"和为贵"的思想推到更高的境地。唐代韩愈称："古之君子，其责己也重以周，其待人也轻以约。"（《原毁》）其意是说，古代的君子对自己要求严格、全面，对待别人宽厚而且平易。清代唐甄也主张："与人当宽，自处当严。"

李广未封

西汉名将李广，是一位英勇善战、智勇双全的英雄。他一生与匈奴战斗七十余次，常常以少胜多，致匈奴人闻名丧胆，称之为"飞将军"。一天夜里，被贬为庶人的李广，心情不快，带着一名骑马的随从外出，和别人一起在田野间饮酒。回来时走到霸陵亭，霸陵尉喝醉了，大声呵斥，禁止李广通行。李广的随从说："这是前任李将军。"亭尉说："现任将军尚且不许通行，何况是前任呢！"便扣留了李广，让他停宿在霸陵亭下。没过多久，匈奴入侵杀死辽西太守，打败了韩将军（韩安国），韩将军迁调右北平。于是天子就召见李广，任他为右北平太守。李广随即请求派霸陵尉一起赴任，到了军中就把他杀了。

李广曾经跟一个叫王朔的算命先生发牢骚，说自己每次跟匈奴的战斗都参与过，手下有很多的校尉，才能都很一般，可现在他们当中已经有数十人都封侯了，而他一直都没有封侯。王朔说："你想想，你有没有做什么亏心事情？"李广说："我最后悔的事情就是我杀了已经投降的八百人。"王朔说："祸莫大于杀降，这就是将军不能封侯的原因。"杀俘虏在古代本身就是不道义的事情，何况又杀了八百人。后来，李广渴望建立军功，在随卫青出击匈奴时，希望当前锋。但卫青认为他不适合，借机会调离他去做侧翼，结果误了战机而失利，逼得李广自刎而死，一代名将就这样含悲带恨地离开了人世。李广一生不得封侯的真正原因其实是没有容人之量。

故事出处：《史记·李将军列传》

IV. 传统包容思想要义

传统包容思想起码包括这几层含义：一是兼容。这就是"和"文化观念体现的对不同观点的兼容，就是"和而不同"。二是宽厚。这主要指通过"己所不欲、勿施于人"，推己及人地处处为他人着想。三是宽宥。不计他人之过。即《汉书》所言"记人之功，忘人之过"。

二　如何看传统包容文化？

我国悠久的包容会通思想，铸造了我国传统文化包容的品质，对我国历史、文化产生重要影响。

Ⅰ．形成中国历史上的包容式治国方式

儒家的"德治""仁政""宽政"等思想，都是主张以宽恕的思想治理国家，并由此形成了中国政治的伦理化传统。包容精神对中国王朝政治的影响，主要体现在君臣间、上下间的包容，在用人上不求全责备，对老百姓的统治要宽猛相济。《汉书·五行志》说："上不宽大包容臣下，则不能居圣位。"《左传·昭公二十年》说："宽以济猛，猛以济宽，宽猛相济，政是以和。"具有包容精神的统治者，宽容对下，不拘一格选拔人才，民众能休养生息，可以促进中国古代经济的发展和文明的进步。

Ⅱ．促进了中华民族的发展壮大

传统包容思想不仅体现在人际关系上，也体现在民族关系处理方面。历代统治者对周边少数民族，采取了极大的宽容态度，从而使民族融合，在我国这块土地上成了传统。中华民族，从最基本的汉族，发展为至今五十六个民族，就是境内各族人民不断交往融合的过程，是各民族建立在平等和睦民族关系上和文化包容会通的结果。

Ⅲ．促进了中国文化的融合和文明的延续

包容意识，投射在文化上，就是对各种文化思想的兼收并蓄。几千年来，中华文化不断与各种民族文化、外来文明碰撞，没有被消灭，没有被取代，没有被同化，相反，中华民族包容会通的特性吸纳了各

种民族文化、外来文明的养分，内化为自身发展的强大动力，促使中华文明绵延不绝。

IV. 锻造了中国人包容的人格精神

被历代思想者不断强化的包容精神，通过长期的积淀，已内化为中华民族待人处事的方式。民间流行的"宰相肚里能撑船""遇方便时行方便，得饶人处且饶人"，展示了中国人具有包容精神的文化特征。

死灰复燃

韩安国于汉景帝刘启在位时，曾事梁孝王刘武，因平定吴、楚等七国之乱立下大功，名重一时。后遭人谮陷，获罪下狱，在狱中屡被狱吏田甲欺辱。他曾对田甲说："你不要欺人太甚，你难道没听说过死灰还会复燃吗？"田甲却冷笑道："死灰若复燃，我则以尿浇灭之。"不料，数旬之后，汉廷下诏，任韩安国为梁国内史。田甲听说韩安国复居高位，怕遭报复，吓得弃家而逃。韩安国却下令："田甲若不就官，我将灭其一族。"田甲走投无路，只得向韩安国袒背谢罪。韩安国看他如此狼狈，笑道："死灰今已复燃，你可以尿浇灭了！何必吓成这样，公等值得我计较吗？"遂令复其官，并善待之。

故事出处：司马迁《史记·韩长孺列传》

三　包容有多少，拥有就有多少

包容是我国传统文化崇尚的道德准则，儒家主张的"己所不欲，勿施于人""和而不同""薄责于人"，老子主张的"知常容，容乃公"，墨子主张的"兼爱"，等等，倡导的都是包容精神，包容精神首先体现在人际间的宽容。

Ⅰ. 有容乃大，得饶人处且饶人

人际宽容是人在互动过程中所体现出的相互体量、相互宽恕和相互尊重。用中国古话来说就是"遇方便时行方便，得饶人处且饶人"（《西游记》）。

这需要海纳百川、淡看风云的修养。在中国历史上，蔺相如对廉颇的包容，成就了"将相和"的佳话；鲍叔牙对管仲的包容，成就了"九合诸侯，一匡天下"的壮举；李世民对魏徵的包容，成就了"贞观之治"的盛世。

心胸有多大，格局就有多大。李斯《谏逐客书》中说："泰山不让土壤，故能成其大；河海不择细流，故能就其深；王者不却众庶，故能明其德。"百多年前，法国作家雨果说："世界上最宽阔的是海洋，比海洋更宽阔的是天空，而比天空更宽阔的，是人的胸怀。"星云大师说："心胸有多大，事业就有多大，包容有多少，拥有就有多少。"宽容是在荆棘丛中长出来的谷粒，养成宽容美德，多一点对别人的宽容，别人也会对你宽容，形成和谐的人际关系，人生路上会少一点风雨，多一点温暖和阳光。

Ⅱ. 平心静气对待他人的过错和批评

宁静方能致远，保持平和的心态，就会形成心平气和的心境。生活和工作中，不管发生什么事情，不管他人对你如何，都不要急于争辩和"反击"，要先静下来，不急不躁，理清思路，找到最合适的应对之法。每个人都可能犯错，对待他人的非原则性错误和过失，要理解和原谅，事情过了就算了，不要总是揪着不放、得理不饶人。具有包容心的人也能虚心听取别人的意见和批评，甚至对一些言辞激烈的攻击也能理智对待，择其善者而从之。

III. 求同存异，容忍他人的个性和不足

人与人之间因为生活背景、生活方式、受教育程度不同，存在个性、价值观的差异；人无完人，金无足赤，人各有不足之处。因而不要因为个性和价值观差异与分歧，就相互争斗，也不要因为他人之不足，就全盘否定他人，高明理性的做法就是"和而不同"，求同存异，互相尊重，相互包容。寻找人与人之间的共同点往往是我们打造良好人际关系的开始，在共同点的基础之上相互尊重对方的差异性，才能与对方开展合作，取得双赢。

IV. 推己及人，不与人斤斤计较

包容精神来源于对于他人的同理心，是站在他人的角度思考问题，从他人的角度来理解他人所作的反应。换位站在对方的角度思考问题，就会给对方以同情的理解，分歧和对立就可能化解，就不会为一时的得失斤斤计较。司马光说："宽厚清慎，犯而不校。"（《资治通鉴》）意思就是为人要宽容厚道、清廉谨慎，别人的触犯或无礼也不计较。吃不得一点亏的人无法做到包容，具有包容心的人，总以大局为重、以长远为计。

V. 包容他人缺点，用人所长

孔子曾说及两种用人方法：君子"使人也，器也"；小人"使人也，求备焉"。所谓"器也"，是指根据各人才能的大小来合理地使用他们，大才大用，小才小用；相反，若所使用的人，求全责备，百般挑剔，即是小人的用人之道。儒家文化这种用人观，对后世影响很大，几个王朝盛世的形成，与君主"不拘一格降人才"具有密切的关系。唐太宗就曾说："人之行能，不能兼备，朕常弃其所短，取其所长。人主往往进贤则欲置诸怀，退不肖则欲推诸壑，朕见贤者则敬之，不肖

者则怜之，贤不肖各得其所。"唐太宗用人能做到"贤不肖各得其所"，确实难得，反映了他骨子里的宽容精神。在当代社会管理中，也需要吸取古人宽容的智慧，不求全责备，善于包容他人的缺点，用其所长，大才小才，各得其用。

四　包容性发展是怎样一条路？

包容除了个体间的宽容，还有更广泛意义上的社会包容。社会包容就是社会发展必须走包容性发展之路。包容性发展是指以人为中心的、人与人、人与社会、人与自然的和谐发展，是包括 GDP 增长指数、人类发展指数、社会发展指数、社会福利指数、幸福指数在内的全面发展。包容性发展意味着经济发展要回归增长本意，即以人为本，发展的目的不是单纯追求 GDP 的增长，而是使经济的增长和社会的进步以及人民生活的改善同步进行，并且追求经济增长与资源环境的协调发展。过去 40 年，我国做大了经济总量，成为世界第二大经济体，但与此同时，发展也存在很多问题，如发展中存在的某些不公平性及与自然和社会环境的不和谐性。

Ⅰ．实现发展中的权利公平

社会发展必须让人民群众感受到公平正义，要建立以权利公平、机会公平、规则公平为主要内容的社会公平保障体系，努力营造公平的社会环境，保证人民平等参与、平等发展权利。为此，要全面推进依法治国，坚持法律面前人人平等，坚决捍卫法律尊严，任何组织或者个人都必须在宪法和法律范围内活动，任何公民、社会组织和国家机关都要以宪法和法律为行为准则，依照宪法和法律行使权利或权力、履行义务或职责，要让每一个社会成员拥有平等参与、平等发展的机会。

Ⅱ. 实现发展成果由人民共享

经济发展成果必须惠及全体人民，由人民共享。为此必须消灭贫困、共同富裕，幸福路上不能有人掉队。这就需要深化收入分配制度改革，缩小收入分配差距；建成"学有所教、劳有所得、病有所医、老有所养、住有所居"的基本民生保障体系；振兴乡村，从根本上解决城乡差距问题。

Ⅲ. 实现文化的兼容并包

文化是一个国家、一个民族的灵魂。文化兴国运兴，没有文化的繁荣兴盛，就没有中华民族的伟大复兴。激发全民族文化创新创造活力，必须具有宽松的文化发展环境。中国历史上的文化繁荣时期，如春秋战国、唐宋、新文化运动时期，都是文化兼容并包的时期。建设当代中国文化需要承继这种文化传统，弘扬中国文化的兼容精神，坚持"百花齐放、百家争鸣"。

但文化包容决不能是没有底线的包容，我们不能包容任何践踏他人尊严权利、破坏社会正常秩序的言论，不能包容任何违背道德准则、违反法律的言行。

Ⅳ. 尊重世界文明的多样性

文明多样性是人类社会的基本特征，各种文明有历史长短之分，无高低优劣之别。在人类历史上，各种文明都以自己的方式为人类文明进步做出了积极贡献。对待世界文明的态度，一是要尊重世界文明的多样性，尊重其存在的差异，同时，推动不同文明相互尊重、和谐共处，促进国际关系民主化，协力构建各种文明兼容并蓄的和谐世界。二是要以开放心态充分吸取其他文明的优秀成果。任何一个民族的发展都不能只靠本民族的力量。只有处于开放交流之中，经常与外界保持经济文化的吐纳关系，才能得到发展。中国越是向前发展，对世界文明越要有开放的胸襟，越要以谦虚的态度向他人学习。

容　忍

季羡林

　　人处在家庭和社会中，有时候恐怕需要讲点容忍的。

　　唐朝有一个姓张的大官，家庭和睦，美名远扬，一直传到了皇帝的耳中。皇帝赞美他治家有道，问他道在何处，他一气写了100个"忍"字。这说得非常清楚：家庭中要互相容忍，才能和睦。这个故事非常有名。在旧社会，新年贴春联，只要门楣上写着"百忍家盛"就知道这一家一定姓张。中国姓张的全以祖先的容忍为荣了。

　　但是容忍也并不容易。1935年，我乘西伯利亚铁路的车经苏联赴德国，车过中苏边界上的满洲里，停车4小时，由苏联海关检查行李。这是无可厚非的，入国必须检查，这是世界公例。但是，当时的苏联大概认为，我们这一帮人，从一个资本主义国家到另一个资本主义国家，恐怕没有好人，必须严查，以防万一。检查其他行李，我绝无意见。但是，在哈尔滨买的一把最粗糙的铁皮壶，却成了被检查的首要对象。这里敲敲，那里敲敲，薄薄的一层铁皮绝藏不下一颗炸弹的，然而他却敲打不止。我真有点无法容忍，想要发火。我身旁有一位年老的老外，是与我们同车的，看到我的神态，在我耳旁悄悄地说了句：Patience is the great virtue（容忍是很大的美德）。我对他微笑，表示致谢。我立即心平气和，天下太平。

　　看来容忍确是一件好事，甚至是一种美德。但是，我认为，也必须有一个界限。我们到了德国以后，就碰到这个问题。旧时欧洲流行决斗之风，谁污辱了谁，特别是谁的女情人，被污辱者一定要提出决斗。或用手枪，或用剑。普希金就是在决斗中被枪打死的。我们到了的时候，此风已息，但仍发生。我们几个中国留学生相约：如果外国人污辱了我们自身，我们要揣度形势，主要要容忍，以东方的恕道克制自己。但是，如果他们污辱我们的国家，则无论如何也要同他们玩儿命，绝不容忍。这就是我们容忍的界限。幸亏这样的事情没有发生，否则我就活不到今天在这里舞笔弄墨了。

现在我们中国人的容忍水平，看了真让人气短。在公共汽车上，挤挤碰碰是常见的现象。如果碰了或者踩了别人，连忙说一声："对不起！"就能够化干戈为玉帛，然而有不少人连"对不起"都不会说了。于是就相吵相骂，甚至于扭打，甚至打得头破血流。我们这个伟大的民族怎么竟变成了这个样子！我在自己心中暗暗祝愿：容忍兮，归来！

（季羡林著，季羡林研究所编：《季羡林谈人生》，当代中国出版社2006年版）

第十九讲

清廉自守

世之仕者，临财当事，不能自克，常自以为不必败。执不必败之意，则无所不为矣。然事常至于败而不能自已。故设心处事，戒之在初，不可不察。

——《舍人官箴》

大臣法，小臣廉，法则无不廉矣，廉则无不法矣。法则庶士无不端矣，廉则百姓无不足矣。如此，而世道不升者，未之有也。

——《薛方山纪述》

一丝一粒，我之名节；一厘一毫，民之脂膏。宽一分，民受赐不止一分；取一分，我为人不值一分。

——《禁止馈送檄》

晚清中兴名臣曾国藩，在给他弟弟们的一封家书中，嘱咐绝不要希图通过做官发财。信是这样说的：

将来若做外官，禄入较丰，自誓除廉俸之外，不取一钱。廉俸若日多，则周济亲戚族党者日广，断不蓄积银钱为儿子衣食之需。盖儿子若贤，则不靠宦囊，亦能自觅衣饭；儿子若不肖，则多积一钱，渠将多造一孽，后来淫佚作恶，必且大玷家声。故立定此志，决不肯以做官发财，决不肯留银钱与后人。［曾国藩《致诸弟》（道光二十九年三月二十一日）］

意思是，做官之后，要发誓清廉自守，只拿自己该拿的俸禄，此外一分钱都不要拿。俸禄如果较为丰厚，用有余裕，便用来周济亲族朋友，决不积蓄钱财留给子孙。子孙有出息，用不着花你的俸禄，也能自食其力；子孙如果不肖，则多积蓄一分钱给他，他就多造一分孽，以致玷污家声，败坏家风。因此决不能为了发财而做官。他还在家范中提出"八本"，其中就有一条是"做官以不要钱为本"（曾国藩《挺经·家范》）。

曾国藩的"决不肯以做官发财""做官以不要钱为本"，继承了传统君子清廉自守之风。

一 古人的廉政观

Ⅰ. 从"廉"字说起

说清廉自守传统，我们先从"廉"字说起。"廉"最初的意义是指堂屋的侧边。《仪礼·乡饮酒礼》说："设席于堂廉东上。"汉代经学家郑玄注释说："侧边曰廉。"堂屋侧边形状狭长，因而"廉"又引申出逼仄的意思。《说文解字》："廉，仄也。"对此，清代段玉裁在《说文解字注》中说："堂之边曰廉……堂边有隅、有棱，故曰：廉。廉，隅也。又曰：廉，棱也。引申之为清也、俭也、严利也。"段注为我们指出了"廉"字意义引申的脉络，从最初的意义堂屋侧边，经由侧边的形状，引申出逼仄的含义，又引申出俭朴、严厉、正直、清廉等抽象的含义。

"廉洁"连用，最早见于楚辞，屈原《招魂》："朕幼清以廉洁兮。"《卜居》："宁廉洁正直而自清乎。"东汉王逸在《楚辞章句》中注释："不受曰廉，不污曰洁。"清正廉洁，在屈原所处的战国时代，已是一种士大夫所追求的高尚品格。

Ⅱ. 先秦时期的廉政

清廉、廉洁，首先是适应吏治需要而逐渐形成的纪律、准则；后来，随着传统士大夫晋升入仕机会的增加，这种纪律准则逐步内化为士大夫的自我修养；最后，随着士大夫阶层的提倡和治理国家的需要，它又最终成为一种政治文化。

至晚在夏朝，我国已经有了严惩贪官的刑罚。《左传》说："贪以败官为墨……昏、墨、贼，杀，皋陶之刑也。"意思是，贪污腐败叫做"墨"，昏、墨、贼，都是要处以死刑的，这是皋陶时的刑罚。皋陶，即夏朝大禹时候的大臣。《尚书·皋陶谟》还记载了皋陶提出的公职人员应遵守的"九德"，其中就有"简而廉"一条。《尚书·盘庚》记载，商王盘庚"不肩好货"，即不任用贪求财宝的人。这些记载，都是春秋战国以前，廉洁作为一种吏治准则的表现。

春秋战国时期，在礼崩乐坏、社会动荡的背景下，淫逸贪腐的现象越来越严重，诸子百家纷纷提倡廉政，廉洁成为治国理政的根本原则，廉政建设逐步制度化。儒家追溯周朝的官制，指出清廉在吏治中处于根本原则的地位，《周礼·天官·小宰》叙述"小宰"这一官职时说道："以听官府之六计，弊群吏之治。一曰廉善，二曰廉能，三曰廉敬，四曰廉正，五曰廉法，六曰廉辨。"（《周礼·天官冢宰》）也就是说，"小宰"要负责用这六个标准，来评价官员的政绩。这六项标准，一是廉洁而又有廉洁的心愿，二是廉洁而又能贯彻政令的能力，三是廉洁而又有勤勉尽职的态度，四是廉洁而又处事公正，五是廉洁而守法不苟，六是廉洁而明辨是非。汉代经学家郑玄注释这段话说："既断以六事，又以廉为本。"（《周礼注疏·天官冢宰》）也就是说，考察官员的各项标准，都以清廉廉洁为根本。

宋人或得玉

宋国有个人得到一块玉，把它献给子罕。子罕不接受，献玉的人说："我把这块玉给琢玉的人看，琢玉的人认为是块宝，因此才敢献给你。"子罕说："我认为不贪是宝，你认为玉石是宝，假若把玉给我，咱俩都失去了宝。不如各人拥有自己的宝。"那人听后跪下磕头，说："我这种小民带着这么贵重的宝物，不可以走过一般的乡，否则会被谋财害命，留着这个就等于找死啊！"子罕于是在本城找个地方让他住下，介绍加工买卖玉石的商行帮他把玉琢磨好，卖了个好价钱，然后让他带着钱回家做老板去了。所以宋的老人们都说子罕不是没有宝贝，只是他的宝和别人的不同罢了。

故事出处：《左传·襄公十五年》

III. 儒家主张"欲而不贪"

一次，学生子张问孔子："什么是（从政的）五美?"孔子说："君子惠而不费，劳而不怨，欲而不贪，泰而不骄，威而不猛。"（《论语·尧曰》）"欲而不贪"就是说君子要有欲望但是不能贪心。这一观点，孔子反复说过，如"富与贵，是人之所欲也；不以其道得之，不处也"（《论语·里仁》）。"不义而富且贵，于我如浮云"（《论语·述而》）。

孟子也认为廉洁不贪是君子的自我修养。孟子说："无处而馈之，是货之也。焉有君子而可以货取乎?"（《孟子·公孙丑下》）意思是没有理由却要送我钱，这等于用金钱收买我。哪里有君子可以拿钱收买的呢? 孟子还说："可以取，可以无取，取伤廉。"（《孟子·离娄上》）

IV. 法家主张严法治腐

先秦诸子中，法家最重视惩治贪腐，倡导廉洁，并指出廉政的根本在于法治。商鞅指出："夫废法度而好私议，则奸臣鬻权以约禄。"（《商君书·修权》）意即撇开法律而私下议政，则奸臣们就会用权力来换取利禄。韩非子说："我不以清廉方正奉法，乃以贪污之心枉法以取私利，是犹上高陵之巅，堕峻溪之下而求生，必不几矣。"（《韩非子·奸劫弑臣》）十分形象地说明了，如果为官不是清廉守法，而是枉法贪腐，那就如同身处高峰之上堕入险溪，生存的机会微乎其微。

V. 秦汉后一脉相承的廉政制度

从秦汉时期开始，清廉自守作为政治纪律和道德准则，随着大一统王朝的诞生，得到进一步巩固和发展。秦朝重典治吏，严惩贪腐，《秦律》规定，向官员行贿一钱者处以黥刑，受赃不足一钱者与盗千钱同论，极有可能被处死。更重要的是设立了御史大夫、御史中丞、侍御史、监御史一系列从中央到地方的官职，监察各级行政官员，保证官吏廉洁奉公。秦朝以后，历代王朝的监察体制都是在此框架基础上不断完善。汉代除大力实行奖廉惩贪的制度外，还推行察举选官制度，特设"孝廉科"，规定郡国守相和二千石每年要向朝廷举荐孝、廉各一人。秦汉时期的这些制度，尽管由于时代局限存在着种种弊端，但对后世的影响十分深远。此后，历代廉政制度不断丰富。

杨震拒金

东汉时，荆州刺史杨震，发现王密才华出众，便向朝廷举荐其为昌邑县令。后来杨震调任东莱太守，途经昌邑，晚上，王密拜会杨震，相谈甚欢。王密告辞时，突然从怀中捧出黄金。杨震说："我了解你的为人，你却不了解我的为人，这是做什么呢？"可是王密还坚持说："在夜间是没有人知道的。"杨震说："天知，地知，我知，你知！你怎么可以说没有人知道呢？"王密顿时满脸通红，赶紧像贼一样离开，消失在夜幕中。

故事出处：司马光《资治通鉴》

二 何谓"清廉"？

清廉自守作为一种政治文化，包括以下几个方面的内涵：

Ⅰ．崇俭去奢

传统文化提倡官员"清廉"，首先是要求为官者少欲，尚俭去奢，过俭朴的生活。先秦诸子均已认识到"俭以养廉，奢则伤廉"的道理，纷纷提倡节俭的治国理念，如老子提倡"尚俭去奢"，墨子则提出"俭节则昌，淫佚则亡"（《墨子·辞过》）等。

春秋时期齐国相国晏婴，就以俭朴闻名于世。有一天他正在家中吃饭，齐景公的使者来了，晏婴就分一半给他吃，结果两个人都没吃饱。使者把这件事告诉齐景公，齐景公十分惊讶，于是派人给晏子送去许多钱，让他用来招待宾客，还打算把物产丰富的都昌赐封给他做采邑。晏婴坚辞不受，说："我一直把俭朴作为自己的老师，时时告诫自己不能奢侈、纵欲。如果我接受封赐，岂不是把老师丢掉了吗？"

II. 廉洁尚义

孔孟都主张重义轻利，见利思义，认为君子爱财要取之有道。孔子说："不义而富且贵，于我如浮云。"（《论语·述而》）孟子说："可以取，可以无取，取伤廉。"（《孟子·离娄上》）提倡君子洁身自好，不要贪婪，拒收不义之财。《吕氏春秋》说："故临大利而不易其义，可谓廉矣。"说廉洁就是"义"。反之，利用职位便利掠夺他人和公家财物为己有，是一种不清不正不义行为，在我们的传统道德观念里，它伤了做人的根本。《战国策》说："家有不宜之财，则伤本。"说的就是这个意思。

公仪休拒鱼

春秋时期，鲁国宰相公仪休最大的爱好是吃鱼。许多人投其所好，时不时带鱼送他。可是他坚决不受。他的弟子们都劝他："您最喜欢吃的就是鱼，如今人家送上门来了，你怎么反而不要呢？"公仪休解释说："我正是因为喜欢吃鱼，才坚决不接受这鱼。你们想，如果我今日收下了这鱼，就是拿了人家的贿赂，就要枉法为人家办事，要是这样导致丢了相位，就再也不能靠自己的俸禄买鱼吃了。如果我不收这鱼，保住自己的相位，就能长久地靠自己的俸禄买鱼吃了。"

故事出处：司马迁《史记·循吏列传》

Ⅲ．奉公守法

清廉自守作为一种政治文化，它天然地同规章制度联系在一起，秉公守法，是清廉自守的重要表现，也是实现清廉的必要保障。

宋代的包拯以奉公守法著称，被民间称为"包青天"。宋仁宗初年，他到端州任知州。端州自古以来出产名贵石砚，世称端砚，当时朝廷规定，端州地方每年要向朝廷进贡端砚。因此，端砚就成了历任地方官交结权贵讨好上司的敲门砖。每一任端州知州，都私自向民间索取比进贡定额数目多几十倍的端砚。包拯到任之后，到处张贴布告，命令民间工匠只向州衙门缴纳进贡定额的端砚，各级政府只能如数收取，不许多加一砚。他自己带头严格执行规定，至端州三年任满，离开时一方端砚也没有带走。

任满谒城隍

（明）胡守安

一官来此几经春，不愧苍天不负民。

神道有灵应识我，去时还似来时贫。

三 如何建立廉洁政治和清廉政府？

包拯曾说："廉者，政之本也。"强调廉洁是为政的根本。从现代公共管理角度来看，清廉是一个"好政府"的基本政治标准，建立廉洁政治、打造清廉政府，是现代文明对政府的基本要求。这样的政治生态，需要通过清正的公职人员、廉洁的政府机构、公正透明的政治运作来实现，也就说需要干部清正、政府清廉、政治清明。而实现"三清"，除了健全完善政治体制机制，还需要严肃防范和惩治与权力伴生的腐败，我们要将清廉自守传统和现代政治理念相结合，灵活运用"立"与"破"两手，建立适合中国国情的廉洁政治和清廉政府。

Ⅰ．干部清正、政府清廉、政治清明，三者缺一不可

干部清正，即干部清白正直，廉洁公正。清正，是广大人民群众最看中的干部品质，无论是对执政党自身建设和国家政权体系的建设，还是对整个社会风气的健康发展，都具有十分重要的作用。清正是领导干部做人立业之本，每一个领导干部都应以廉为荣，以贪为耻，慎待慎用人民赋予的权力，做一个清廉正直之人。

政府清廉，就是政府廉洁、透明。现代公共管理学认为，政府挤占、挪用公共资源为自身服务，对公共利益肆意侵占，是对全社会所信奉的公共价值的否定，最终会导致政府公信力下降，因而"花费越少的政府就是好政府"。清廉，是人民政府应有的本质特征，是人民政府的本质属性，我们的政府必须把清廉要求与公共权力行使相结合。须知，政府清正廉洁，将受到人民拥护；贪污腐化，必将被人民抛弃。

政治清明是指政治运行清廉、公正、民主、阳光，是政通人和、风清气正、百姓安居乐业。在政治清明的社会，大众的各种诉求能够得到充分表达和满足，社会公平正义、民主法治能够得到充分彰显，各种公共权力能够在各种监督下有效运行。当今政治当然应该是民众殷殷期待的清明政治。

干部清正、政府清廉、政治清明是廉洁政治的基本要素，三者缺一不可。干部清正是政府清廉的前提，只有干部清正，才能保证政府清廉和政治清明。政府清廉是政治清明的基础，只有实现了政府清廉，

拒礼诗

（明）况　钟

清风两袖朝天去，不带江南一寸棉。
惭愧士民相饯送，马前洒泪注如泉。

才能达到政治清明。同时，只有政府清廉、政治清明才能够给干部的健康成长和更好发挥自己的才能智慧提供好的工作环境和政治环境。

实现"三清"，一方面要健全人民当家作主制度体系，另一方面要加强执政党自身建设，从严治党。

Ⅱ. 如何将反腐败斗争引向深入

腐败是政治毒瘤，政治腐败是清廉政治的天敌。很多转型国家因贪腐问题沦为"失败国家"，腐败是国家长治久安的最大威胁。当前，我国反腐败斗争形势依然严峻，减少腐败、遏制腐败势头任务艰巨，反腐败永远在路上。夺取反腐败斗争的胜利，需要教育、惩治和预防三管齐下，形成不敢腐的惩戒机制、不能腐的防范机制、不易腐的保障机制。

崇俭戒贪，增强官员不想腐的自觉

保持官员清正廉洁，首先要让官员廉洁自律不想贪。儒家主张官吏通过自身道德修养，自省自觉，清正为官。"落马"贪官的腐败，大多都是因为操守不严、品行不端，伤了做人的根本。做官先做人，做人先立德。官员做到清廉，先要修德。这需要养成仁爱之心，"吾日三省吾身"，不断提高自己的道德修养，使自己终能以清廉自守为荣，以贪污腐败为耻，成为一个清正有义之人。

题贿金

（明）吴　讷

萧萧行李向东还，要过前途最险滩。

若有赃私并土物，任他沉在碧波间。

贪心缘于奢侈生活的需要，乐于过俭朴生活，贪心就不会产生，古人说"俭以养廉""俭则无贪淫之累，故能成其廉"（石成金《传家宝·群珠》），"俭以养德"说的就是这个道理。领导干部既然选择了从事公共管理、服务社会大众的职业，就要如曾国藩对弟弟们所说的，不能希图做官发财、过奢侈生活，需要知足常乐，尚俭戒奢，不为物欲所困、不为名利所累，安于生活。

从严治贪，强化官员不敢腐的震慑

我们建立清廉政府，光靠传承儒家道德自律思想是做不到，需要严法惩治腐败。这就是要高悬反腐利剑，形成强大震慑，保持高压态势，无禁区、全覆盖、零容忍严惩腐败，发现一起查处一起，发现多少查处多少，使领导干部知敬畏、存戒惧、守底线。

惩治腐败需要加强反腐败法制化建设。先秦法家商鞅指出："夫废法度而好私议，则奸臣鬻权以约禄。"（《商君书·修权》）意思是说，法度废弛，就会产生以权谋私的贪腐行为。我们要将反腐纳入法制化轨道，坚定地走法治反腐道路，推进反腐败国家立法，建设覆盖纪检监察系统的检举举报平台。

完善权力监督和制约，扎牢官员不能腐的笼子

治理腐败，相比事后的"惩治"，事前"预防"体系建设更为重要。权力容易滋生腐败，绝对的权力趋向绝对的腐败，抑制腐败，主要靠制约权力，这就是要把权力关进制度的笼子里，使官员不能贪。

为制约权力，防止官员腐败，必须强化对权力的监督，包括自上而下的组织监督，自下而上的民主监督，同级相互监督，对领导干部的日常管理监督。并把党内监督同国家机关监督、民主监督、司法监督、群众监督、舆论监督贯通起来，增强监督合力。

公开是腐败的敌人，阳光是最好的防腐剂。为制约权力，必须实现政务的透明化和公开化，为此需要深化行政审批制度、财政制度、人事制度等改革，全面推进政务公开、财务公开、人事管理公开、决策公开。

廉

梁实秋

贪污的事，古今中外滔滔皆是，不谈也罢。孟子所说穷不苟求的"廉士"才是难能可贵，谈起来令人齿颊留芬。东汉杨震，暮夜有人馈送十斤黄金，送金的人说："暮夜无人知。"杨震说："天知、神知、我知、子知，何谓无知？"这句话万古流传，直到晚近许多姓杨的人家常榜门楣曰"四知堂杨"。清介廉洁的"关西夫子"使得他家族后代脸上有光。

汉末有一位郁林太守陆绩（唐陆龟蒙的远祖）罢官之后泛海归姑苏家乡，两袖清风，别无长物，惟一空舟，恐有覆舟之虞，乃载一巨石镇之。到了家乡，将巨石弃置城门外，日久埋没土中。直到明朝弘治年间，当地有司曳之出土，建亭覆之，题其楣曰"廉石"。一个人居官清廉，一块顽石也得到了美誉。

"银子是白的，眼珠是黑的"，见钱而不眼开，谈何容易。一时心里把握不定，手痒难熬，就有堕入贪墨的泥沼之可能；这时节最好有人能拉他一把。最能使人顽廉懦立的莫过于贤妻良母。《列女传》：田稷子相齐，受下吏货金百镒，献给母亲。母亲说："子为相三年，禄未尝多若此也，安所得此？"他只好承认是得之于下。母亲告诫他说："士修身洁行，不为苟得。非义之事不计于心，非理之利不入于家……不义之财非吾有也，不孝之子非吾子也。"这一番义正辞严的训话把田稷子说得惭悚不已，急忙把金送还原主。按照我们现下的法律，如果是贿金，收受之后纵然送还，仍有受贿之嫌，纵然没有期约的情事，仍属有玷官箴。这种篑篑不修之事，当年是否构成罪状，固不得而知，从廉白之士看来总是秽行。我们注意的是田稷子的母亲真是识达大义，足以风世。为相三年，薪俸是有限的，焉有多金可以奉母？百镒不是小数，一镒就是二十四两，百镒就是二千四百两，一个人搬都搬不动，而田稷子的母亲不为所动。家有贤妻，则士能安贫守正，更是例不胜举，可怜的是那些室无莱妇的人，在外界的诱惑与闺内的要求两路夹击之下，就很容易失足了。

取不伤廉这句话易滋误解，一芥不取才是最高理想。晋陶侃"少为寻阳县吏，尝监鱼梁，以一坩鲊遗母，湛氏封鲊，反书责侃曰：'尔为吏，以官物遗我，非惟不能益吾，乃以增吾忧矣'。"（晋书陶侃母湛氏傅）掌管鱼梁的小吏，因职务上的方便，把腌鱼装了一小瓦罐送给母亲吃，可以说是孝养之意，但是湛氏不受，送还给他，附带着还训了他一顿。别看一罐腌鱼是小事，因小可以见大。

谢承《后汉书》："巴祇为扬州刺史，与客暗饮，不燃官烛。"私人宴客，不用公家的膏火，宁可暗饮，其饮宴之财，当然不会由公家报销了。因此我想起一件事：好久好久以前，丧乱中值某夫人于途，寒暄之余惄然告曰，"恕我们现在不能邀饮，因为中外合作的机关凡有应酬均需自掏腰包。"我闻之悚然。

还有一段有关官烛的故事。宋周紫芝《竹坡诗话》："李京兆诸父中有一人，极廉介，一日有家问，即令灭官烛，取私烛阅书，阅毕，命秉官烛如初。"公私分明到了这个地步，好像有一些迂阔。但是，"彼岂乐于迂阔者哉！"

不要以为志行高洁的人都是属于古代，今之古人有时亦可复见。我有一位同学供职某部，兼理该部刊物编辑，有关编务必须使用的信纸信封及邮票等等放在一处，私人使用之信函邮票另置一处，公私绝对分开，虽邮票信笺之微，亦不含混，其立身行事砥砺廉隅有如是者！尝对我说，每获友人来书，率皆使公家信纸信封，心窃耻之，故虽细行不敢不勉。吾闻之肃然起敬。

（梁实秋：《雅舍杂文》，江苏人民出版社2015年版）

第二十讲
勤俭节约

侈而惰者贫，而力而俭者富。

————《韩非子·显学》

勤俭两件，犹夫阴阳表里，缺一不可。勤而不俭，譬如漏卮，虽满积而亦无所存；俭而不勤，譬如石田，虽谨守而亦无所获。

————《传家宝》

节俭之益非止一端，大凡贪淫之过，未有不生于奢侈者。俭则不贪不淫，是可以养德也。人之受用，自有剂量，省啬淡泊，有久长之理，是可以养寿也。醉酕饱鲜，昏人神志，若疏食菜羹，则肠胃清虚，无滓无秽，是可以养神也。奢则妄取苟求，志气卑辱；一从俭约，则于人无求，于己无愧，是可以养气也。

————《鹤林玉露》

　　1939—1940 年，哲学家冯友兰应开明书店之邀，在《中学生》杂志连续发表了十篇关于青年修养的文章，旨在引导青年塑造道德人格，以通俗的语言讲解何谓成功的人生，如何才能实现人生的成功。1940年 7 月，文章结集，由商务印书馆出版，书名叫《新世训——生活方法新论》。这部书和冯友兰的另外五部重要著作合称"贞元六书"，是冯友兰构建自身思想体系的著作之一。

　　这十篇文章，包括《尊理性》《行忠恕》《为无为》《道中庸》《守冲谦》《调情理》《致中和》《励勤俭》《存诚敬》《应帝王》。其中《励勤俭》一文生动形象地说明了勤与俭的关系：

　　　　会上山底人，慢慢地走，不肯一下用尽他的力量，这是俭。但他又是一步一步，不断地走，这是勤。会用功底人，每天用相当时间底功，不"开夜车"，这是俭。但是"每天"必用相当时候底功，这是勤。不会上山底人，开始即快走，不肯留"有余不尽"底力量，这是不俭。及至气喘如牛，即又坐下不动，这是不勤。不会用功底人，开夜车，终夜不睡，这是不俭。考试一过，又束书不观，这是不勤。照这两个例看起来，勤与俭，在此方面，是很有关系底。所谓"细水长流"底办法，是勤而且俭底办法。

在冯友兰看来，"勤"是努力进取坚持不懈，"俭"则是懂得合理安排时间精力，"勤俭"之态有如细水长流。

勤俭节约是人们最熟悉的中华民族传统美德，冯友兰的诠释是否精当反映了古代哲人们的勤俭思想呢?

一　一脉相承的勤俭思想

Ⅰ.《尚书》："君子所，其无逸"

勤俭节约思想，在中国历史上起源较早。据《尚书》记载，在西周时，朝堂上便已有了不少关于勤劳的训诰。西周初年制礼作乐的周公，便多次告诫周天子和诸侯要勤勉为政。《尚书·无逸》记载，周公告诫周成王，做君主的自始就不该贪图安逸，如果他先去知道了耕种和收获的艰难之后再去享受安逸的生活，那就可以明白小民们的疾苦。《尚书》中的《大诰》《康诰》等篇章中，也可见到周公对勤劳的提倡。

Ⅱ.《左传》："民生在勤，勤则不匮"

到了春秋时期，勤俭在道德规范中已经有着十分崇高的地位。《左传·宣公十二年》中有"民生在勤，勤则不匮"一语。这是春秋五霸之一的楚庄王告诫民众的一句话，意思是人民的生计关键在于勤劳，只要勤劳，就不会缺乏物质。鲁国大夫御孙强调俭的重要性，他在劝谏鲁庄公时说："俭，德之共也；侈，恶之大也。"（《左传·庄公二十四年》）意思是，俭朴，是善德中的大善；奢侈，是恶德中的大恶。

Ⅲ. 老子："俭"为"三宝"之一

老子，主张节俭寡欲，《道德经》记载，老子曰："我有三宝，持而保之。一曰慈，二曰俭，三曰不敢为天下先。"在老子的"三宝"之中，第二宝就是俭，即节俭。老子重朴，反对奢华，说："是以大丈夫处其厚，不居其薄；处其实，不居其华。"（《道德经》）

Ⅳ．孔子："奢则不孙"

孔子主张温、良、恭、俭、让，俭为其中之一。孔子说："奢则不孙，俭则固。与其不孙也，宁固。"（《论语·述而》）意思是，奢侈就会显得骄傲，俭省则显得寒碜。与其骄傲，宁可寒碜。又说："礼，与其奢也，宁俭。"（《论语·八佾》）孔子非常赞赏学生颜回的吃苦俭约精神，"贤哉，回也！一箪食，一瓢饮，在陋巷，人不堪其忧，回也不改其乐。贤哉，回也！"（《论语·雍也》）

Ⅴ．荀子："强本节用"

荀子提出了著名的"强本节用"思想。他说："强本而节用，则天不能贫……本荒而用侈，则天不能使之富。"（《荀子·天论》）这里的"本"指农业生产，意思是，加强农业生产，节约用度，上天也不能使之贫困；农业生产这一根本荒废了，而又奢侈浪费，那么上天也不能使之富裕。这一论述，表达了荀子的勤俭思想。

Ⅵ．墨子："俭节则昌，淫佚则亡"

墨家学派，以崇尚勤俭著称，其对勤俭节约的论说，是先秦诸子中最为系统的。首先是提出了"赖其力者生"的观点。墨子说："今人固与禽兽、麋鹿、蜚鸟、贞虫异者也……今人与此异者也，赖其力者生，不赖其力者不生。"（《墨子·非乐》）指出劳动是人与动物的区别，能劳动则能生存。

其次是提出了"强"和"疾"两个概念，"强"就是努力劳动，"疾"就是抓紧劳动。墨子在举出农夫早出晚归努力耕种、妇女夙兴夜

寐努力纺织的例子后，说道：“强必富，不强必贫，故不敢倦怠。”（《墨子·非命》）

再次是指出国家兴衰与节俭的关系。墨子说："俭节则昌，淫佚则亡。"（《墨子·辞过》）又说："其用财节，其自养俭，民富国治。"（《墨子·节用》）认为衣食住行所需，够用即可，不需要无益的修饰和雕镂，反对统治者滥用奢侈品，反对厚葬。

Ⅶ. 诸葛亮："俭以养德"

三国时期的诸葛亮，主张以节俭来修身养性。他在《诫子书》中说："夫君子之行，静以修身，俭以养德。"又说："淫慢则不能励精，险躁则不能治性。"意思是，不勤奋，则不能振作精神、砥砺心志，道出了勤奋对个人修养的影响。

Ⅷ. 曾国藩："历览有国有家之兴，皆由克勤克俭所致"

晚清名臣曾国藩笃信"克勤克俭"的治国治家理念。他认为，勤是"生动之气"，俭是"收敛之气"，家里有了勤、俭二字，"断无不兴之理"［曾国藩《致诸弟（咸丰八年十一月二十三日)》］。他还说："无论大家、小家、士农工商，勤苦俭约，未有不兴；骄奢倦怠，未有不败。"［曾国藩《字谕纪鸿儿（咸丰六年九月二十九夜)》］。

二 古人眼中的"勤"与"俭"

《说文解字》对"勤""俭"如是解释："勤，劳也，从力"，"执劳辱之事"；"俭，约也"，"去奢崇约谓之俭"。我国古代思想者将"勤""俭"视为基本道德，赋予其超越本义的意义。

Ⅰ. 勤德：勤于农桑、勤于学习、勤于政事

古代思想者们强调的"勤"，对于一般人而言，是要勤于"本"

业（农桑为本）和学习；对为官者尤其是君臣们而言，是要勤于政事。

传统家训反复告诫子孙当以"农桑"为本，特别到了元明时期，家训都有一套"亲农事"的具体措施和方法。如明代名臣庞尚鹏的《庞氏家训》，就要求子孙要"亲身踏勘耕管"，不可"畏劳厌事"。

对于勤学，《论语》开篇就教导人们要"学而时习之"。汉代大儒董仲舒读书，三年不窥园；唐代诗人白居易读书日夜不断，坚持二十年，以至"口舌生疮，手肘成胝"（《与元九书》）。历代像这样刻苦勤学的美谈，不胜枚举。

韦编三绝

春秋时期的书，主要是以竹子为材料制造的，把竹子破成一根根竹签，称为竹简，用火烘干后在上面写字。竹简有一定的长度和宽度，在一根竹简上写字，多则写几十个，少则写八九个。一部书要用许多竹简，这些竹简必须用牢固的绳子之类的东西编连起来成书，便于阅读。像《周易》这样的书，是由许许多多竹简编连起来的，因此有相当的重量。孔子花了很大的精力，把《周易》全部读了一遍，基本上了解了它的内容。不久又读第二遍，掌握了它的基本要点。接着，他又读第三遍，对其中的精神、实质有了透彻的理解。在这以后，为了深入研究这部书，又为了给弟子讲解，他不知翻阅了多少遍。这样读来读去，把串联竹简的牛皮带子也给磨断了几次，不得不多次换上新的再使用。即使读书读到了这样的地步，孔子还谦虚地说："假如让我多活几年，我就可以完全掌握《周易》的文与质了。"

故事出处：《史记·孔子世家》

勤政方面，对于君主和大臣的建言较多。历代皇宫名目繁多的建筑物中，总有名为"勤政楼""勤政殿"之类的殿宇，可见君主对勤政的重视。诸葛亮辅佐刘备父子，"鞠躬尽瘁，死而后已"，成为知识分子的楷模。

II. 俭德：俭以修身、俭以持家、俭以治国

在传统生产力低下和靠天吃饭的自然经济条件下，我国古代各个阶层都十分重视节俭。"谁知盆中餐、粒粒皆辛苦""一粥一饭当思来之不易，一丝一缕恒念物力维艰""惜衣常暖，惜食常饱""家有粮米万石，也怕泼米撒面"……大量的俗语都在规劝人们珍惜、节约来之不易的粮食、衣物。

由于节俭与淡泊、寡欲、自制等许多其他美德有着内在联系，古人推崇节俭，并不仅仅在于省吃俭用本身，而是把节俭与人的道德修养相联系，希望通过俭帮助人们正心养性、提升人生境界。

请看宋代学者罗大经的这一段话：

节俭之益非止一端，大凡贪淫之过，未有不生于奢侈者。俭则不贪不淫，是可以养德也。人之受用，自有剂量，省啬淡泊，有久长之理，是可以养寿也。醉酦饱鲜，昏人神志，若疏食菜羹，则肠胃清虚，无滓无秽，是可以养神也。奢则妄取苟求，志气卑辱；一从俭约，则于人无求，于己无愧，是可以养气也。（《鹤林玉露·俭约》）

这段话，很全面地分析了节俭对人身心的益处。

以俭持家是传统家庭的道德规范。南宋叶梦得说："夫俭者，守家第一法也。"（《石林治生家训要略》）为什么古人如此重视节俭在治家中的作用呢？因为一个家庭形成了节俭的习惯，即使在家境贫寒的情况下，通过节省开支，仍然有可能勉强度日，而一旦丧失了节俭的作风，习惯于奢侈挥霍，则很难过节衣缩食的生活。而且子孙后代也很容易养成骄奢的习气，最终导致家业败落。正如司马光所说的："由俭入奢易，由奢入俭难。"（《训俭示康》）因此，历代名人家训，无不大力提倡以俭持家。

以俭治国，是规劝统治者一方面要懂得爱惜民力物力，另一方面要以俭养廉。中国历史上崇尚俭德的明君名臣事迹，不胜枚举。如汉

范仲淹断齑画粥

　　北宋思想家、政治家范仲淹，两岁时父亲去世，母亲改嫁朱家。朱家虽是富户，但范仲淹为了磨砺自己，二十一岁时跑到寺庙中去读书。他经常一个人苦读直至破晓，僧人们都起床了，他才和衣而眠。他每天只煮一锅黏稠的粥，凉了以后分成四块，早晚各取两块，加上盐和韭菜末等佐料，就当作一顿饭。他对这种清苦的生活毫不介意，坚持了三年，将全部精力用于读书。

　　后来他到南京，一位同窗见他清苦，送了佳肴给他，他一口也没有吃，直到人家怪罪他，他才说："我已习惯过吃粥的生活，一旦享受美食，怕日后吃不得苦。"

故事出处：楼钥《范文正公年谱》

文帝放弃修筑百金之露台，唐太宗一生保持衣无锦绣，宋太祖禁止用黄金装饰乘坐的肩舆，等等。古人很早就认识节俭与廉洁的关联性，因而主张俭以养廉。历史上被称颂的清官，几乎都生活俭朴，像唐代的卢怀慎身居相位，却不置家产，不穿华美衣服，不用金玉器物，妻女如同生活在贫寒之家；明代的海瑞，任地方官时，规定自己每餐饮食连同柴米费用不超过三钱。正是他们生活上的俭朴，成就了他们清廉刚正的千古清名。

III. 勤与俭：只勤不俭无底洞，只俭不勤水无源

　　勤和俭是相辅相成的。人勤则俭，"锄禾日当午，汗滴禾下土"的人，能体会到"粒粒皆辛苦"，因而能够节俭。民间有这样一则故事，说明了勤与俭的不可分割：古时候，有个殷实家庭，祖上留下一块匾，匾上写着"勤俭"两字，家主人视作传家宝，日子过得有滋有味。家主人亡故后，两个儿子分家，把匾一劈为二，老大拿了个"勤"，总是早出晚归，辛勤耕耘，但鱼肉酒香，花钱大手大脚。老二拿了个

"俭"，总是把一分钱掰作两瓣用，节约每一段布，每一粒粮食，但不愿干苦活，懒得要命。日子长了，兄弟俩日子都过得很苦。后来想起家传的匾额，兄弟俩把"勤"与"俭"合起来，重新挂在厅堂上，勤勤恳恳，省吃俭用，日子又好起来了。

只顾俭而不讲勤，生活就会缺乏必要的物质支撑；只讲勤，不讲俭，难以保持生活水平快速、稳步提高。因此说"只勤不俭无底洞，只俭不勤水无源"。

Ⅳ. 俭与吝：俭己而施人

节俭是一种美德，它与奢侈对立，但节俭还有另一个对立面，就是吝啬。节俭与吝啬，有时候容易混淆，但古人对它们的区别有着十分清醒的认识。南北朝颜之推说："然则可俭而不可吝己。俭者，省约为礼之谓也；吝者，穷急不恤之谓也。今有施则奢，俭则吝；如能施而不奢，俭而不吝，可矣。"（《颜氏家训》）王夫之也说了俭与吝的关系："俭者，节其耳目口体之欲，节己不节人……吝者，贪得无已，何俭之有！"（《张子正蒙注》）可见，俭朴者，是自己消费时不随意挥霍，淡泊寡欲，而吝啬者，是在需要给予别人时斤斤计较，自己往往贪得无厌。古人强调要"俭己而施人"，对自身的用度要节俭，但是在别人遇到困难时，要慷慨无私地帮助别人。像宋代的范纯仁、清代的左宗棠，自己生活十分俭朴，但对他人总是慷慨解囊。

三　勤劳精神如何养成？

勤劳是中华民族的优秀道德品质，中华民族以勤劳著称于世。中国文明绵延几千年，中国经济在世界经济衰退情况下逆流而上，这都得益于中国人的勤劳品质。世界各地华侨华人的吃苦耐劳精神，也彪炳世界历史，被世人啧啧称道。全社会特别是新的一代，依旧需要弘扬中华民族的这个优秀传统。当然，时移世易，当代人的勤劳被赋予新的时代含义，现在的勤劳不只是胼手胝足的体力劳动，而是包括勤于思考、勤于学习、勤奋劳动、勤于创造等多层面的内涵。

Ⅰ.兴人、兴家、兴国靠勤劳

"一生之计在于勤"，勤劳对个人的成功幸福至关重要。勤劳方能创造财富，"民生在勤，勤则不匮"（《左传·宣公十二年》）。天上不会掉馅饼，一切都靠劳动所得。业广唯勤，一切有成就的人，无不具有勤奋的品质。自己的幸福靠个人的勤劳努力去实现，依靠别人是靠不住的，不能等待别人的恩赐、别人的善心、别人的怜悯和别人的帮助。

汉文帝之俭

汉文帝采取与民休息的政策，大力倡导并躬行节俭，在位二十三年，一直过着俭朴的生活。宫室、苑囿、车骑、服御等等，仍和他即位前一样，没有什么增加。宫中的帷帐不带花边、不刺绣，衣服都用粗糙的布帛制成，嫔妃裙子的下摆也不准拖到地上。

有一次，宫里计划修建一座露台，预算要用百金，文帝知道后说："百金相当于十户中等人家的财产呢！我住在先帝的宫殿里尚感羞愧，还有什么理由花钱修露台呢？"随即下令停建。他在位期间，连一处亭台楼阁、花园水池都没有增添过。他修筑自己的陵墓霸陵时全用瓦，不以金银铜锡来装饰，目的是节约资源，不劳烦百姓。

故事出处：《史记·孝文本纪》

孔孟都主张重义轻利，见利思义，认为君子爱财要取之有道。孔子说："不义而富且贵，于我如浮云。"（《论语·述而》）孟子说："可以取，可以无取，取伤廉。"（《孟子·离娄上》）提倡君子洁身自好，不要贪婪，拒收不义之财。《吕氏春秋》说："故临大利而不易其义，可谓廉矣。"说廉洁就是"义"。反之，利用职位便利掠夺他人和公家财物为己有，是一种不清不正不义行为，在我们的传统道德观念里，它伤了做人的根本。《战国策》说："家有不宜之财，则伤本。"说的就是这个意思。

但当今社会，在一些人的眼里，"勤劳"已不再是一个神圣的字眼，他们一心向往的是坐享其成，甚至不劳而获。还有一些人不是靠自己的诚实劳动创造财富，而是为了富裕不择手段：坑蒙拐骗，贪污受贿，抢劫偷盗，乃至杀人越货。

II．让勤劳成为一种习惯，一种生活方式

勤劳能充实我们的生活，免却生活的孤独无聊；勤劳能创造成就，给人们以精神慰藉。懒惰的人可能享受到一时的安逸欢愉，但感受不到勤劳者所获得的深刻快乐。

养成勤劳品质，需要克服人的惰性，不断与好逸恶劳作斗争。这依靠的是人的意志力，意志力越强，就越能抑制惰性。

养成勤劳品质，需要树立自力更生、自我奋斗的思想，克服"等靠要"思想。

养成勤劳品质，需要为人父母者言传身教，培养孩子经济独立的观念，不因为自身累积的财富贻害孩子。

养成勤劳品质，需要社会分配公正合理，真正做到多劳多得、少劳少得，并让社会保障水平适度、对象精准。

III．既要苦干，又要巧干，既要身体勤劳，又要头脑勤劳

勤劳是手和脑的结合。勤劳不只是要身体勤劳，更重要的是要头脑勤劳，善于不断总结，以不断提高自己。

当前科技、社会发展速度快，新技术、新思维层出不穷，我们传

承勤德、强调奋斗的同时，切不可闭门造车，一味埋头苦干，应当紧跟时代潮流，积极学习新知识、接纳新事物，将它们应用于自己的工作学习之中。换句话说，既要苦干，也要巧干。荀子说："君子生非异也，善假于物也。"（《荀子·劝学》）在今天的环境下，善于借助新技术、新思维，在勤的同时加上巧，懂得提高效率，才能适应时代的需要，在竞争中立于不败之地。

四　消费主义时代我们如何传承俭德？

消费主义，是从美国为首的西方发达国家波及新型国家和地区的一种消费文化和消费思想。随着全球化进程的推进和我国市场经济的发展，中国也迈入消费主义时代。消费主义已经蔓延到社会的各个方面，渗透到人们的意识和行为中。社会弥漫着超前消费、炫耀性消费、崇洋消费、盲目消费等不理智消费的气息。攀比性消费盛行，拼身份、拼地位、拼金钱等攀比行为无处不见。更令人担忧的是孩子们不顾家庭经济实力，摆阔气，赶潮流，追求高档化、奢侈化的生活。

社会的奢侈浪费现象触目惊心。一些人在享乐主义价值观的影响下，居则华屋广厦，食则美酒佳肴，行则宝马香车，更有甚者，争富斗阔，败坏风气。食物浪费、婚葬习俗浪费比比皆是，政府的"三公消费"（公款吃喝、公车消费和公款出国）浪费不胜枚举。

物质的消费是为满足人的欲望，但现实的悖论是，随着消费品的不断丰富，人类消费欲望和满足之间的裂痕并没有缩小，反而扩大了，物质消费并不能给现代人带来终极意义的快乐。

墨子说："俭节则昌，淫佚则亡。"（《墨子·辞过》）说的是节俭就会昌盛，淫佚享乐就会败亡，一方面俭约能节省财富，节约资源。另一方面，"俭"在中国传统文化中被赋予超出财富的意义。"俭"是节用爱物，可以培养德性（"静以修身，俭以养德。"诸葛亮《诫子书》），使人不沉溺于物质享受，保持奋发向上、积极进取的精神状态。

俭约生活，是对有节制的德性生活的一种自主选择。它与财富的多寡无关，很多不乏财富的人都选择过节俭的德性生活，而且越节俭越富有；相反，也有不少奢侈者因为心为物所役，为富不仁，因失俭而失德，走向败亡。古今中外的无数事例都诠释了墨子所说的"俭节则昌，淫佚则亡"这句话。

传统的俭德，是在自给自足的自然经济条件下发展起来的，不可避免地带有小农经济的色彩。当今的市场经济环境，与自给自足的经济环境截然不同，消费活动已经是社会生产的重要环节，它能使产品的价值得以实现并创造出新的需求，推动生产的发展。因此，我们在传承俭德的同时，要逐步树立起新型的消费观。

首先，要认识到消费是国民经济持续发展的动力。中国进入全面建小康社会的决胜阶段，应提倡合理消费、正当消费和文明消费。

戒懒文示诸生

（明）陈献章

大舜为善鸡鸣起，周公一饭凡三止。

仲尼不寝终夜思，圣贤事业勤而已。

昔闻凿壁有匡衡，又闻车胤能囊萤。

韩愈焚膏孙映雪，未闻懒者留其名。

尔懒岂自知，待我详言之：

官懒吏曹欺，将懒士卒离。

母懒儿号寒，夫懒妻啼饥。

猫懒鼠不走，犬懒盗不疑。

细看万事乾坤内，只有懒字最为害。

诸弟子，听训诲：日就月将莫懒怠。

举笔从头写一篇，贴向座右为警诫。

其次，不可奢侈浪费。应反对攀比性消费、炫耀性消费、超前消费、盲目消费，反对铺张浪费。

再次，消费必须理性。要懂得好钢用在刀刃上的道理，把财富用在能够充分推动社会和个人发展的方面。

当今社会中的一些人为了所谓的面子、地位而进行的不理性的超前消费，违背国情、民情，不仅无益于个人身心健康，还造成社会财富的浪费和自然环境的破坏，不利于我国经济可持续发展，更毒化了社会空气。绝不能鼓励人们放纵物欲，而应当大力提倡珍惜财物、节约用度的传统俭德，积极在全社会特别是在新生代中深入开展节俭教育，宣扬节俭意识和生活方式，通过法规制度、社会舆论等多种途径，抑制奢侈浪费，刹住奢靡之风。

五　共产党人务必保持艰苦奋斗的作风

经过四十年的改革开放，中国发生了天翻地覆的变化，成为世界第二大经济体，人民生活总体上实现了由温饱到小康的历史性跨越。有些官员的头脑中便产生"国家有钱了，进入刺激消费时代了，再提艰苦奋斗不合时宜了"的想法，认为艰苦奋斗是老一套，已经过时了。

这是一种极端错误和有害的认识。

虽然我国综合国力有了很大提高，但也要清醒地认识到，我国还是一个发展中国家，国大人多，经济文化相对落后，科学技术和教育与发达国家的差距还很大。把我国建设成为现代化强国，是一个艰苦奋斗的过程，绝不是轻轻松松就能实现的，容不得任何贪图享受、消极懈怠。中国共产党是靠艰苦奋斗起家的，没有艰苦奋斗，就没有今天的一切。现在建设现代化强国，同样要靠艰苦奋斗。

勤俭节约与艰苦奋斗密切关联。随着经济的发展和物质的充裕，一些干部在得到比较优越的生活条件之后，放松对自己的约束，追求金表华服、珍馐佳酿、豪宅别墅、名车美人等物质享受。如今，在高压之下奢靡享乐之风虽然有所收敛，但仍然以改头换面、潜入地下的形式存在，比如，违规公款吃喝转入内部食堂、培训中心、农家乐等隐蔽场所，或接受私营企业在高档小区内安排的"一桌餐"等。

"侈，恶之大也。"走向贪腐之路的干部，没有几个人不是从追求享乐开始的。享乐主义是一种强力腐蚀剂，一旦染上，就会因贪图享乐而忽视他人和社会的利益，祸害社会。享乐主义有悖于中华民族勤劳俭朴的传统美德，有悖于共产党人艰苦奋斗的优良传统。共产党人必须自觉抵制享乐主义、拜金主义和奢侈之风的诱惑。

保持和发扬艰苦奋斗精神，关键是"关键少数"要率先垂范、以上率下。领导干部特别是高级干部，必须破除特权思想，要求别人做到的自己首先要做到，守得住清贫，耐得住寂寞，经得起考验。

六　如何"使人人都有通过辛勤劳动实现自身发展的机会"?

继承发扬传统勤劳美德，在现实中遇到勤劳是否获得正当社会回报的问题。

20世纪80年代，一首名叫《幸福在哪里》的歌这样唱道：

幸福在哪里

朋友啊告诉你

她不在柳荫下

也不在温室里

她在辛勤的工作中

她在艰苦的劳动里

啊，幸福就在你晶莹的汗水里

……

当今，辛勤工作、艰辛劳动能创造幸福吗?

有人说现在不靠勤劳致富，勤劳的人不发财，发财的人不靠勤劳，靠的是身份、关系、财产，这种说法虽然有些片面，但也反映了部分社会现实。随着劳动概念的多元化，在某些领域由于城乡差别、地区差异等原因，体现不出"按劳分配"。

那么如何让那些埋头苦干者的每一滴汗水获得应有的回报？

中国共产党第十九次全国代表大会报告提出，"使人人都有通过辛勤劳动实现自身发展的机会"，这无疑是有针对性的，是为了尊重劳动，鼓励勤劳致富。

那么，如何"使人人都有通过辛勤劳动实现自身发展的机会"呢？

在当下中国，要解决这个问题，实质是要解决社会纵向流动的问题。如何让每个务实重行的人靠个人勤劳，而不是靠出身、社会关系等因素，由较低阶层向较高阶层流动，获得更多的收入和发展机会，是关系社会公平和社会和谐的重大问题。这就要破除劳动者的身份、职业固化，打通中低阶层劳动者的上升渠道。

如何"使人人都有通过辛勤劳动实现自身发展的机会"，现阶段在某种程度上可分解为：如何让农村居民获得变为城镇居民的机会？如何让城乡劳动力有更多就业、创业的机会？如何让劳动者有更多收入分配和获得财产性收入的机会？

Ⅰ. 让农村居民获得更多变为城镇居民的机会

农村居民是我国最大的低收入群体。经济学理论和国内外发展经验表明，让这个庞大群体改变命运的最有效途径，就是推进城镇化，让其转变为城镇居民。这必须破除农村劳动力和人才向城镇流动的各种体制障碍。首先，必须加快户籍制度改革，解除户籍对农村劳动力流向城镇的钳制。其次，提高农村居民整体文化知识水平。这必须发展好农村教育，让更多的优质教育资源惠及农村地区和农民工子女。再次，提高高校招收农村学生比例，让更多的农民子弟通过大学教育改变命运。最后，要推进城乡基本公共服务均等化，满足农村居民（包括进城农民工）的基本生存和发展需求，为其走向城镇获得更好的外部保障。

Ⅱ．让城乡劳动力有更多就业、创业的机会

只有实现就业和创业，才能让劳动者通过辛勤劳动获得自身发展的机会。由此，必须破除劳动力就业、创业的各种制度藩篱。

就业方面，首先要破除劳动力、人才市场种种市场壁垒和歧视性政策规定。消除就业歧视政策，特别是针对农民工和女性劳动者的不合理就业限制条件，推动国有单位公平公正择优录取人员。其次，要加强对中低收入群体的职业培训、教育投入，提高其就业的竞争能力。

创业方面，一是要落实既有的各项支持政策，帮助创业者解决实际困难和问题。二是积极发展劳动力、技术、资本等要素市场，解决好创业者资源要素短缺的问题。三是积极搭建创业载体和发展平台，引导社会资金投向地方优势资源的开发和特色产业发展上来。

Ⅲ．让劳动者获得更多收入分配的机会

劳动者的收入，与收入分配体制密切相关，合理的社会分配体制，能够保障劳动者的劳动获得正当回报。为使劳动者获得更多收入分配的机会，必须进一步改革现行的收入分配体制。

一是提高初次分配的比例，体现劳动者应有的价值。改革开放后，我国实行效率优先的分配原则和按多种生产要素分配的政策，由于过于强调和注重初次分配中的效率原则，导致资本的地位和作用不断提高，劳动的地位和作用不断削弱，报酬降低。收入分配体制改革，必须在坚持按劳分配为主、兼顾效率与公平的基础上，提高劳动报酬在初次分配中的比重。这有赖加强劳动管理制度，完善按要素分配的体制机制，促使初次收入分配更合理、更有序。

二是切实改革再次分配机制，降低中低收入劳动者的税负。财税是再次分配的主要手段，要在不挫伤高收入群体积极性的前提下，降低中低收入群体的税负，对垄断、投机所得和高收入群体多征税，对中等收入少征税，对低收入群体不征税，甚至进行补贴。

Ⅳ. 让劳动者获得更多财产性收入的机会

劳动者增加收入，除了劳动，还有财产经营性收入，在当今，财产性收入是日益重要的增收渠道，尊重劳动、尊重劳动者，就要创造条件让更多的人参与到资本收益的分配中来。

首先，要提高普通劳动者的收入水平。因为财产是财产性收入的前提。对于低收入者而言，要通过各种方式提高他们的收入水平，使其劳动收入超过消费支出，将剩余的劳动收入转变为财产。其次，要开辟更多适合小客户的金融、理财产品。再次，要通过社会教育培训等途径，提高普通劳动者们的金融理财知识技能。

励勤俭

冯友兰

一般人说到勤俭，大概都是就一个人的生活的经济方面说。《大学》说："生财有大道，生之者众，食之者寡，为之者疾，用之者舒，则财恒足矣。"就一个社会的生财之道说，是如此。就一个人的生财之道说，亦是如此。就一个人的生财之道说，"为之疾"是勤，"用之舒"是俭。一个人能发大财与否，一部分是靠运气，但一个人若能勤俭，则成一个小康之家，大概是不成问题底。

一般人对于勤俭底了解，虽是如此，但勤俭的意义则不仅止于此。例如我们常听说："勤能补拙，俭以养廉。"这两句话中，所谓俭，虽亦可说是就人的生活的经济方面说，但此说俭注重在"养廉"，所以"俭以养廉"这一句话所注重者，是人的生活的道德方面。此句话所注重者是一个人的"廉"，并不是一个人的温饱。至于这两句话中所谓勤，不是就人的生活的经济方面说，至少不是专就此方面说，则是显然底。

这两句话，是旧说底老格言，又是现在底新标语。勤怎么能补拙呢？西洋寓言里说，有一兔子与乌龟竞走。兔子先走一程，回头见乌龟落后很远，以为断赶不上，遂睡了一觉。及醒，则乌龟已先到目的地了。乌龟走路的速度，比兔子差得很远，就这方面说，乌龟是拙。但它虽拙，而仍能走过兔子者，因兔子走路，中途休息，而乌龟则不休息也。此即是"勤能补拙"。《中庸》说："人一能之，己百之；人十能之，己千之。果能此道矣，虽愚必明，虽柔必强。"此所说，亦是"勤能补拙"的意思。这当然不是就人的生活的经济方面说，至少不是专就此方面说。我们于第三篇《为无为》中，说到才与学的分别。就

"学"说，勤确是可以补拙底。

就俭以养廉说，我们常看见有许多人，平日异常奢侈，一旦钱不够用，便以饥寒所迫为辞，做不道德底事。专从道德的观点看，"饿死事小，失节事大"，饥寒所迫并不能作为做不道德底事的借口。但事实上，经济上底压迫，常是一个使人做不道德底事的原因。不取不义之财谓之廉。人受经济压迫底时候，最容易不廉。一个人能俭，则可使其生活不易于受经济底压迫。生活不受经济底压迫者，虽不必即能廉，但在他的生活中，使他可以不廉的原因，至少少了一个。所以说：俭可以养廉。朱子说："吕舍人诗云：'逢人即有求，所以百事非。'某观今人不能咬菜根，而至于违其本心者众矣，可不戒哉。"俭以养廉，正是朱子此所说之意。

由上所说，可知这两句老格言，新标语，是有道理底。不过勤俭的意义，还不止于此。我们于本篇所讲底勤俭是勤俭的进一步底意义。此进一步底意义，亦是古人所常说底，并不是我们所新发现底。

在说此进一步底意义以前，我们对于勤能补拙这一句话，还想作一点补充底说明。勤能补拙这一句话虽好，但它有时或可使人误会，以为只拙者需勤以补其拙，如巧者则无需乎此。不管说这一句话者的原意如何，事实上没有人不勤而能成大功，立大名底。无论古今中外，凡在某一方面成大功，立大名底人，都是在某一方面勤于工作底人。一个在某方面勤于工作底人，不一定在某方面即有成。但不在某方面勤于工作底人，决不能在某方面有成。此即是说，在某方面勤于工作，虽不是在某方面有成的充足条件，而却是其必要条件。有人说，一个人的成功，要靠"九分汗下，一分神来"，九分汗下即指勤说。

我们于以上说"某方面"，因为往往一个人可以于某方面勤，而于别方面不勤。一个诗人往往蓬头垢面，人皆以他为懒，但他于作诗必须甚勤。李长吉作诗，"呕出心肝"。杜工部作诗，"语不惊人死不休"。他们都是勤于作诗。勤于作诗者，不必能成为大诗人，但不勤于作诗者，必不能成为大诗人。

对于某方面底工作不勤者，不能成为在某方面有成就底人。对于人的整个底生活不勤者，不能有完全底生活。所谓完全底生活者，即最合乎理性底生活，如我们于《绪论》中所说者。用勤以得到完全底生活；我们所谓勤的进一步底意义，即是指此。

古人说："民生在勤。"又说："户枢不蠹，流水不腐。"现在我们亦都知道，人身体的器官，若经过相当时间不用，会失去它原有底功用。一个健康底人，有一月完全不用他的腿，他走路便会发生问题。维持一个人的身体的健康，他每日必须有相当底运动。这是卫生的常识。所谓"民生在勤"的话，以及"户枢不蠹，流水不腐"的比喻，应用在这方面，是很恰当底。

我们可以从身体方面说勤，亦可从精神方面说勤。《易》乾卦象辞说："天行健，君子以自强不息。"《中庸》说："至诚无息。"又说："诚者，天之道也；诚之者，人之道也。"天之道是"至诚无息"，人之道是"自强不息"。这些话可以说是，从精神方面说勤。无息或不息是勤之至。关于这一点，我们于此只说这几句话，其详俟于下篇《存诚敬》中细说。

就人的精神方面说，勤能使人的生活的内容更丰富，更充实。什么是人的生活的内容？人的生活的内容是活动。譬如一个人有百万之富，这一百万只是一百万金钱，银钱，或铜钱，并不能成为这一个人的生活的内容。若何得来这些钱，若何用这些钱，这些活动，方是这一个人的生活的内容。又如一个人有一百万册书。这一百万册书，只是一百万册书，并不能成为这一个人的生活的内容。若何得这些书，若何读这些书，这些活动，方是这一个人的生活的内容。我们可以说，只有是一个人的生活的内容者，才真正是他自己的。一个守财奴，只把钱存在地窖里或银行里，而不用它；一个藏书家，只把书放在书库里，而不读它；这些钱，这些书，与这些人，"尔为尔，我为我"，实在是没有多大底关系。有一笑话谓：一穷人向一富人说：我们二人是一样底穷。富人惊问何故。穷人说，我一个钱不用，你亦一个钱不用，岂非一样？此虽笑谈，亦有至理。

人的生活的内容即是人的活动，则人的一生中，活动愈多者，其生活却愈丰富，愈充实。勤人的活动比懒人多，故勤人的生活内容，比懒人的易于丰富，充实。《易传》说："天行健。"又说："富有之谓大业；日新之谓盛德。""富有"及"日新"，都是"不息"的成就。一个人若"自强不息"，则不断地有新活动。"不断地"有新活动，即是其"富有"；不断地有"新"活动，即是其"日新"。有人说，我们算人的寿命，不应该专在时间方面注意。譬如有一个人，活了一百岁，但每日，除了吃饭睡觉外，不作一事。一个人作了许多事，但只活了五十岁。若专就时间算，活一百岁者，比活五十岁者，其寿命长了一倍。但若把他们的一生的事业，排列起来，以其排列的长短，作为其寿命的长短，则此活五十岁者的寿命，比活一百岁者的寿命长得多。我们读历史，或小说，有时连读数十页，而就时间说，则只是数日或数小时之事。有时"一夕无话"，只四字便把一夜过去。"有话即长，无话即短。"小说家所常用底这一句话，我们可用以说人的寿命。

对于寿命的这种看法，在人的主观感觉方面，亦是有根据底。在很短底时间内，如有很多底事，我们往往觉其似乎是很长。譬如自"七七"事变以来，我们经过了许多大事，再想起"七七"以前底事，往往有"恍如隔世"之感，但就时间说，不过是二年余而已。数年前，我在北平，被逮押赴保定，次日即回北平。家人友人，奔走营救者，二日间经事甚多，皆云，仿佛若过一年。我对他们说，"洞中方七日，世上几千年"。此虽一时隽语，然亦有至理。所谓神仙者，如其有之，深处洞中，不与人事，虽过了许多年，但在事实上及他的主观感觉上，都是"一夕无话"，所以世上虽有千年，而对于他只是七日。作这两句诗者，本欲就时间方面，以说仙家的日月之长，但我们却可以此就生活的内容方面，以说仙家的日月之短。就此方面看，一个人若遁迹岩穴，不闻问世事，以求长生，即使其可得长生，这种长生亦是没有多大意思底。

普通所谓俭，是就人的用度方面说。于此有一点我们须特别注意底，即是俭的相对性。在有些情形下，勤当然亦有相对性。譬如大病初愈底人，虽能作事，但仍需要相当休息。在别人，每天作八个钟头的事算是勤，但对于他，则或者只作六个钟头已算是勤了。不过在普通情形下，我们所谓勤的标准，是相当一定底。但所谓俭的标准，虽在普通情形下，亦是很不一定。一个富人，照新生活的规定，用十二元一桌底酒席请客，是俭，但对于一个穷人，这已经是奢了。又譬如国家有正式底宴会，款待外宾，若只用十二元一桌底酒席，则又是啬了。由此可见，所谓俭的标准，是因人因事而异底。所以照旧说，俭必需中礼，在每一种情形下，我们用钱，都有一个适当底标准。合乎这个标准，不多不少，是俭。超乎这个标准是奢，是侈；不及这个标准是啬，是吝，是悭。不及标准底俭，即所谓"俭不中礼"。不中礼底俭，严格地说，即不是俭，而是啬了。不过怎么样才算"中礼"，才算合乎标准，在有些情形下，是很不容易决定底。在这些情形下，我们用钱，宁可使其不及，不可使其太过。因为一般人的在这方面底天然底趋向，大概是易于偏向太过的方面，而我们的生活，"由俭趋奢易，由奢入俭难"。失之于不及方面，尚容易改正。失之于太过方面，若成习惯，即不容易改正了。所以孔子说："礼与其奢也，宁俭。"此所谓俭，是不及标准底俭。

俭固然是以节省为主，但并不是不适当底节省。一个国家用钱，尤不能为节省而节省。我们经过安南，看见他们的旧文庙，其狭隘卑小，使我们回想我们的北平，愈见其伟大宏丽。汉人的《两都赋》《二京赋》一类底作品，盛夸当时底宫室，以为可以"隆上都而观万国"。唐诗又说："不睹皇居壮，安知天子尊。"这些话都是很有道理底。不明白这些道理，而专以土阶茅茨为俭者，都是"俭不中礼"。

人不但须知如何能有钱，而并且须知如何能用钱。有钱底人，有钱而不用谓之吝，大量用钱而不得其当谓之奢，大量用钱而得其当谓之豪。我们常说豪奢，豪与奢连文则一义，但如分别说，则豪与奢不同。我们于上文说，用钱超过适当底标准，谓之奢；用钱合乎适当底标准，谓之俭。不过普通说俭，总有节省的意思，所以如有大量底用钱，虽合乎适当底标准，而在一般人的眼光中，又似乎是不节省者，则谓之豪。奢是与俭相冲突底，而豪则不是。奢底人必不能节省，但豪底人则并不必不能节省。史说：范纯仁往姑苏取麦五百斛。路遇石曼卿，三丧未葬，无法可施，范纯仁即以麦舟与之。这可以说是豪举。但范纯仁却是很能俭底人。史称其布衣至宰相，廉俭如一。他又告人："惟俭可以养廉，惟恕可以成德。"这可见俭与豪是不冲突底。

以上说俭，是就用度方面说。此虽是普通所谓俭的意义，但我们于本篇所谓俭，则并不限于此。我们于以下，再说俭的进一步底意义。

《老子》说："吾有三宝，持而宝之。一曰慈，二曰俭，三曰不敢为天下先。慈故能勇，俭故能广，不敢为天下先，故能成器长。"《老子》又说："治人事天莫如啬。夫惟啬是以早服，早服是谓重积德。重积德则无不克。无不克则莫知其极。莫知其极，可以有国。有国之母，可以长久。是谓深根固柢，长生久视之道。"朱子说："老子之学，谦冲俭啬，全不肯役精神。早服是谓重积德者，言早已有所积，复养以啬，是又加积之也。若待其已损而后养，则养之方足以补其所损，不得谓之重积矣。所以贵早服者，早觉其未损而啬之也。"此所谓俭，所谓啬，当然不是普通所谓俭，所谓啬。然亦非全不是普通所谓俭，所谓啬。

普通所谓俭，是节省的意思，所谓啬，是过于节省的意思。在养生方面，我们用我们的身体或精神，总要叫它有个"有余不尽"之意。这并不是"全不肯役精神"，不过不用之太过而已。道家以为"神太劳则竭，形太劳则弊"。神是精神，形是身体。我们用身体或精神太过，则至于"难乎为继"的地步。所以我们作事要尽力，但不可尽到"力竭声嘶"的地步。这样底尽力是不可以长久底。

《老子》所讲底作事方法，都是可以长久底，所以《老子》常说："可以长久。"《老子》说："企者不立，跨者不行。"又说："飘风不终朝，骤雨不终日，孰为此者？天地。天地尚不能久，而况于人乎？"一个人用脚尖站地，固然是可以看得远些；开跑步走，固然是可以走得快些，但这是不可久底。其不可久正如"天地"的飘风骤雨，虽来势凶猛，但亦是不能持久底。《老子》所讲底作事方法，都是所谓"细水长流"底方法。会上山底人，在上山的时候，总是一步一步地，慢慢走上去，如是他可常走不觉累。不会上山底人，初上山时走得很快，但是不久即"气喘如牛"，不能行动了。又如我们在学校里用功，不会用功底人，平日不预备功课，到考时格外加紧预备，或至终夜不睡，而得不到好成绩。会用功底人，在平时每日将功课办好，到考时并不必格外努力，而自然得到很好底成绩。不会上山底人的上山法，不会用功底人的用功法，都不是所谓"细水长流"，都不是可以长久底办法。不论作何事，凡是可以长久底办法，总是西洋人所谓"慢而靠得住"底办法，亦即是所谓"细水长流"底办法，诸葛亮说："淡泊以明志，宁静以致远。"淡泊是俭，宁静是所谓"细水长流"底办法。

老子很喜欢水。他说："上善莫若水。"又说："天下莫柔弱于水，而攻坚，强者莫之能胜。"层檐滴下来底水，一点一滴，似乎没有多大力量，但久之它能将檐下底石滴成小窝。这即所谓"细水长流"的力量。

于此我们可以看出，在这一方面，勤与俭底关系。会上山底人，慢慢地走，不肯一下用尽他的力量，这是俭。但他又是一步一步，不断地走，这是勤。会用功底人，每天用相当时间底功，不"开夜车"，这是俭。但是"每天"必用相当时候底功，这是勤。不会上山底人，开始即快走，不肯留"有余不尽"底力量，这是不俭。及至气喘如牛，即又坐下不动，这是不勤。不会用功底人，开夜车，终夜不睡，这是不俭。考试一过，又束书不观，这是不勤。照这两个例看起来，勤与俭，在此方面，是很有关系底。所谓"细水长流"底办法，是勤而且俭底办法。

人的身体，如一副机器。一副机器，如放在那里，永不开动它，必然要锈坏。但如开动过了它的力量，它亦很易炸裂。一副机器的寿命的长短，与用之者用得得当与否，有很大底关系。人的"形""神"，亦是如此。我们的生活，如能勤而且俭，如上所说者，则我们可以"尽其天年而不中道夭"。道家养生的秘诀，说穿了不过是如此。这亦即所谓事天。我们的"生"是自然，是天然，所以养生亦是事天。

治一个国家，亦是如此。用一个国家底力量，亦需要使之有"有余不尽"之意。不然，亦是不可以长久底。治国养生，是一个道理。所以说："治人事天莫如啬。"用一个国家的力量或用一个人的力量，都要使之有"有余不尽"之意，如此则可以不伤及它的根本。所以"啬"是"深根固柢"之道。有了根深柢固底力量，然后能长久地生存，长久地作事，所以说："俭故能广。"

（冯友兰：《新世训：生活方法新论》，生活·读书·新知三联书店2007 年版）

扶危济困

视人之国，若视其国；视人之家，若视其家；视人之身，若视其身。

——《墨子·兼爱中》

有力者疾以助人，有财者勉以分人，有道者劝以教人。

——《墨子·尚贤下》

圣人者，不耻身之贱，而愧道之不行；不忧命之短，而忧百姓之穷。

——《淮南子·修务训》

当厄之施，甘于时雨；伤心之语，毒于阴冰。

——《格言联璧》

北宋皇祐元年（1049），60 岁的范仲淹到杭州任太守，因为杭州与他原籍苏州相去不远，"遂过姑苏，与亲族会"，决定为族人做点事情。他将宦游多年的全部个人积蓄拿出来，买了一千亩良田，作为"义田"，所有收益济助族人。范氏五岁以上的族人，不分男女，每口每月给白米三斗。成年族人每人每年给冬衣衣料一匹，十岁以下、五岁以上的儿童各给半匹。族人嫁女，给钱三十贯；女儿若改嫁，给钱二十贯；族人娶媳妇，给钱二十贯。族人身亡，按其辈分大小，给安葬费二贯至二十五贯。族人参加科举，或者外出赴任，给予路费补助。乡亲、姻亲、亲戚陷于贫窘，或遇饥荒不能度日，"量行济助"。

这就是中国创立最早且一直延续八百多年的著名家族义庄，一个彪炳中国历史的民间慈善组织——"范氏义庄"。

范式义庄成立三年后，范仲淹便逝世了。范仲淹一生倾其所有救众济世，虽然位高权重，却清贫一生。去世时，子孙居然找不到为他入殓之物。

一　中华"善"德

"扶危济困"一语，始于何时，尚难确考，一说迟至元末明初施耐庵的《水浒传》才露面："素知将军仗义行仁，扶危济困，不想果然如此义气！"但扶危济困的思想和行动在中国远古即已产生。

扶危济困有其思想渊源，中国传统扶危济困思想即传统慈善思想，主要由儒家的"仁爱"学说、道教的"善恶报应"说、佛教的"慈悲"观以及墨家的"兼爱"思想引发的，虽然儒、道、释、墨对慈善有不同的解释，但都殊途同归，共襄中华"善"德。

Ⅰ. 儒家慈善思想

儒家慈善思想以"仁爱"思想为基础。孔子提出以"爱人"为核心的仁学思想，"仁"就是要做到人人有爱心，关爱他人。孔子主张"己欲立而立人，己欲达而达人"（《论语·雍也》），认为应该帮助那些真正贫穷困苦、急需救济的人，而不是让富裕的人更加富裕，"丘也闻有国有家者，不患寡而患不均，不患贫而患不安。盖均无贫，和无寡，安无倾。"（《论语·季氏》）

孟子继承并发展孔子的仁爱思想，提出"恻隐之心，人皆有之"（《孟子·告子上》），"人皆有不忍人之心"（《孟子·公孙丑上》），认为人天生就有善性、同情心和怜悯心。在他的"齐桓晋文之事"中，甚至把同情心的概念从人扩展到禽兽。齐王看到牛要赴死时那种发抖的样子，同情心油然而生，孟子由此推论，对于百姓也该有这种同情心。既然这种同情心是每个人都具备的，那么"施仁政""行王道"就是找到初心再推至天下的过程罢了。因此人们应"仁爱"，君主要行"仁政"，实现"老有所终，壮有所用，幼有所养，鳏寡孤独废疾者，皆有所养"。君王统治者是推行慈善"仁爱"的表率和关键，只有君主施行"仁政"，仁人志士、百姓民众争相效仿，社会上才会形成互帮互助、慈善友爱的氛围。

儒家的"仁爱"思想以家庭伦理为基础，由"亲亲"而"泛爱众"，由爱亲人到爱众人，要求常人要广布爱心，为政者要多施仁政，奠定了其乐善好施、扶贫济困的慈善思想，对中国的慈善思想和慈善事业的发展产生了深远影响。

辛公义改变陋习

辛公义是陇西狄道人，自幼才学出众。曾参军归来，因为战功而受封赏，被授予岷州刺史的官职。岷州当地有一种陋习，凡是家里有人生了病，大家都害怕染上，于是全家都极力躲避病患，甚至父子、夫妻这样至亲的人患病都无人照料，整个地区缺少孝义，因此病人往往因得不到照顾和治疗而病情加重，很快死去。

辛公义对此状况忧心忡忡，想要改变这种陋习。于是他分别派遣手下人到处巡查，发现有患病者，立刻用轿子把他们抬到衙门里来，安置在官府办公的地方。夏天发生大疫情时，病人的数量甚至可能增加到数百人，整个官府厅堂和走廊几乎全都是病人。辛公义在病人身边放置一张榻，只身一人坐在数百病人中间，一连多日边照看病人边处理政务。他的俸禄也都用来给病人买药、请医生，同时，他还亲自鼓励病人多加饮食，就在这样的悉心呵护下，所有的病人最终都痊愈了。

于是，辛公义叫来病人的亲属，告诫他们说："生死原本有命运安排，病人的患病、死亡和人们的互相接触无关。以前本地人生病之所以会死，是因为你们放弃了对他们的照顾。现在我将患病的人都聚集在官府，我与他们密切接触，如果说你们怀疑这疫病会传染，那我岂不是早就病死了？所以你们不要以讹传讹，随意听信谣言。"病人亲属们听了这番话之后都惭愧地道歉，带着亲人离开了。从此，岷州地区民风大为转变，人们生病均能受到家人的悉心照料，那些没有亲属的病人就被官府收留调养。辛公义因待人慈爱，被全境的人尊称为"慈母"。

故事出处：魏徵《隋书·循吏传》

II. 道家（道教）慈善思想

道家慈善思想以"慈爱""善恶报应"为基础。老子说："我有三宝，持而保之，一曰慈，二曰俭，三曰不敢为天下先。""慈"列为"三宝"之首。又说："善者吾善之，不善者吾亦善之，德善。"（《道德经》）认为无论他人善恶与否，我们都应该善待他人、宽爱他人，这才真正得到了善的道德。庄子说，善"可以保身，可以全生，可以养亲，可以尽年"（《庄子·养生主》），认为行善可以保全自己、家人，得到善终。

道教认为"道"是天地万物之源，它赏善罚恶，所谓"人行善恶，各有罪福，如影之随形，响之应声"（《混元圣经》），善良的人会受到福运的眷顾，不善之人将会遭遇厄运祸患，主张人们向善，以善意对待天地世间万物。后来黄老道学在"善恶报应"观基础上发展出"承负"说。据《太平经》，所谓"承"就是后人承受先人过失的恶果，"负"就是先人有过失遗其恶果于后代。祖先积德行善，泽被子孙后代；祖先有过失或作恶多端，其恶果会遗给后代子孙。人的生命处于天道承负的循环中，人可以通过积德行善来摆脱本身和后代的困境。道家的"承负"说促使众多信徒多行善事，在中国民间产生了不小的影响。

III. 佛教慈善思想

佛教慈善思想以"慈悲观""修善功德观""因缘业报说"为基础。佛教主张慈悲为怀，普度众生。其慈悲观不只要求人们停留在心性层面，还要"修福田""布施"救助他人。佛教还提出了"果报论"，认为"业有三报：一现报，现做善恶，现受苦乐。二生报，今生作业，来生受果。三后报，或今生受业，过百千生方受业"（《四大宗教箴言录》）。今生善恶，来世会得到报应，或升天界，或堕地狱。劝导世人多行善举，多积功德。

佛教传入中国后，经过了漫长的本土化，其慈善思想与中国文化相结合，更容易被民众接受。僧人、佛寺，规劝、引导民众积德行善，募捐救济，广行善举，成为传统中国慈善事业的重要一脉。

Ⅳ. 墨家慈善思想

墨家慈善思想以"兼爱"思想为基础。墨子主张"兼相爱""交相利"，提倡"天下之人皆相爱，强不执弱，众不劫寡，富不侮贫，贵不敖贱，诈不欺愚"，"视人之家，若视其家；视人之身，若视其身"（《墨子·兼爱中》），主张"多财，财以分贫也"，"有力者疾以助人，有财者勉以分人，有道者劝以教人。若此，则饥者得食，寒者得衣，乱者得治。若饥则得食，寒则得衣，乱则得治，此安生生"（《墨子·尚贤下》）。墨家主张兼爱"远施周遍"，不分身份，不分远近，不限地域，"爱无差等"，兼善天下，体现了博爱好施的慈善精神。

Ⅴ. 如何看中国传统慈善思想？

中国慈善思想，当然不止儒、道、释、墨四家，还有其他思想流派和思想家的慈善思想，比如管仲就提出了"九惠之教"："一曰老老，二曰慈幼，三曰恤孤，四曰养疾，五曰合独，六曰问病，七曰通穷，八曰振困，九曰接绝。"（《管子·入国》）

中国传统慈善思想在激发人们扶危济困、乐善好施方面，是以道德引导为主，以外在强制为辅的。儒家的"仁爱"、道家的"慈爱"、佛教的"慈悲"、墨家的"兼爱"都是呼唤人的爱心、良心，激发人的道德自觉。只有道家的"善恶报应"与佛教的"因果报应"，赋予人慈爱行善以外界强制。正是传统慈善思想的内外合力，促成了中华民族慈悲仁爱、救苦济贫、乐善好施的优良传统。

宿五松山下荀媪家

（唐）李　白

我宿五松下，寂寥无所欢。

田家秋作苦，邻女夜舂寒。

跪进雕胡饭，月光明素盘。

令人惭漂母，三谢不能餐。

同时我们要认识到，影响最深的儒家慈善思想具有宗法性和差等性。中国传统社会，儒家思想最主流，其慈善思想影响也最为深远。儒家主张"亲亲""泛爱众"，但两者是有差别的。儒家的"仁爱"思想首先是在家庭中实行，然后到家族，再到朋友，再到陌生人，像水的波纹一样向外推，推出去越远，关系就越淡薄。这种爱有差等的思想，极大地影响了传统中国人对"生人社会"的态度和慈善观念。人们热心亲人、族人、熟人间的互济互助，而对陌生人的疾苦，则显得淡漠。

二　传统慈善思想映照下的慈善事业

漫长历史长河中的中国慈善事业，如果按行善的主体来分，主要为政府慈善、宗亲慈善、宗教慈善和个人慈善。

Ⅰ . 政府慈善

政府慈善行为，按照现代慈善理论，或许算不上慈善，但在中国古代，却是慈善事业的重要组成部分。政府的慈善行为一是赈济灾民，二是救助穷民。

中国的政府慈善历史较早。西周初期，设置了司徒一职，"修六礼以节民性，明七教以兴民德，齐八政以防淫，一道德以同俗，养耆老以致孝，恤孤独以逮不足"（《礼记·王制》），"以保息六养万民：一曰慈幼，二曰养老，三曰振穷，四曰恤贫，五曰宽疾，六曰安富"。（《周礼·地官·大司徒》）其职责涉及了后来的荒政、恤政。

在中国漫长的前工业化时代，农业经济生产力低下，且靠天吃饭，社会民众大多是土里刨食的农民，他们在丰年能勉强温饱度日，一遇天灾，就成为危困之民。若有较大面积的灾荒发生，政府就要组织救荒，开展减税、免役、施粥、平粜等，为此形成了中国特色的荒政制度。清代《大清会典》总结出十二种荒政，涵盖了从预防灾害、应急救灾到灾后重建等方面。

萧子良赈灾

竟陵文宣王萧子良，字云英，是南朝齐武帝的第二个儿子。萧子良虽然贵为皇子，但性格敦厚正义，遵奉古道，以仁义之道救助苍生而闻名。当时郡内有个叫朱百年的人，品格特别高洁，不幸早亡，萧子良为表示对此人的钦佩之情，就赏赐给朱百年的妻子百斛米，免除他家一个人的徭役，同时还送给他家很多柴火。

建元二年（480），穆妃去世，萧子良便辞官不做，但仍然掌管丹阳郡。当地发生灾荒，他就从自己的私家仓库中拿出粮食赈救郡县内的穷苦人。当时齐武帝刚刚执政，经常发生水灾、旱灾，萧子良秘密请求皇上免除百姓拖欠的租税。另外还陈请放宽刑罚，停止劳役，减轻赋税。他勉励人追求善德，从不曾感到厌倦，正因为这样的行为，他最终赢得很好的名声。

永明九年（491），都城周围发生水灾，吴地最严重，萧子良打开粮仓赈济救助贫穷生病、难以生存的人，在府第北边建造起房屋，收留养活他们，并提供给他们衣服和药品。他与兄长共同设立救济贫穷困苦之人的"六疾馆"。国学大师汤用彤曾赞叹道："竟陵王者，乃一诚恳之宗教徒也"。

故事出处：李延寿《南史·齐武帝诸子列传》

救济穷民，主要是救助鳏、寡、孤、独、老、残、疾之人。如上文所言，西周时期即设置相关官职进行管理，后来历代都有类似官职的设置，其事务就是所谓的恤政。政府或设立机构救济穷民，如宋代用以收容残疾、贫困人士及乞丐的福田院、居养院、安济院，元代用来收容孤老无依者的"孤老院"，明清时期主要收容鳏寡孤独和残疾人的"养济院"等；或发国帑于穷民。如明代规定："凡鳏寡孤独，每月官给粮米三斗，每岁给棉布一匹，务在存恤。"（《大明令·户令·收养孤老》）

II. 宗族慈善

在儒家思想影响下，中国传统社会十分注重血缘亲情，非常关注对亲人、宗族的慈爱和救助。中国先秦时期就有"睦族敬宗"的思想。隋唐时期出现了赈济家族的义仓。宋代范仲淹用自己积攒的俸禄在家乡购一千亩良田，作为"义田"，救助贫困族人，开家族义庄之先河。明清时期普遍设置"社仓""义仓""义庄""义田""善堂""善会"等，救济族人。这类慈善救济活动多由各地的乡绅和士大夫组织发起。宗族慈善，能发挥政府难以企及的作用，成为中国传统慈善的重要内容和特色。

III. 宗教慈善

西汉末年，佛教传入中土。到魏晋南北朝时，崇佛者日多，已有"南朝四百八十寺"之盛况。至唐代，佛教寺院拥有大量财产，寺院慈善事业也随之迅速发展。此时，出现了由佛寺经营管理的悲田养病坊，一般包括悲田院、疗病院、施药院三院，相当于现代免费的诊疗所、养老院、孤儿院，是对贫困者、孤独者、疾病者免费诊视、收容、救助的慈善机构。养病坊最初见于帝都长安和东都洛阳，后来各道诸州都相继开设。宋初因袭唐代悲田养病旧制，京师有东、西福田院。在古代社会，许多民间慈善救济事业由寺院僧侣和佛教信徒来操办的。

IV. 如何看传统慈善事业？

中国传统慈善，除了组织形态的官府慈善、宗族慈善、宗教慈善外，还有个人自发自觉的个人慈善，即善人嘉士对灾民或穷苦人的捐助。

中国传统慈善特征明显。一是社会的慈善由政府主导，民间慈善组织，包括宗教和宗族慈善组织，因其规模和活动要受到政府的掣肘，发展不足，发育不良，作用有限。二是民间慈善活动，与当时中国社会的

药商宋清

宋清是唐代长安药材商人。他收存上好的药材，从山野采药归来的人，一定会把药材送到宋清这里，宋清总是优厚地对待他们。长安的医生如果能得到宋清的药材，那么他们的药方往往特别容易售出，因此大家都称赞宋清。那些罹患脓疮、溃疡的患者，也都愿意到宋清那里买好药，希望病快点好。宋清总是非常乐意地答应他们的要求。哪怕是没带现钱的人，宋清也都给予好的药材。

慢慢地，买药的借据、欠条堆积得像小山一样高，宋清也从不去患者家里收账。有的病人宋清并不认识，只是给了张欠条来赊药，宋清也不拒绝对方。等到年终的时候，宋清估计对方不能还债了，就会一把火烧掉债券，之后也不再提及此事。

宋清经营药材四十多年，烧掉了一百多人的债券。后来，这些人中有的做了大官，有的同时管理好几个州，他们享受的俸禄很丰厚，到宋清家里馈赠谢礼的人络绎不绝。即使不能立刻得到患者的回报，甚至带着赊欠的账单死去的患者有千百个人，但是这些都不妨碍宋清成为富有的人。

故事出处：柳宗元《宋清传》

结构一样，形成"差序格局"，民间的慈善活动带有浓厚的亲族情结，救助范围小，社会性不足。三是慈善行为具有了一定的功利性。政府慈善救济，是为了稳定民心，巩固统治；宗族慈善主要是为了"睦族敬宗"；宗教慈善行为是为了得到福报或长生成仙。与现代慈善行为的无功利性有很大的不同。

三　扶危济困、助人为乐风尚如何形成？

Ⅰ．"济人之急，救人之危"

扶危济困，"危"指危难、灾难，"困"即困难、挫折，包括穷困、病痛、残疾、年迈等多种艰难困境，危困之下，人生悲苦。在儒家看来，"人皆有不忍人之心"（《孟子·公孙丑上》），在墨家看来，"视人之国，若视其国；视人之家，若视其家；视人之身，若视其身"（《墨子·兼爱中》）。扶危济困，把他人的苦难、窘迫与悲痛，视作自己亲历一般，是人的恻隐之心、仁爱之心的投射。《太上感应篇》说："济人之急，救人之危。"意为别人急切需用时及时帮助，别人危难时要及时相救。一个人如果能设身处地地理解他人的困厄，为别人生活窘困而产生怜悯，并通过不图回报的行动对弱者伸以援手，将向善之心贯彻于行善，方可谓深得传统扶危济困的精髓。

Ⅱ．社会中的冷漠症

我们社会有许多助人为乐的人，但也不乏不愿帮助他人者。面对他人的不幸、求助，不少人避之不及；面对坏人作恶，不少人以看客心态看热闹；老人摔倒无人搀扶，人被车撞围观不救，等等，都是一种可怕的社会心态。2011 年 10 月 13 日，2 岁的小悦悦在广东省佛山市南海黄岐广佛五金城相继被两车碾压，7 分钟内，18 名路人路过但都视而不见，漠然而去，最后一名拾荒者陈贤妹上前将其抱起，急送医院。但小悦悦却终因医院全力抢救无效离世。此类见危不帮、见义不为、见死不救的现象，在社会上并不稀见。每个人都希望自己遭遇不幸时能有他人的帮助，然而在他人遭到不幸的时候，一些人却冷漠无情，认为"多一事不如少一事"。

有人做过调查，当问到"面对一个病人倒在路旁你会如何选择"，有 25.8% 的人选择了"当别人救护时自己才会帮一把"；当问及"你认为社会上缺乏见义勇为的最主要原因是什么?"68.3% 的调查对象把原因归结为社会治安和社会保障方面存在问题。（《公民道德：社会秩序的"软肋"》）

III. 有些人为何如此冷漠?

造成一些人冷漠的原因，是复杂多样的。一是价值观念的错位。在物质主义、消费主义冲击下，部分人将社会关系变成了金钱关系和利益关系，人与人之间的关系日趋物质化，利己成为唯一选择，当一种行为可能给自己带来麻烦、利益损失时，就做看客。二是社会存在的一些不公现象导致一些人心理失衡，缺乏爱心。城乡差别、贫富差距、官员腐败以及群众最关心的教育、医疗、住房等问题的存在，一定程度上导致公众的心理失衡，社会不公平现象使"社会冷漠症"扩大化。三是中国历史传统的影响。邵力子在《中国人与同情心》一文中指出，中国人同情心薄弱与中国的历史传统的长期影响有密切关系，中国长期政治专制压抑人的同情心，儒家的"爱有差等"影响了人对陌生人的同情心，以家庭为本位的社会组织结构限制了人的同情心，"做父亲的也只是一生一世曾愿替儿孙做牛马，鸡鸣而起，孳孳为利，不过是想增加传给儿孙的遗产。别人的困苦急难，起初也未始不想帮助，但深怕于他的遗产有碍，便只好硬着心肠不管，久而久之，习惯成自然，同情心便更冷淡了"。此外，与我们的道德教育制度也有关系。大中小学的道德教育空洞说教，脱离实际，学生学习道德伦理应试化，而不是去践行。有些案件的处理也产生不良影响，如"彭宇案"法官"依情理推断"判案，其后果是，人们在施救他人时，担心遭受不道德的讹诈。

IV. 扶危济困、助人为乐之风如何形成？

"社会冷漠症"使得社会危难困苦之人，感受不到人间温暖，得不到社会应有的帮助，强化了社会孤独感、人与人之间的不信任感，助长了物质主义、金钱主义的喧嚣，不利于"友善"价值观的弘扬。

人与人之间若不互相帮助，就会使人成为孤立脆弱的个体。人们大多会称赞、感激扶危济困、助人为乐之人，都希望社会充满爱。想要形成这样一种美好的社会风尚，需要从以下几方面发力：

一是拓展公共生活，增进公民意识。扶危济困、助人为乐出于人们的社会公共意识，公共意识的提高，一方面来自于人们公共生活的扩展。邵力子在《中国人与同情心》一文中说："凡共同感情，必须有共同生活养成，集合各地的人，做同一生活，地方的隔阂，就可以打破。能集合各界的人，做同一生活，界别的隔阂，也就可以打破。多打破一层隔阂，便多培养一份同情心，这是现在第一要紧的事。"另一方面来源于人们社会责任意识的提高，这就必须促进公民权利与义务的统一，唤起公民道德自觉性、积极性。

二是进一步促进社会公平正义。只有在正义的制度中，正义感才能形成。这需要我们切实落实新发展理念，改革收入分配制度，完善社会保障，促进基本公共服务均等化，加大对特定人群的扶持，维护司法公正。当我们的社会越来越公平时，"社会冷漠症"也会逐渐消失。

三是批判继承传统慈善文化。应该说，儒家的"仁爱"学说、道家的"慈爱"思想、佛教的"慈悲"观以及墨家的"兼爱"思想，倡导的是人人的互敬互爱、互济互助，是我们社会需要继承发扬的。在这些思想指导下出现的慈善行为，也是难得的善举。只是我们还要清醒地认识到传统慈善思想和行为具有历史局限性，主要表现在慈善主体的官方性和宗族性，慈善范围没有覆盖更广阔的人群、区域，公共性不足。我们要结合当前的社会形态和情势，批判吸收传统慈善文化中的养分，为营造扶危济困、乐于助人的良好社会风气服务。

四是切实改进学校道德教育，培养合格公民。道德教育，重在提高学生的公共意识，培养学生们的同情心。教育方式，尽量避免说教，让学生在社会场景中去体会道德的魅力，提高他们辨别善恶是非的能力。还应引导学生从身边的小善做起，比如，救助困难的亲友、同学等，逐步养成助人为乐的意识。

五是完善法律制度，建立见义勇为、助人为乐的支持系统。如让好心人免责，筹建搀扶老人风险基金，为见义勇为职工提供免费法律援助等，解除人们的后顾之忧。同时，澄清彭宇案及类似案例的真相，劝勉人们"该出手时就出手"。

马丁·路德·金说："造成我们时代最大的罪恶的是大多数人的袖手旁观，而不只是少数人的残忍行为。"（徐贲《什么是好的公共生活》）营造一个人人乐善好施、互济互助的社会，最终取决于全体公民的道德自觉，需要我们人人从自身做起，用爱心穿透隔阂，用温暖融化冷漠。

四　更新慈善观念，发展现代慈善事业

我国当代慈善事业虽然有长足的发展，但总体来说还是滞后于时代、滞后于社会的，个中缘由，既有"政府公益"的惯习、体制机制的局限，又有民间参与的不足、公益文化的薄弱等等。促进我国慈善事业的现代化，需要更新慈善观念，从差序慈善、"政府慈善"过渡到专业慈善，从道德恩赐转变为公共责任，从关系本位、权力主导转变

为权利本位。需要激发人们的慈善、助人之心，帮助人们树立慈善理念、参与慈善活动。需要凝聚多方力量，创造良好环境，引导更多人参与到慈善事业中来。

Ⅰ. 当今，我们需要怎样的慈善观念?

做好慈善，观念先行。对于我们这个有深厚扶危济困救助传统，而又缺乏现代慈善熏染的国度来说，更是如此。

从个人美德到公民道德

现代慈善的重要特征是它突破了传统的扶危济困，我们既要继承自古以来就存在的扶危救困、乐善好施的慈善美德，也要提升人们的慈善意识，实现由私人美德向公民道德的转化。

施善的情感意识比施善的数量更重要。慈善属于来自人类本性的追求，行善者与受助者是平等主体，行善者不希求受助者对他的感恩报答，而是追求施善过程的欣慰和快乐。

慈善事业不单是有钱人的事业，不是富人的"专利"，而是每个人的共同事业。现代慈善是每一社会成员对社会的责任，无论贫富，人人有责。我们没有必要花心思去揣测富人慈善的动机，也不要把慈善行为设置过高的道德标准，举手之劳亦是善，积小善为大善。慈善的形式也不是单一的，它不只是灾难发生后捐捐款，还可以是前往贫困山区支教支医、到社区老人院陪伴长者、领养孤儿弃婴等。关键是要将慈善融入日常，过一种以慈善为乐的生活。

从"爱有差等"到平等博爱

源远流长的慈善文化传统是我国发展现代慈善文化的重要基础，但其本身的缺陷又制约了慈善文化的发展。建立在宗法制度基础之上儒家伦理，家族色彩极为浓重，遵循典型的由内及外的圆心定理，以"亲亲"为起点，又多以"亲亲"为终点，使爱有差等、亲疏有别。这种"差序格局"的人际关系导致慈善多限于家族或亲朋，公共慈善观念在公众中难以得到培育。而现代慈善跨越了熟人社会的界限，在更为开放的陌生人社会中进行。我们需要在传统五伦的基础上倡导陌生人伦理，以平等、博爱原则来从事慈善活动，平等地对待所有需要帮助的人，让更多的人感受到社会的温暖。

II．政府何为？

当代慈善事业建设中，政府应积极转变角色，将自身定位为慈善引导者、管理者和监督者，努力保护好慈善组织、捐赠人、志愿者、受益人等慈善活动参与者的合法权益，为慈善事业发展保驾护航。

政府的作为，首先在于培植当代慈善事业的主体。在我国慈善事业发展的初级阶段，政府的推动和扶持无疑有利于慈善事业的发展，但最终的目标是要发展民间慈善事业。要想让更多的公众从口袋中把财物掏出来投向社会慈善事业，不能只靠道德说教，还必须实施一系列优惠政策予以激励。政府要扩大税收减免的范围，对实物捐赠、技术捐赠等作出相应的税收优惠规定。

政府还要监管好慈善组织和慈善活动，既应赋予慈善组织更大的自主性和灵活性，又要加强管理和监督，设置好慈善组织的准入制度，促进慈善组织财务公开、行业自律，自觉接受政府、行业和公众监督。

政府需要加强以法治为核心的制度建设，进一步完善《红十字法》《公益事业捐赠法》，建立健全慈善社会团体管理、社会募捐、志愿服务的法律法规，形成有利于慈善事业发展的多层次的法规政策体系。

III．社会何为？

慈善组织是现代慈善事业的主要载体，慈善组织兴，则慈善兴。要发挥好慈善组织的作用，需要正确定位慈善组织。我国众多慈善组织为"半官半民"性质，对政府依赖性强，自主性不足。要改变这一现象，应该促进慈善组织民间化、专业化。

慈善组织的公信力，反映出慈善组织在社会上被公众接受和信任的程度。现在我国慈善组织的公信力不高。近些年，各类慈善纠纷、慈善丑闻、诈捐、骗捐事件不时见诸报端，一个又一个负面事件及报道不断拷问着慈善组织及慈善事业的公益性与合法性。有些人为了一己私利，利用社会同情心与制度漏洞，获取大量善款，枉顾真正需要帮助的贫困弱者，极大地损伤了爱心人士的信任感。

　　社会信任是社会慈善之基，慈善组织除了洁身自好外，还需要加强运作的透明度。尽管我国大部分慈善组织都建立了比较完整的内部管理制度，但对慈善捐赠款物的来源、适用和去向等，未建立一套完全公开、透明的社会公示制度，使广大群众获取的信息资源有限，对其的信任度不高。

　　企业应该是我国慈善事业发展的重要主体。企业要认识到慈善是自己的社会责任，慈善不仅能够提升企业的品牌知名度，而且也能推广慈善理念，增加企业的公众信任度。企业应投入更大的力量来做慈善，将慈善文化融入企业文化建设之中。

关心群众生活，注意工作方法

毛泽东

有两个问题，同志们在讨论中没有着重注意，我觉得应该提出来说一说。

第一个问题是关于群众生活的问题。

我们现在的中心任务是动员广大群众参加革命战争，以革命战争打倒帝国主义和国民党，把革命发展到全国去，把帝国主义赶出中国去。谁要是看轻了这个中心任务，谁就不是一个很好的革命工作人员。我们的同志如果把这个中心任务真正看清楚了，懂得无论如何要把革命发展到全国去，那末，我们对于广大群众的切身利益问题，群众的生活问题，就一点也不能疏忽，一点也不能看轻。因为革命战争是群众的战争，只有动员群众才能进行战争，只有依靠群众才能进行战争。

如果我们单单动员人民进行战争，一点别的工作也不做，能不能达到战胜敌人的目的呢？当然不能。我们要胜利，一定还要做很多的工作。领导农民的土地斗争，分土地给农民；提高农民的劳动热情，增加农业生产；保障工人的利益；建立合作社；发展对外贸易；解决群众的穿衣问题，吃饭问题，住房问题，柴米油盐问题，婚姻问题。总之，一切群众的实际生活问题，都是我们应当注意的问题。假如我们对这些问题注意了，解决了，满足了群众的需要，我们就真正成了群众生活的组织者，群众就会真正围绕在我们的周围，热烈地拥护我们。同志们，那时候，我们号召群众参加革命战争，能够不能够呢？能够的，完全能够的。

在我们的工作人员中，曾经看见这样的情形：他们只讲扩大红军，扩充运输队，收土地税，推销公债，其他事情呢，不讲也不管，甚至一切都不管。比如以前有一个时期，汀州市政府只管扩大红军和动员运输队，对于群众生活问题一点不理。汀州市群众的问题是没有柴烧，资本家把盐藏起来没有盐买，有些群众没有房子住，那里缺米，米价又贵。这些是汀州市人民群众的实际问题，十分盼望我们帮助他们去解决。但是汀州市政府一点也不讨论。所以，那时，汀州市工农代表会议改选了以后，一百多个代表，因为几次会都只讨论扩大红军和动员运输队，完全不理群众生活，后来就不高兴到会了，会议也召集不成了。扩大红军、动员运输队呢，因此也就极少成绩。这是一种情形。

同志们，送给你们的两个模范乡的小册子，你们大概看到了吧。那里是相反的情形。江西的长冈乡，福建的才溪乡，扩大红军多得很呀！长冈乡青年壮年男子百个人中有八十个当红军去了，才溪乡百个人中有八十八个当红军去了。公债也销得很多，长冈乡全乡一千五百人，销了五千四百块钱公债。其他工作也得到了很大的成绩。什么理由呢？举几个例子就明白了。长冈乡有一个贫苦农民被火烧掉了一间半房子，乡政府就发动群众捐钱帮助他。有三个人没有饭吃，乡政府和互济会就马上捐米救济他们。去年夏荒，乡政府从二百多里的公略县办了米来救济群众。才溪乡的这类工作也做得非常之好。这样的乡政府，是真正模范的乡政府。他们和汀州市的官僚主义的领导方法，是绝对的不相同。我们要学习长冈乡、才溪乡，反对汀州市那样的官僚主义的领导者！

我郑重地向大会提出，我们应该深刻地注意群众生活的问题，从土地、劳动问题，到柴米油盐问题。妇女群众要学习犁耙，找什么人去教她们呢？小孩子要求读书，小学办起了没有呢？对面的木桥太小会跌倒行人，要不要修理一下呢？许多人生疮害病，想个什么办法呢？一切这些群众生活上的问题，都应该把它提到自己的议事日程上。应该讨论，应该决定，应该实行，应该检查。要使广大群众认识到我们是代表他们的利益的，是和他们呼吸相通的。要使他们从这些事情出

第二十一讲　扶危济困

发，了解我们提出来的更高的任务，革命战争的任务，拥护革命，把革命推到全国去，接受我们的政治号召，为革命的胜利斗争到底。长冈乡的群众说："共产党真正好，什么事情都替我们想到了。"模范的长冈乡工作人员，可尊敬的长冈乡工作人员！他们得到了广大群众的真心实意的爱戴，他们的战争动员的号召得到了广大群众的拥护。要得到群众的拥护吗？要群众拿出他们的全力放到战线上来去吗？那末，就得和群众在一起，就得去发动群众的积极性，就得关心群众的痛痒，就得真心实意地为群众谋利益，解决群众的生产和生活的问题，盐的问题，米的问题，房子的问题，衣的问题，生小孩子的问题，解决群众的一切问题。我们是这样做了么，广大群众就必定拥护我们，把革命当作他们的生命，把革命当作他们无上光荣的旗帜。国民党要来进攻红色区域，广大群众就要用生命同国民党决斗。这是无疑的，敌人的第一、二、三、四次"围剿"不是实实在在地被我们粉碎了吗？

国民党现在实行他们的堡垒政策，大筑其乌龟壳，以为这是他们的铜墙铁壁。同志们，这果然是铜墙铁壁吗？一点也不是！你们看，几千年来，那些封建皇帝的城池宫殿还不坚固吗？群众一起来，一个个都倒了。俄国皇帝是世界上最凶恶的一个统治者；当无产阶级和农民的革命起来的时候，那个皇帝还有没有呢？没有了。铜墙铁壁呢？倒掉了。同志们，真正的铜墙铁壁是什么？是群众，是千百万真心实意地拥护革命的群众。这是真正的铜墙铁壁，什么力量也打不破的，完全打不破的。反革命打不破我们，我们却要打破反革命。在革命政府的周围团结起千百万群众来，发展我们的革命战争，我们就能消灭一切反革命，我们就能夺取全中国。

第二个问题是关于工作方法的问题。

我们是革命战争的领导者、组织者，我们又是群众生活的领导者、组织者。组织革命的战争，改良群众的生活，这是我们的两大任务。在这里，工作方法的问题，就严重地摆在我们的面前。我们不但要提出任务，而且要解决完成任务的方法问题。我们的任务是过河，但是没有桥或没有船就不能过。不解决桥或船的问题，过河就是一句空话。不解决方法问题，任务也只是瞎说一顿。不注意扩大红军的领导，不讲究扩大红军的方法，尽管把扩大红军念一千遍，结果还是不能成功，其他如查田工作、经济建设工作、文化教育工作、新区边区的工作，一切工作，如果仅仅提出任务而不注意实行时候的工作方法，不反对官僚主义的工作方法而采取实际的具体的工作方法，不抛弃命令主义的工作方法而采取耐心说服的工作方法，那末，什么任务也是不能实现的。

兴国的同志们创造了第一等的工作，值得我们称赞他们为模范工作者。同样，赣东北的同志们也有很好的创造，他们同样是模范工作者。像兴国和赣东北的同志们，他们把群众生活和革命战争联系起来了，他们把革命的工作方法问题和革命的工作任务问题同时解决了。他们是认真地在那里进行工作，他们是仔细地在那里解决问题，他们在革命面前是真正负起了责任，他们是革命战争的良好的组织者和领导者，他们又是群众生活的良好的组织者和领导者。其他，如福建的上杭、长汀、永定等县的一些地方，赣南的西江等处地方，湘赣边区的茶陵、永新、吉安等县的一些地方，湘鄂赣边区阳新县的一些地方，以及江西还有许多县里的区乡，加上瑞金直属县，那里的同志们都有进步的工作，同样值得我们大家称赞。

一切我们领导的地方，无疑有不少的积极干部，群众中涌现出来的很好的工作同志。这些同志负担着一种责任，就是应该帮助那些工作薄弱的地方，帮助那些还不善于工作的同志们作好工作。我们是在伟大的革命的战争面前，我们要冲破敌人的大规模的"围剿"，我们要把革命推广到全国去。全体革命工作人员负担着绝大的责任。大会以后，我们一定要用切实的办法来改善我们的工作，先进的地方应该更加前进，落后的地方应该赶上先进的地方。要造成几千个长冈乡，几十个兴国县。这些就是我们的巩固的阵地。我们占据了这些阵地，我们就能从这些阵地出发去粉碎敌人的"围剿"，去打倒帝国主义和国民党在全国的统治。

——1934 年 1 月 22 日至 2 月 1 日毛泽东在江西瑞金召开的第二次全国工农兵代表大会上所作的结论的一部分。

（《毛泽东选集》，人民出版社 1991 年）

第二十二讲
敬业乐群

居其位，无其言，君子耻之；有其言，无其行，君子耻之。

——《礼记·杂记下》

凡百事之成也，必在敬之；其败也，必在慢之。故敬胜怠则吉，怠胜敬则灭；计胜欲则从，欲胜计则凶。

——《荀子·议兵》

凡人所以立身行己，应事接物，莫大乎诚敬。诚者何？不自欺、不妄之谓也。敬者何？不怠慢、不放荡之谓也。今欲作一事，若不立诚以致敬，说这事不妨胡乱做了，做不成又付之无可奈何，这便是不能敬。人面前底是一样，背后又是一样；外面做底事，内心却不然；这个皆不诚也。

——《朱子语类》

北宋诗人张耒家的北面，住着一个卖饼的小孩，这个小孩每天五更天未亮就沿街叫卖，即使遇到寒风凛冽的大冷天，也不例外，而且每天出街的时间都很准。他为这个卖饼的小孩感动不已，写了一首诗给他的儿子张秬、张秸：

城头月落霜如雪，楼头五更声欲绝。

捧盘出户歌一声，市楼东西人未行。

北风吹衣射我饼，不忧衣单忧饼冷。

业无高卑志当坚，男儿有求安得闲。

诗的意思是，月亮从城头落下去，早晨的霜厚得像雪一样；更鼓从楼上响起来，声音冷涩得仿佛要断绝。捧着装饼的盘子，走出家门，拖着长声叫卖。这时候，街市上从东到西，一个人还没有。寒冷的北风吹来，像箭一样射在饼上。她担心的不是自己衣服穿得少，而是她的饼会冷掉！人们从事的职业并无高低贵贱，但意志都必须坚强。男子汉要自食其力，哪能做游手好闲的懒汉！

张耒这首名为《示秬秸》的诗，意在教导孩子勤勉。

梁启超曾经说：“倘若有人问我：‘百行什么为先？万恶什么为

首？'我便一点不迟疑答道：'百行业为先，万恶懒为首。'"

梁启超何以如此痛恨懒惰？

一 "敬业乐群" 究竟何意？

"敬业乐群"一语现在是香港城市大学的校训，学校网页是这样解释校训的：

> 追溯中国文化传统，"敬业乐群"这四个字，典出《礼记·学记》，原典为"一年视离经辨志，三年视敬业乐群"。即是说学习了一段时期之后，不但要能掌握基本知识，还要提升到"敬业乐群"的境界。唐代经学家孔颖达（574—648）在《五经正义》中解释说："敬业，谓艺业长者，敬而亲之；乐群，谓群居朋友善者，愿而乐之。"朱熹（1130—1200）也说过："敬业者，专心致志，以事其业也；乐群者，乐于取益，以辅其仁也。"这些先贤的说法，有助于我们了解这四个字的丰富文化内涵。同时，亦充分说明城市大学校训"敬业乐群"意义深远，始于典籍。

> "敬业"旨在人格的培养，对专业知识敬慎以待，包含了现代学术的专业精神与专业道德；"乐群"则强调个人与社会的关系，一方面是个体人格的成长，另一方面则提倡群体精神、社会关怀与造福人群。以此四字为校训，最符合城市大学的风格及办学宗旨。

这段解释语中提到的"敬业乐群"出自《礼记·学记》，原文如下：

> 古之教者，家有塾，党有庠，术有序，国有学。比年入学，中年考校。一年视离经辨志，三年视敬业乐群，五年视博习亲师，七年视论学取友，谓之小成。九年知类通达，强立而不反，谓之大成。

对文中的"三年视敬业乐群"，很多人按文意直接理解为：对学了三年的学生考核其是否专心学业，与他人是否相处融洽。唐代经学家孔颖达对敬业乐群做了专门解释："敬业，谓艺业长者，敬而亲之；乐群，谓群居朋友善者，愿而乐之。"在他看来，"敬业乐群"就是敬重、亲近有技艺的人，乐于与良善之人来往，敬业、乐群讲的都是如何与人相处。朱熹的解释又不同："敬业者，专心致志，以事其业也；乐群者，乐于取益，以辅其仁也。"他把"敬业乐群"解释为对事业的专心，乐于与人相处、吸取他人智慧。香港城市大学解释"敬业"为敬重专业知识和对学术的专业精神，解释"乐群"为提倡群体精神、社会关怀与造福人群，大致取了孔颖达的"敬业"和朱熹的"乐群"之意。我们认为朱熹的解释较为贴近本意，"敬业"表达的是一种对待事业、职业的专一态度，"乐群"表达的是一种对待他人热忱融洽的相处之道，反映的是儒家的"敬"的理念。

二 传统对业之"敬"

I. 传说中的大禹

敬业乐群精神，最早可追溯到我国的上古神话与传说。尧在位的时候，黄河流域发生了很大的水灾，庄稼被淹了，房子被毁了，老百姓只好往高处搬。尧召开部落联盟会议，商量治水的问题。他征求四方部落首领的意见：派谁去治理洪水呢？首领们都推荐鲧。鲧花了九年时间治水，没有把洪水制服。鲧临死前嘱咐儿子"一定要把水治好"。面对滔滔洪水，大禹从鲧治水的失败中汲取教训，改变了"封堵"的办法，对洪水进行疏导，他带领群众凿开了龙门，挖通了九条河，把洪水引到大海中去。他和老百姓一起劳动，戴着箬帽，拿着锹子，带头挖土、挑土，禹的脚长年泡在水里连脚跟都烂了，只能拄着棍子走。经过十年的努力，终于把洪水引到大海里去，地面上又可以供人种庄稼了。禹为了治水，到处奔波，三次经过自己的家门，都没有进去。大禹治水13年，耗尽心血与体力，终于完成了治水的大业。

禹专注治理洪水的决心和坚持，受到世人的敬仰，人们尊称他为"大禹""神禹"，使他与天地相齐名，所谓天大、地大、禹大。

Ⅱ．孔子："敬事而信"

孔子用"敬事"来指称"敬业"，提出了"执事敬"（《论语·子路》）、"事思敬"（《论语·季氏》）、"敬事而信"（《论语·卫灵公》）等观点。对孔子所说的"敬"，据朱熹解释，就是"主一无适"，意为专一于某事，将全副精力集中到这事上。孔子对于业的观念就是忠于业、信于业的专注精神。

Ⅲ．荀子：成事在敬

荀子将敬业提高到关系事业成败的高度。他说："凡百事之成也，必在敬之；其败也，必在慢之。故敬胜怠则吉，怠胜敬则灭。"（《荀子·议兵》）他还说："粮农不为水旱不耕，良贾不为折阅不市，士君子不为贫穷怠乎道。"（《荀子·修身》）主张在职业活动中要有锲而不舍的精神，即使遇到困难，也要坚持不放弃，努力把工作做到最好。

Ⅳ．二程：敬事修身

两宋时期，理学的奠基者程颢、程颐对"敬"及"敬业"的内涵进一步充实，提出"敬义夹持"和"居敬涵养"的道德修养方法，即通过"敬"的方式将"理世界"与"事世界"贯通起来，将修身与敬事联系起来，赋予"事"以道德上的崇高性和神圣性，使其具有了可敬的特质。

Ⅴ．朱熹："专心致志以事其业"

前文已说到朱熹对《礼记·学记》中"敬业乐群"的"敬业"解释为："敬业者，专心致志以事其业也。"（《朱子全书》）朱熹明确阐发了儒家"敬"的思想，指出"敬是始终一事"（《朱子语类》）。"敬

佝偻者承蜩

孔子到楚国去，经过树林，看见一个驼背老人正用竿子粘蝉，就好像在地上拾取一样。孔子说："先生真是巧啊！有门道吗？"驼背老人说："我有我的办法。经过五六个月的练习，在竿头累叠起两个丸子而不会坠落，那么失手的情况已经很少了；叠起三个丸子而不坠落，那么失手的情况十次不会超过一次了；叠起五个丸子而不坠落，也就会像在地面上拾取一样容易。我立定身子，犹如临近地面的断木，我举竿的手臂，就像枯木的树枝；虽然天地很大，万物品类很多，我一心只注意蝉的翅膀，从不思前想后左顾右盼，绝不因纷繁的万物而改变对蝉翼的注意，为什么不能成功呢！"孔子转身对弟子们说："运用心志不分散，就是高度凝聚精神，恐怕说的就是这位驼背的老人吧！"

故事出处：《庄子·达生》

不是万事休置之谓，只是随事专一、谨畏、不放逸耳。"（《朱子语类》）意思是说，敬不仅是内心秉持集中专一，而且要心存敬畏，同时还要时刻保持不能间断。

三　旧时的职业道德

中国传统敬业思想，还体现在职业道德规范上，在中国传统道德体系中，对士、农、工、商各种行业有其职业道德要求。

Ⅰ．政德

政德，为政者的道德，亦即官德。对为政者的职业要求是："为政以德"（《论语·为政》）、"居官无私"（《韩非子·饰邪》）、"择善而从"（《贞观政要·君道》）、"公平正大"（《从政遗规》）、"廉以律己"（《从政遗规》）、"执法如山"（《从政遗规》）等。

李离伏剑

李离是晋文公的狱官，他错误地听取了下级的汇报而判人死罪，于是把自己关押起来定了死罪，晋文公说："官有贵贱之分，处罚有轻重之分，下级官吏有错，不是你的过错！"李离说："我担任的官职是长官，并不让位给下级官吏；享受俸禄多，不和下属平分利益，现在我错误地听从了下级汇报而判人死罪，却把罪转嫁到下级官吏身上，是没有听说过的。"他推辞而不接受命令，晋文公说："你如果自以为有罪，我也有罪吗？"李离说："狱官遵守法纪，错误地判刑，应判自己的刑，错误地判人死罪，就应判自己死罪。您因为我能审察不明显的和判定疑难案件，所以让我当狱官，现在我错误地听取下吏的汇报而判人死刑，罪责应当死。"于是他仍不接受命令，用剑自杀而死。

故事出处：《史记·循吏列传》

II．商德

商德就是商贾的职业道德。古代商德讲求"货真""价实""量足""守义"。《周易》说，"为市""交易"，应当"各得其所"。孟子强调"市贾不贰"，即不尔虞我诈。

III．师德

师德即为人师者之德。孔子主张"诲人不倦""有教无类"。《吕氏春秋》曰："为师之务，在于胜理，在于行义。"意思是做教师的要务，在于依循事理，在于施行道义。扬雄说："师者，人之模范也。"（《法言》）教师必须为人师表。

IV．医德

中华民族传统医德，包括"医道""医规""医术"三个方面。

"医道"主要讲的是学医的目的，以及行医的道德；"医规"主要强调行医的服务态度；"医术"严格要求医生要刻苦钻研医疗技术，对医疗技术精益求精。许多古代名医提出：医者应"为万民式（楷模）"，"为万民副（服务）"（《黄帝内经》）；"医者，仁术也，博爱之心也"（万全《育婴秘诀》）；医者治病救人，必须"精究方术"（张仲景《伤寒论序》）；"道艺自精"（徐春甫《古今医统》）；医者必须讲道德、讲奉献，"病家亦贫，一毫不取"（李梴《医学入门》）。

四　做一个敬业有为之人

敬业，是人们对自己所从事职业、工作，怀着的一份热爱、珍惜和敬重，并不惜为之付出和奉献的信念和精神。敬业精神表现在工作上，就是尽心尽责，一心一意，任劳任怨，精益求精。敬业是一种可贵的职业道德精神和品质，只有树立敬业精神的挺立才能从源头上支撑起职业道德的大厦。加强职业道德建设，最重要的莫过于培养人们的敬业精神。

Ⅰ．为什么要有敬业精神？

随着商品经济大潮涌动和随之而来的消费主义、实用主义思潮的冲击，当今社会有些人对职业失去敬重之感和奉献精神，完全是持金钱主义的态度。"钱多多干，钱少少干，没钱不干"，"理想理想，有利就香；前途前途，有钱就图"成为一些从业者的工作信条。有些人在单位中对工作不专心，对客户不真心，对集体不关心，对协作不热心，对学习不用心，既无工作积极性，又无工作创造性，做一点分内的工作，与单位斤斤计较，与同事锱铢必较，连起码的职业道德都没有。

敬业首先是社会发展的需要，只有人人尽心尽责，精益求精，才能做出高质量产品，提供高质量的服务，创造更多的财富。社会的任何制度创新、科学发明、文化成果都来源于那些具有高度责任感、使命感和事业心的人。正是有了一代代具有敬业精神的从业者，才推动社会文明不断向前发展。我国的经济发展、社会进步、民族振兴和人民幸福，需要各行各业的建设者们爱岗敬业、无私奉献。

敬业也是实现个体生存发展和人生价值的需要。人们要满足自身的物质文化生活的需要，就必须从事各种职业活动。现代社会，人的一生多半时间都要在职业生活中度过的，都要通过一定的职业活动来获取其生存发展与人生价值。对绝大多数人而言，事业将是生命中最重要的部分之一。而各种事业的成败，都系于人们是否敬业。

敬业是做好本职工作的重要前提和可靠保障。要想在本职工作中有所作为、有所建树，是万万离不开敬业精神的。荀子说得好："凡百事之成也，必在敬之；其败也，必在慢之。"（《荀子·议兵》）

敬业精神的最大受益人是敬业者自己。敬业者因为不愿虚掷光阴，而是调动自己的全部聪明才智，在业务上不断精进，使自己的事业不断获得发展。正如俗语所说，工作是一面镜子，你对它笑，它也会对你笑。

Ⅱ. 如何才算敬业？

中国传统敬业乐群思想，为当今"敬业"的核心价值观提供了丰富的精神资源。践行敬业价值观，养成敬业精神，要领略传统敬业乐群思想精髓和现代职业道德要求，在职业和工作中做到爱业、乐业、勤业、专业和精业。

爱业：干一行，爱一行

对待职业和工作，我们要吸取儒家"执事敬"的观念。梁启超说："凡做一件事，便把这件事看作我的生命。"意思是要忠于自己所从事的职业，把职业当作事业来对待。当总统，就忠于当总统；拉黄包车，就忠于拉黄包车。

蜀 相

（唐）杜 甫

丞相祠堂何处寻？锦官城外柏森森。

映阶碧草自春色，隔叶黄鹂空好音。

三顾频烦天下计，两朝开济老臣心。

出师未捷身先死，长使英雄泪满襟。

爱业，就是忠于自己所做的事和从事的职业，表现在：第一，爱岗，敬业要从爱岗做起，既然选择了这个职业岗位，就要珍爱这项工作。以主人翁的姿态来对待本职工作，把平凡的工作岗位当成不平凡的事业来做。第二，对工作专心尽职。即朱熹所说的"专心致志以事其业"和许慎《说文解字》所言的"不懈于心"。第三，高度的责任心。对工作极端地负责任，不偷懒耍滑、马虎草率、玩忽职守、敷衍塞责。

乐业：干一行，乐一行

"知之者不如好之者，好之者不如乐之者。"孔子这句话揭示了热爱职业对工作效果的影响。人们一旦把自己的兴趣爱好与职业结合起来，就会长期保持对职业活动的热情，从而保持积极主动的敬业精神。

乐业之所以可能，在于"凡职业都是有趣味的，只要你肯继续做下去，趣味自然会发生"。梁启超总结了四条理由：

第一，因为凡一件职业，总有许多层累、曲折，倘能身入其中，看他变化、进展的状态，最为亲切有味。第二，因为每一职业之成就，离不了奋斗；一步一步的奋斗前去，从刻苦中将快乐的分量加增。第三，职业性质，常常要和同业的人比较骈进，好像赛球一般，因竞胜而得快乐。第四，专心做一职业时，把许多游思、妄想杜绝了，省却

无限闲烦恼。(《敬业与乐业》)

这四种快乐，就是从工作和职业中，能找到认识事物的快乐、奋斗成功的快乐、游戏竞争成功的快乐和免却烦恼寂寞的快乐。

经由自身的努力而养成的乐业态度，比起因天然的兴趣而产生的乐业精神更值得赞赏。我们要把工作视为快乐的事情和自己幸福生活的重要组成部分，如此就会全身心投入，乐此不疲，走向成功。

勤业：干一行，勤一行

《尚书·周书》有言："功崇惟志，业广惟勤。"意思是说，取得伟大的功业，是由于有伟大的志向；完成伟大的功业，在于辛勤不懈地工作。韩愈说："业精于勤，荒于嬉。"不论哪行哪业，要做好都离不开一个"勤"字。有敬业精神的人必然是勤勉之人。

专业：干一行，专一行

对职业和工作，除了尽职尽责，还要尽量做到尽善尽美，这要求从业者必须具备专业精神和专业知识。每一个行业都是一门专业，"三百六十行，行行出状元"，只有把本职工作做得专业，才能成为本行业的"状元"。为了把工作做得更完美，从业者要刻苦钻研本职业所需的技术和知识。在科技飞速发展的今天，从业者更需要从多方面加强学习，更多地掌握职业相关领域的知识。"专"是在"博"基础上的"专"，有"博"才能"专"。

精业：干一行，精一行

精业，指的是一种精神状态，就是对职业、工作精心，把本职工作每一个环节做到精益求精。这需要在工作中注入传统"工匠精神"。当今社会不少人心浮气躁，沉不住气，追求"短、平、快"带来的即时利益，粗制滥造物质和精神产品，导致社会风气日下，迫切需要培育对待工作精益求精、追求极致的"工匠精神"。

III. 政府和社会的责任

我国社会中部分人敬业精神的缺失，除了种种主观因素外，也与社会治理和单位管理方面存在的缺失有密切的关系。如一部分致富者不是靠诚实工作，而是靠投机取巧，搞关系、走后门；有些单位人事制度不民主，用人制度不合理，产生"干得好不如说得好，说得好不如送得好"的现象；还有不合理的分配制度，干多干少一个样；加上一些单位把追求利润最大化视为工作的重心，忽视了敬业精神的培养和教育，致使一些人心理失衡，职业精神扭曲。

敬业精神的重振，政府和社会难辞其责。

首先，要在全社会营造一个有助于激发敬业精神的制度环境和社会氛围，一切以能力贡献为本位，不要让投机者有机可乘。

其次，要确立公平的用人制度，不论是选用干部，还是企业招聘，敬业都应是首要条件，要将敬业的人放在合适的、能干事的岗位上。

再次，要确立按能力贡献进行分配的分配制度，以合理的回报促进人们持久地发挥敬业精神。

最后，要把培养员工的忠诚和敬业精神作为企业文化建设的核心工作，致力激发和培育员工的敬业精神。

IV. 领导干部要率先垂范

领导干部是一种职务，但更是一种职业。与从事其他职业的人一样，领导干部要自觉遵守职业道德，做到敬业爱岗。不仅如此，领导干部还必须在敬业精神倡行上以身作则，率先垂范，用自己的良好职业风貌去影响其他从业人员，以自己的良好道德形象去感染周围群众。

《说文解字》有言："不懈于心为敬；必尽心任事始能不懈于位。"领导干部的敬业总体来说就是"尽心任事""不懈于位"。具体来说，就是要忠于职守，克己奉公，勤政为民，求真务实，知人善任。

敬业与乐业（节录）

梁启超

　　我这题目，是把《礼记》里头"敬业乐群"和《老子》里头"安其居，乐其业"那两句话，断章取义造出来。我所说的是否与《礼记》《老子》原意相和，不必深求；但我确信"敬业乐业"四个字，是人类生活的不二法门。

　　本题主眼，自然是在"敬"字、"乐"字。但必先有业，才有可敬、可乐的主体，理至易明。所以在讲演正文以前，先要说说有业之必要。

　　孔子说："饱食终日，无所用心，难矣哉！"又说："群居终日，言不及义，好行小慧，难矣哉！"孔子是一位教育大家，他心目中没有什么人不可教诲，独独对于这两种人便摇头叹气说道："难！难！"可见人生一切毛病都有药可医，惟有无业游民，虽大圣人碰着他，也没有办法。

　　唐朝有一位名僧百丈禅师，他常常用两句格言教训弟子，说道："一日不做事，一日不吃饭。"他每日除上堂说法之外，还要自己扫地、擦桌子、洗衣服，直到八十岁，日日如此。有一回，他的门生想替他服务，把他本日应做的工悄悄地都做了，这位言行相顾的老禅师，老实不客气，那一天便绝对的不肯吃饭。

　　我征引儒门、佛门这两段话，不外证明人人都要有正当职业，人人都要不断的劳作。倘若有人问我："百行什么为先？万恶什么为首？"我便一点不迟疑答道："百行业为先，万恶懒为首。"没有职业的懒人，简直是社会上的蛀米虫，简直是"掠夺别人勤劳结果"的盗贼。我们对于这种人，是要彻底讨伐，万不能容赦的。有人说："我并不是不想找职业，无奈找不出来。"我说：职业难找，原是现代全世界普遍现象，我也承认，这种现象如何救济，别是一个问题，今日不必讨论。但以中国现代情形论，找职业的机会，依然比别国多得多；一个精力充满的壮年人，倘若不是安心躲懒，我敢信他，一定能得相当职业。今日所讲，专为现在有职业及现在正做职业上预备的人——学生——说法，告诉他们对于自己现有的职业应采何种态度。

第一要敬业。敬字为古圣贤教人做人最简易、直接的法门，可惜被后来有些人说的太精微，倒变得不适实用了。惟有朱子解的最好，他说："主一无适便是敬。"用现在的话讲，凡做一见事，便忠于一件事，将全副精力集中到这事上头，一点不旁骛，便是敬。业有什么可敬呢？为什么该敬呢？人类一面为生活而劳动，一面也是为劳动而生活。人类既不是上帝特地制来充当消化面包的机器，自然该各人因自己的地位和才力，认定一件事去做。凡可以名为一件事的，其性质都是可敬。当大总统是一见事，拉黄包车也是一件事，事的名称，从俗人眼里看来，有高下；事的性质，从学理上解剖起来，并没有高下。只要当大总统的人，信得过我可以当大总统才去当，实实在在把总统当作一件正经事来做；拉黄包车的人，信得过我可以拉黄包车才去拉，实实在在把拉车当作一件正经事来做，便是人生合理的生活。这叫做职业的神圣。凡职业没有不是神圣的，所以凡职业没有不是可敬的。惟其如此，所以我们对于各种职业，没有什么分别拣择。总之，人生在世，是要天天劳作的。劳作便是功德，不劳作便是罪恶。至于我该做哪一种劳作呢？全看我的才能何如，境地何如。因自己的才能、境地，做一种劳作做到圆满，便是天地间第一等人。

怎样才能把一种劳作做到圆满呢？惟一的秘诀就是忠实，忠实从心里上发出来的便是敬。《庄子》记佝偻丈人成蜩的故事，说道："虽天地之大，万物之多，而惟吾蜩翼之知。"凡做一件事，便把这件事看作我的生命，无论别的什么好处，到底不肯牺牲我现做的事来和他交换。我信得过我当木匠的做成一张好桌子，和你们当政治家的建设成一个共和国家同一价值；我信得过我当挑粪的把马桶收拾得干净，和你们当军人的打胜一支压境的敌军同一价值。大家同是替社会做事，你不羡慕我，我不羡慕你。怕的是我这件事做得不妥当，便对不起这一天里头所吃的饭。所以我做这事的时候，丝毫不肯分心到事外。曾文正说："做这山，望那山，一事无成。"……一个人对于自己的职业不敬，从学理方面说，便亵渎职业之神圣；从事实方面说，一定把事情做糟了，结果自己害自己。所以敬业主义，于人生最为必要，又于人生最为有利。庄子说："用志不分，乃凝于神。"孔子说："素其位而行，不愿乎其外。"我说的敬业，不外这些道理。

第二要乐业。"做工好苦呀！"这种叹气的声音，无论何人都会常在口边流露出来。但我要问他："做工苦，难道不做工就不苦吗？"今日大热天气，我在这里喊破喉咙来讲，诸君扯直耳朵来听，有些人看着我们好苦；翻过来讲，倘若我们去赌钱去吃酒，还不是一样在淘神、费力？难道又不苦？须知苦乐全在主观的心，不在客观的事。人生从出胎的那一秒钟起到咽气的那一秒钟止，除了睡觉以外，总不能把四肢、五官都搁起不用。只要一用，不是淘神，便是费力，劳苦总是免不掉的。会打算盘的人，只有从劳苦中找出快乐来。我想天下第一等苦人，莫过于无业游民，终日闲游浪荡，不知把自己的身子和心子摆在哪里才好。他们的日子真难过。第二等苦人，便是厌恶自己本业的人，这件事分明不能不做，却满肚子里不愿意做。不愿意做逃得了吗？到底不能。结果还是皱着眉头，哭丧着脸去做。这不是专门自己替自己开玩笑吗？

我老实告诉你一句话："凡职业都是有趣味的，只要你肯继续做下去，趣味自然会发生。"为什么呢？第一，因为凡一件职业，总有许多层累、曲折，倘能身入其中，看他变化、进展的状态，最为亲切有味。第二，因为每一职业之成就，离不了奋斗；一步一步的奋斗前去，从刻苦中将快乐的分量加增。第三，职业性质，常常要和同业的人比较骈进，好像赛球一般，因竞胜而得快乐。第四，专心做一职业时，把许多游思、妄想杜绝了，省却无限闲烦恼。孔子说："知之者不如好知者，好知者不如乐之者。"人生能从自己职业中领略出趣味，生活才有价值。孔子自述生平，说道："其为人也，发愤忘食，乐以忘忧，不知老之将至云尔。"这种生活，真算得人类理想的生活了。

我生平最受用的有两句话：一是"责任心"，二是"趣味"。我自己常常力求这两句话之实现与调和，又常常把这两句话向我的朋友聒聒不舍。今天所讲，敬业即是责任心，乐业即是趣味。我深信人类合理的生活总该如此，我盼望诸君和我一同受用！

（梁启超：《饮冰室合集·敬业与乐业》，中华书局1989年版）

第二十三讲
精忠报国

临之以庄则敬，孝慈则忠，举善而教不能则劝。

————《论语·为政》

利不可两，忠不可兼。不去小利则大利不得，不去小忠则大忠不至。故小利，大利之残也；小忠，大忠之贼也。圣人去小取大。

————《吕氏春秋·权勋》

人谁不死？死国，忠义之大者。

————《三国志·魏书·杨阜传》

苟利国家生死以，岂因祸福趋避之。

————《赴戌登程口占示家人》

相传宋将岳飞从军出发时，其母姚氏在他背上刺了"尽忠报国"四个大字，当秦桧派人逮捕岳飞父子时，岳飞便笑着说："皇天后土，可表此心。"秦桧命令何铸审问岳飞，岳飞撕开衣服将后背对着何铸，上面有"尽忠报国"四个大字，深入肤理。（参《宋史·列传第一百二十四》）

史书上最早将"精忠报国"的同义词"尽忠报国"使用起来的是北周时期的大臣颜之仪。颜之仪系周宣帝时的御正中大夫，常常当面对周宣帝谏言，遭到周宣帝的冷落。周宣帝死后，刘昉、郑译等假传遗诏，让杨坚做丞相，总理朝政。颜之仪知道这是假的遗诏，拒绝服从，并且说道："公等备受朝恩，当尽忠报国，奈何一旦欲以神器假之！之仪有死而已，不能诬罔先帝。"（《周书》）后来杨坚想杀掉颜之仪，无奈颜之仪民望很高，只能作罢。

一 "尽己之谓忠"

I . 字书释"忠"

什么是忠？《说文解字》说："忠，敬也。从心，中声。"段玉裁注："敬者，肃也。未有尽心而不敬者。"《广韵》注："忠，无私也。"

弦高救国

春秋时期，杞子从郑国派人向秦国报告说："郑人让我掌管他们国都北门的钥匙，如果你们悄悄地派兵而来，就可以得到郑国了。"虽然郑国离秦国很远，秦穆公还是决定派孟明率军偷袭郑国。

秦国军队行至滑国的时候，郑国商人弦高正赶往周的都城卖牛。发现迎面而来的秦国大军，弦高大惊，心想：郑国君民对此还一无所知呢，如果秦军这样奔袭过去，郑国岂不是生灵涂炭？想到这里，他一面派一名伙计日夜兼程赶回郑国去报警，一面取出几张熟牛皮，又挑选了十二头肥牛，拦在路上，对着秦军高声大叫："郑国使臣弦高求见秦军主帅。"秦军前哨急忙报入中军。孟明大吃一惊：我们正想偷袭郑国，郑国使臣怎么已经到了这里？原先那种偷袭的兴奋，顿时被一种沮丧的情绪所取代，只好叫手下传郑使来见。

弦高强作镇定，对孟明施礼，说："敝国国君听说你们将要行军经过敝国，所以我冒昧地来犒劳您的部下。敝国不富裕，但您的部下要住，住一天就供给一天的粮食；要走，就做好那一夜的保卫工作。"弦高一席话，说得秦军上下心凉半截。孟明见计谋败露，成功无望，只好随机应变，强颜作笑对弦高说："郑君误会了，我军实是东巡走迷了路，才来到这里，与郑国没有干系。"弦高作揖谢过，留下牛走了。孟明见郑国已有准备，进攻不能取胜，包围没有后援，灭掉滑国就回秦国去了。

故事出处：《左传·僖公三十三年》

《六书精蕴》："忠，竭诚也。"《玉篇》："忠，直也"。从这些工具书来看，"忠"有尽心、恭敬、无私、竭诚、直率等含义。

精忠报国，其核心理念是"忠"，中华民族传统的爱国观念，凝聚在一个"忠"字之上。"忠"是中国重要的传统道德规范和行为准则，在儒家学说中具有特殊地位。那么什么是忠呢？儒家的"忠"德的含义是什么呢？

Ⅱ.《左传》说"忠"

《左传》通过历史叙事讲述道德理念，"忠"经常出现在《左传》中。那么《左传》是怎样说"忠"的呢？《左传·僖公九年》里晋国大夫荀息说："公家之利，知无不为，忠也。"这个"忠"，就是尽力效力公家。《左传·成公九年》里讲"无私，忠也"。《左传·文公元年》里讲"以私害公，非忠也"。这里的"忠"都有尽己奉公之意。

Ⅲ. 孔子论"忠"

"忠"是孔子仁学体系的一个重要德目。孔子的学生不断向他问学，经常涉及"忠"。比如樊迟曾经问"仁"，孔子说："居处恭，执事敬，与人忠。虽之夷狄，不可弃也。"（《论语·子路》）孔子对樊迟说，平常在家里规规矩矩，办事严肃认真，待人忠心诚意。即使到了夷狄之地，也不可背弃，就做到了"仁"。孔子这里所说的"忠"，就是待人忠诚。孔子的学生子张曾经问孔子，如何使自己通达，孔子回答说："言忠信，行笃敬，虽蛮貊之邦，行矣。言不忠信，行不笃敬，虽州里，行乎哉?"（《论语·卫灵公》）孔子的意思是：说话要忠诚守信，行为笃实严谨，即使到了边远的部族国家，也能够通达。说话不忠诚守信，行为不笃实严谨，即使在本乡本土，能行得通吗？在这里，孔子的"忠"是忠诚的意思。一次，子张又问老师什么是政治，孔子说："居之无倦，行之以忠。"（《论语·颜渊》）孔子的意思是，在位不要疲倦懈怠，执行政令要忠心。此忠心其实就是忠诚干事。

我国传统儒家的"忠"还与其他道德规范相连组成复合的道德规范，如忠信、忠孝、忠敬、忠善、忠正、忠义、忠恕等。但"忠"均未离开其本义——"忠"是一种发自内心的真诚，是人对"他者"的尽心尽力，全心全意。朱熹的解释一步到位："尽己之谓忠。"

阳谷献酒

楚龚王与晋厉公在鄢陵作战，楚军失败了，龚王受了伤。战斗即将开始的时候，司马子反口渴，找水喝，童仆阳谷拿着泰子酿的酒送给他。司马子反接过来喝了下去。他酷爱喝酒，酒味甜美，一喝就止不住，因此喝醉了。战斗停下来以后，楚龚王想重新作战要商讨对策。派人去叫司马子反，司马子反借口心痛没有去。龚王乘车前去看望他，进入军帐中，闻到酒味就回去了。龚王说："今天的战斗，能依靠的就是司马了。可是他醉成这样，他这是忘记了楚国的社稷，不顾我们大家啊。"于是收兵离去，斩杀司马子反，将他暴尸示众。

童仆阳谷献上酒，他心里认为这是出于对主人的忠心，却因此害得主人招来杀身之祸。所以说：小忠，是大忠的祸害。

故事出处：《吕氏春秋·权勋》

二 从君臣平等到"君叫臣死，臣不得不死"

说到"忠"，难免不会联想到忠君。

君与臣之间的关系，在先秦许多文献里，都是从双向性上来规定和定位的。孔子所说的"忠"，并不是单指臣对君忠，更不是无原则的臣对君忠。鲁定公曾经问孔子："君使臣，臣事君，如之何？"意思是，君主差遣臣子，臣子侍奉君主，该怎么样呢？孔子回答说："君使臣以礼，臣事君以忠。"（《论语·八佾》）即是说，君主应该依礼来使用臣子，臣子应该忠心地侍奉君主。孔子在强调"君君臣臣"时，更多的是提出要求，即君要有君的样子，臣要有臣的样子，各尽其责，臣对君并不是绝对的服从关系，君臣之间是以礼相待的相互关系。

孟子谈到忠时，和孔子一样，绝没有认为忠是无原则地听从上司、君主之命。《孟子》中有这样一段："孟子告齐宣王曰：'君之视臣如手足，则臣视君如腹心；君之视臣如犬马，则臣视君如国人；君之视臣如土芥，则臣视君如寇仇。'"（《孟子·离娄下》）这句话的意思是，孟子告诉齐宣王，君主把臣下当手足，臣下就会把君主当腹心；君主把臣下当狗马，臣下就会把君主当一般不相干的人；君主把臣下当泥土草芥，臣下就会把君主当仇敌。孟子又说："无罪而杀士，则大夫可以去；无罪而戮民，则士可以徙。"（《孟子·离娄下》）意为士人无罪被杀掉，那么大夫可以离开；百姓无罪被屠戮，那么士人可以迁走。"

有要求统治者对老百姓"忠"者。《左传·桓公六年》有这么一句话："上思利民，忠也。"意思是说，统治者要思考着为人民谋求利益，这就叫做"忠"。

战国后期，随着君国分立，"忠"所具有的超血缘特征适应了统治者的要求，成为君王政治统治的工具。忠的含义渐渐由个体之德转化为政治秩序中的德。忠君含义逐渐凸显。

秦汉时期，君主专制主义中央集权建立，统治者为巩固自身统治，对忠进行合法性论证，通过移孝作忠、忠孝一体来论证忠的合理性。汉儒董仲舒提出了所谓的"王道三纲"，即"君为臣纲，父为子纲，夫为妻纲"（《春秋繁露》），强调臣对君、子对父、妻对夫只有绝对服从的义务。这无疑是和孔孟思想相悖的。"忠"由传统的儒家伦理范畴而一跃成为重要的政治道德范畴，其含义主要是指对君主忠诚。

唐宋时期，"忠"思想地位进一步提升，成为社会成员普遍认可和遵守的政治道德规范。忠君成为主流的观念："君叫臣死，臣不得不死"。这种"忠"丧失了传统忠德的本义。

明清时期，随着君主专制主义中央集权的加强，"忠"思想逐渐走向神圣化，进而出现愚忠等极端化趋势。另一方面，黄宗羲、顾炎武、王夫之等具有民主启蒙思想的士人极力批判封建君主制度。

三　忠德孕育的中国传统爱国主义

中国的爱国精神是传统忠德孕育出来的。儒家道德体系，以仁爱为中心，仁爱从自然的亲亲之爱（孝悌）到邻里、到国家、到天下，所谓齐家、治国、平天下。从很早的时代起，就有从"忠"发展而来的爱国思想。《左传》里说："临患不忘国，忠也。"儒家的"忠"是一种对人多层面的道德伦理要求，用儒家的话来说，忠的精神就是仁，而仁的本质即在于给予、奉献，有了这种给予和奉献的精神，臣民们才会真心实意、无怨无悔地忠于江山社稷。那时，还没有明确的国家概念，王朝管辖的万里疆域统称为江山或天下。那时的忠君爱国，与民族国家形成后的爱国精神在本质上是一致的。

抛开传统文化中的"愚忠""忠君"等封建糟粕性内容，我们可以发现，忠文化强调的是为社会尽责，为天下献身，为人间正道尽忠的精神。它把国家利益、民族利益、人民利益视为至上。诚如孙中山所说："要忠于国，要忠于民，要为四万万人去效忠。为四万万人效忠，比较为一人效忠自然是高尚得多。"

在漫长的中国历史中，每当国家遭遇外敌入侵或者其他危机时，总有一种爱国精神激励着爱国者奋勇而起，为所效忠的王朝和深爱的祖国竭力奋战，死而后已。无论是范仲淹、王安石、文天祥、于谦、林则徐等治世能臣，还是卫青、霍去病、李广、戚继光、岳飞、郑成功、史可法、邓世昌等统军将帅，抑或是张骞、班超、文成公主、玄奘、郑和等对外交往的杰出人物，他们都为了谋求人民的利益，保持民族的气节，抵抗外族的入侵，精忠报国。

过零丁洋

（南宋）文天祥

辛苦遭逢起一经，干戈寥落四周星。

山河破碎风飘絮，身世浮沉雨打萍。

惶恐滩头说惶恐，零丁洋里叹零丁。

人生自古谁无死？留取丹心照汗青。

四　今天我们怎样爱国？

在全球化席卷世界的今天，在一些领域，国家之间的界限有些模糊，但是有句话说得好，"科学没有国界，但是科学家是有祖国的。"因此，无论世界怎样变幻，精忠报国的精神都不会过时，值得我们传承、创新。

Ⅰ. 忠心报国，做一名忠诚的爱国者

传统精忠报国精神为当代爱国主义提供了思想资源，几千年华夏历史，也为我们提供了无数爱国主义的榜样。要树立正确的爱国主义价值观，就要传承好中华民族的传统精忠报国精神，奋力做一名合格的爱国者。

爱国行为是指人们身体力行，以报效国家的实际行动来实践自己的爱国情感、爱国觉悟、爱国志向，为祖国的繁荣昌盛尽心尽力，多作贡献。在现阶段，主要表现在自觉维护国家尊严、利益，维护改革发展稳定的大局；促进民族团结，维护祖国统一；国家利益优先，个人利益服从祖国利益；爱祖国的大好河山，爱自己的骨肉同胞，爱祖

国的灿烂文化。

热爱祖国是每一个公民义不容辞、不可推卸的社会责任。古往今来，彪炳中华民族史册的，无一不是忠诚的爱国者。他们之所以能做出一番事业，使自己的人生有价值、有意义，根本原因在于对祖国和人民有一颗滚烫的赤子之心和一种强烈的责任意识。国人有在自己国家生存的权利，同时也有对自己国家应尽的义务。我们生来就是中国人，这一辈子便与我们的祖国产生了永不能割断的联系。

意大利作家亚米契斯说："我为什么爱中国！因为我母亲是中国人，因为我血管里所流着的血是中国的血，因为我祖先的坟墓在中国，因为我自己的诞生地是中国，因为我所说的话、所读的书都是汉语，因为我的兄弟、姐妹、友人，在我周围的伟大的人们，在我周围的美丽的自然，以及其他我所见、所爱、所研究、所崇拜的一切，都是中国的东西，所以我爱中国。"

爱国主义不能停留在口头上，空谈爱国而不付诸实践的人，只能称作口头爱国者。只有将爱国之情、爱国之心、报国之志化作报国之行，做到言行一致，才能成为一个真正的爱国主义者。

将爱国之言转变为爱国之行，首先要确立志向，把爱国情感、觉悟转化为报国之志。其次，必须掌握报国本领。再次，必须发扬献身精神、实干精神和艰苦奋斗精神。因此，一名忠诚的爱国者，应当具有爱国之心、报国之志、效国之行和建国之才。

II. "以天下为怀"，为民族复兴尽匹夫之责

顾炎武曾说："天下兴亡，匹夫有责。"在当下，中国人民的爱国行动集中体现在投入到建设新时代中国特色社会主义、实现民族伟大复兴的洪流中。民族复兴是每个公民的责任，我们要为此而忧，为此而乐，为此鼓与呼，为此奋力而前行。

尽匹夫之责，需要爱国之情，对国家政治、经济、文化、体育等

等表现出兴趣，对所有事关国计民生的、事关国家荣誉的事都应该表示出一定的热情。

示 儿

（南宋）陆 游

死去元知万事空，但悲不见九州同。

王师北定中原日，家祭无忘告乃翁。

尽匹夫之责需要有所作为，人人参与到国家的富强、民族的振兴、文化的繁荣、道德的昌明、人民的幸福中去，不做有损于国格和人格的事。如果我们做不了祖国的脊梁，那就做祖国肌体上的一个健康的细胞。

尽匹夫之责，要求我们做一个理性的爱国者。既不崇洋媚外，也不盲目排外；既要有民族自信，又不能民族虚无。要摒弃狭隘的民族主义意识和盲目排外心理。以开放包容、合作共赢的国际胸怀面对世界，走出"不购买外国商品就是爱国""对外持强硬立场就是爱国""抵制西方'洋节'就是爱国"等误区。我们不能以爱国的名义，做有碍国家改革、开放、发展的事。

孙中山在《三民主义》中说："我们做一件事，总要始终不渝，做到成功，如果做不成功，就是把性命去牺牲亦所不惜，这便是忠。"若我们勤勤恳恳，将本职工作做好，便是在践行传统"精忠报国"的精神。我们相信，有了十几亿的爱国者，国家的未来会更加美好。

III. "惟正是忠"，爱国先要养成忠诚品格

有忠诚的品格，才会忠诚于国家。孟子说："教人以善谓之忠。"（《孟子·滕文公上》）弘扬儒家之"忠"德，能从根本处呼唤人们的

向善之心。

我们要对自己忠诚，理智地对待自身的优缺点，不愧对自己的良知，严格自律，自尊自重；我们要对家庭忠诚，善待含辛茹苦养育自己成人的父母、同甘共苦相濡以沫的伴侣、互相提携一同成长的兄弟姐妹和给我们带来无数欢乐幸福的子女；我们要对单位忠诚，做一行爱一行，富有责任心，完成好自己的本职工作；我们要对社会忠诚，不做损害他人和社会利益的事。忠诚，需要我们从自身做起。

Ⅳ. 忠诚不是愚忠，服从不是盲从

孙子在《孙子兵法·九变篇》写道："孙子曰：凡用兵之法，将受命于君，合军聚众……城有所不攻，地有所不争，君命有所不受。"意思是，统领士兵的将帅，虽然受命于君主，但是总有一些事不能做，其中一条就是君主的命令有时候不要接受和执行。理由是：首先，君主的命令有可能是假的，这在通讯手段极其落后的古代，假传圣旨的事在历史上屡见不鲜。其次，君主没有亲身在战事现场观察，所以他对战局并不完全清楚，如果盲目接受君主的命令，就如同接受一个盲人指路一样，是十分危险的。这种"君命有所不受"的思想告诉我们，忠诚不要与愚忠画上等号。服从领导的确是忠诚，但上司和领导不是圣人，他们也会有犯错的时候，如果在他们有失误的时候，没有人指出来，反而是对上司和领导以及对企业和组织的不忠诚。

Ⅴ. 精忠报国要注意发挥团队合作精神

团队的力量永远大于个体的力量。虽然传承精忠报国精神，我们需要从自身做起，从身边的小事做起，但是在现代社会，个人的力量在应对纷繁复杂的事物和形势时已经显得越来越渺小了。不用说那些高精尖的大国重器需要成千上万人的共同努力才能研制出来，哪怕是在强调个人实力的体育运动领域，如果没有与队友、教练、康复师、营养师等的通力合作，都是不可能取得好成绩的。正所谓"团结就是力量"，团队的利益就是我们个人的利益，上升到国家层面，唯有我们全民族万众一心，"劲往一处使，心往一处想"，方能排除万难，奋勇向前，从而实现中华民族伟大复兴的中国梦。

与妻书

林觉民

意映卿卿如晤：

吾今以此书与汝永别矣！吾作此书时，尚是世中一人；汝看此书时，吾已成为阴间一鬼。吾作此书，泪珠和笔墨齐下，不能竟书而欲搁笔，又恐汝不察吾衷，谓吾忍舍汝而死，谓吾不知汝之不欲死也，故遂忍悲为汝言之。

吾至爱汝，即此爱汝一念，使吾勇于就死也。吾自遇汝以来，常愿天下有情人终成眷属；然遍地腥云，满街狼犬，称心快意，几家能够？司马春衫，吾不能学太上之忘情也。语云：仁者"老吾老，以及人之老；幼吾幼，以及人之幼"。吾充吾爱汝之心，助天下人爱其所爱，所以敢先汝而死，不顾汝也。汝体吾此心，于啼泣之余，亦以天下人为念，当亦乐牺牲吾身与汝身之福利，为天下人谋永福也。汝其勿悲！

汝忆否？四五年前某夕，吾尝语曰："与使吾先死也，无宁汝先吾而死。"汝初闻言而怒，后经吾婉解，虽不谓吾言为是，而亦无词相答。吾之意盖谓以汝之弱，必不能禁失吾之悲，吾先死留苦与汝，吾心不忍，故宁请汝先死，吾担悲也。嗟夫！谁知吾卒先汝而死乎？吾真真不能忘汝也！回忆后街之屋，入门穿廊，过前后厅，又三四折，有小厅，厅旁一室，为吾与汝双栖之所。初婚三四个月，适冬之望日前后，窗外疏梅筛月影，依稀掩映；吾与汝并肩携手，低低切切，何事不语？何情不诉？及今思之，空余泪痕。又回忆六七年前，吾之逃家复归也，汝泣告我："望今后有远行，必以告妾，妾愿随君行。"吾亦既许汝矣。前十余日回家，即欲乘便以此行之事语汝，及与汝相对，又不能启口，且以汝之有身也，更恐不胜悲，故惟日日呼酒买醉。嗟夫！当时余心之悲，盖不能以寸管形容之。

吾诚愿与汝相守以死，第以今日事势观之，天灾可以死，盗贼可以死，瓜分之日可以死，奸官污吏虐民可以死，吾辈处今日之中国，国中无地无时不可以死，到那时使吾眼睁睁看汝死，或使汝眼睁睁看我死，吾能之乎？抑汝能之乎？即可不死，而离散不相见，徒使两地眼成穿而骨化石，试问古来几曾见破镜能重圆？则较死为苦也，将奈之何？今日吾与汝幸双健。天下人之不当死而死与不愿离而离者，不可数计，钟情如我辈者，能忍之乎？此吾所以敢率性就死不顾汝也。吾今死无余憾，国事成不成自有同志者在。依新已五岁，转眼成人，汝其善抚之，使之肖我。汝腹中之物，吾疑其女也，女必像汝，吾心甚慰。或又是男，则亦教其以父志为志，则我死后尚有二意洞在也。甚幸，甚幸！吾家后日当甚贫，贫无所苦，清静过日而已。

吾今与汝无言矣。吾居九泉之下遥闻汝哭声，当哭相和也。吾平日不信有鬼，今则又望其真有。今人又言心电感应有道，吾亦望其言是实，则吾之死，吾灵尚依依旁汝也，汝不必以无侣悲。

吾平生未尝以吾所志语汝，是吾不是处；然语之，又恐汝日日为吾担忧。吾牺牲百死而不辞，而使汝担忧，的的非吾所忍。吾爱汝至，所以为汝谋者惟恐未尽。汝幸而偶我，又何不幸而生今日之中国！吾幸而得汝，又何不幸而生今日之中国！卒不忍独善其身。嗟夫！巾短情长，所未尽者，尚有万千，汝可以模拟得之。吾今不能见汝矣！汝不能舍吾，其时时于梦中得我乎！一恸！辛未三月念六夜四鼓，意洞手书。

家中诸母皆通文，有不解处，望请其指教，当尽吾意为幸。

（胡国华主编：《中华美德书》，广东人民出版社 2005 年版）

第二十四讲
经世致用

学之之博，未若知之之要；知之之要，未若行之之实。

——《朱子语类》

知者行之始，行者知之成。圣学只一个功夫，知行不可分作两事。

——《传习录》

载之空言，不如见诸行事。夫《春秋》之作，言焉而已，而谓之行事者，天下后世用以治人之书，将欲谓之空言而不可也。愚不揣，有见于此，故凡文之不关于六经之指、当世之务者，一切不为。君子之为学，以明道也，以救世也。徒以诗文而已，所谓雕虫篆刻，亦何益哉！

——《亭林文集》

在宁波大学北大门，在绿草和树木掩映中矗立着一块 4 米多高的景观石，上面镌刻着书法家沙孟海为宁波大学题写的校训"实事求是，经世致用"八个大字。

宁波大学为何用"实事求是，经世致用"作为校训？

这与宁波是历史上著名的"浙东学派"发源地有关。"浙东学派"为清初研究经学、史学的经史学派，以注重研究史料和通经致用享誉史学界，因其代表人物均系浙江东部人而得名，黄宗羲是该学派的创始人和奠基者。

一　实学，中国文化的重要一脉

明末清初"浙东学派"的"经世致用"思想，是梁启超总结出来的，因而"经世致用"一词的发明权一般归于梁启超名下。

"经世"，原意为治理世事；"致用"，原意是"尽其功用"。《易·系辞上传》曰："备物致用，立成器以为天下利用。""经世致用"合起来便是将自己学习到的知识充分运用到社会实践中去，利用所学解决社会矛盾和社会实际问题。

"经世致用"作为一种学术思潮，虽然诞生于明末清初，但我国重视实学、通经致用的文化传统，却具有悠久的历史，它的源头可以直溯春秋战国之时。

孔子就是一个具有经世思想的人。他一方面汲汲于传播他的道德学说，一方面栖栖遑遑奔走于列国之间，希望实现自己的政治抱负。孔子主张内圣外王，所谓诚意、正心、格物、致知、修身、齐家、治国、平天下，这其中，"诚意、正心、格物、致知"是为"内圣"，是修己之道；"齐家、治国、平天下"是为"外王"，就是经世致用。

孔子将个人的道德修为和兼济天下的经邦治国相统一。他说："诵《诗》三百，授之以政，不达；使于四方，不能专对；虽多，亦奚以为？"（《论语·子路》）意思是，一个人，虽然熟读《诗经》三百篇，但主持政务不能治理好国家，负责外交不能赋诗以表意，那他即使读了再多的诗篇，又有什么用呢？

在孔子之后，"修己"与"治人"的和谐统一，渐渐演变成各执一端的"内圣"之学与"外王"之学，它们分别代表了两条不同的经世路线。前者以孟子为代表。孟子发展了孔子的仁学，将"仁学"引申到政治领域，提出"仁政"学说，认为只要将人们内心固有的"仁义礼智"四端发掘、培育起来，便"足以保四海"。是为内圣之学。后者以荀子为代表，荀子强调人的社会性，认为建立人伦秩序的基础在于划分等级尊卑，这种等级尊卑的条理化、制度化，便是"礼"，是为外王之学。

秦汉至南宋以前，在社会上占主导地位的是"外王"之学，秦皇、汉武、唐宗在外王路线的指引下，建立了赫赫功业。北宋中叶以后，思孟学派由于封建统治者培养顺民（灭心中贼）的需要，遇时而兴，到南宋、元、明时期，随着程朱理学的兴起，"内圣"之学达至顶峰。

宋明理学家虽然全身心致力于"内圣"之学，强调个人的道德修养，但无论程朱还是陆王都未放弃儒家经世的宗旨，他们所注重的是通过"内圣"的途径达到经世的目的。宋明理学中的佼佼者，如周敦颐、张载、程颢、朱熹、陆九渊、王阳明等，在担任官职时都表现出很强的治民理政能力，为同时代的人所称赞。王阳明极其强调"知"和"行"的统一，他说："知是行的主意，行是知的工夫；知是行之始，行是知之成。若会得时，只说一个知，已自有行在；只说一个行，已自有知在。"（《传习录》）这就是著名的"知行合一"学说。

理学在宋元明时得到极大发展，但其片面性也逐渐暴露出来。"道问学"的程朱派日趋空虚，"尊德性"的陆王派流于禅释，这种空虚的学风"置四海之穷困不言，而终日讲危微精一之说"。

冬夜读书示子聿

（南宋）陆　游

古人学问无遗力，少壮工夫老始成。

纸上得来终觉浅，绝知此事要躬行。

二　一股浩荡的文化思潮

Ⅰ．潮起明末清初

满族以"夷狄"而入主中原，明朝的遗老们引以为奇耻大辱。以顾炎武、黄宗羲、王夫之为代表的知识分子，有感于明亡的教训和宋明理学空谈误国之弊，倡导"经世致用"之学。他们结合当时的社会现实，并根据明亡的经验和教训，提出了不同的经世致用的思想。

顾炎武曾痛斥那些只会空谈的学者："昔之清谈谈老庄，今之清谈谈孔孟。"（《日知录》）"故凡文之不关于六经之指、当世之务者，一切不为。"（《与人书三》）他认为"士当求实学"（《三朝纪事网文序》），所以撰写《天下郡国利病书》《肇域志》《日知录》等，力图为当时社会提供鉴戒与帮助。黄宗羲认为道德与事功二之为一，不可妄分，将经世致用的思想和学风直接引向了深刻批判封建专制主义的方向。王夫之主张学术研究应与现实结合，认为治史即为谋求"经世之大略"（《读通鉴论》）。

骑驴考山川

顾炎武自小至老手不释卷，出门总是骑着一头跛驴，用二匹瘦马驮着几箱书。有时候走到边塞岗亭，就招呼亭边的老兵一道去路边的小酒店，面对面坐着，向他们询问当地的风土人情和地形地貌。二人对坐痛饮，咨询当地的风土人情，考究其地理山川。如果与平生所听到的不相符，他就打开书本验证，一定弄清楚才罢休。骑在驴上无事时，他就默诵四书五经等经典和它们的注释文，有时因为太过专注而跌落到沟中。

故事出处：《清朝艺苑》

这一鼎盛时期的经世致用学派，政治上，猛烈地批判封建专制制度，揭露封建专制君主的罪恶，并提出了一些带有初步民主启蒙因素的主张。经济上，针对封建的土地兼并，提出了各种解决土地问题的办法。这些办法都贯串着"均田"的精神。教育上，他们激烈地批判束缚思想的科举制和八股文，注重学校教育，要求培养出真正有学问有实际能力的有用人才。

Ⅱ．近代后的波澜起伏

鸦片战争时期是经世致用思想的复兴时期。嘉道以降，清国势衰落，政治腐败，社会危机日趋严重。世道的衰落使以"治国平天下"为己任的封建士大夫的忧患意识苏醒，他们纷纷把目光投向现实社会，倡言"以经术为治术"，欲以自己的满腹经纶来力挽狂澜。于是，以道光六年（1826）魏源代贺长龄辑《皇朝经世文编》为标志，隐灭已久的经世致用思想再度复兴。

王夫之自题墓文

1690 年王夫之 71 岁，看到自己身体已经老迈，来日不多，就为自己题写了一篇墓文，全文如下：

有明遗臣行人王夫之，字而农，葬于此。其左则其继配襄阳郑氏之所祔也。自为铭曰：

拘刘越石之孤愤，而命无从致；希张横渠之正学，而力不能企。幸全归于兹丘，固衔恤以永世。

墓石可不作，徇汝兄弟为之，止此不可增损一字，行状原为请志铭而作，既有铭不可赘。若汝兄弟能老而好学，可不以誉我者毁我，数十年后，略记以示后人可耳，勿庸问世也。背此者自昧其心。

墓文分三部分，序、铭和附文。序文意思是：有明代遗臣行人王夫之，葬在这里。他左边合葬的是继室襄阳郑氏。

铭文的意思是：我秉持刘越石的孤高愤慨之情，命运却达不到；我希求张横渠的学问，但学力未及。幸亏能全身而没，葬于此墓中，含忧永世。

附文的意思是：墓石可以不作，我顺从你兄弟俩（王攽、王敔）的意思，如果立碑的话，只能按此处理，不能增一字、少一字，行状本来为撰墓志铭的，既然有墓志铭了，就不要再写行状了。你们兄弟俩如果能老而好学，可不要赞誉我而把我毁掉了，几十年后，略为记下我的行状告诉后人可以，但不要著书以告诉世人。背离此点者就违背了良心了。

故事出处：《王船山诗文集》

这一时期持经世致用思想的文人主要有林则徐、魏源、龚自珍及康有为等，他们逐渐感觉到只是单纯地空谈义理是无法解决现实问题的，他们开始将目光放在面对社会现实上，通过揭露清王朝的腐败统治，呼吁革除封建社会的诸多弊端，积极倡导运用经世致用之学拯救

现实社会，逐步引导人们挣脱程朱理学的羁绊。随着对西方文化和政治思想制度的认识和了解，这一时期的经世派开始认识到西方坚船利炮的威力，开始了解世界的现状，并且主张积极向西方学习。

第二次鸦片战争后，内忧和外患交织，经世致用便成了统治阶层应付困境的基本思路。经世致用派的主要代表人物冯桂芬、曾国藩等提出了"中体西用"的思想，随后，洋务派继承了中体西用的思想宗旨，并将其付诸实践，进行了富国强兵的洋务运动。

此后，经世致用思想催生了湖湘学派，新文化运动也继承了其思想的衣钵。源远流长的中国实学传统和实用主义思想，通过经世致用学派的推波助澜，逐渐成为中国文化思想的主角，至今还身处高位，深刻影响着我们的社会和生活。

三　助推中国近代化

经世致用，是一种积极入世、救世的治学和人生态度，体现了儒家的理想人格，这种人格不仅要求人们具有内在的道德境界，而且还要有外在的社会担当；不仅要"成己"，而且要"成物"；不仅要将自己修成正果，而且要有益于事功，其精神内涵包括以下几个方面：在观念上，主张面对现实，关心社会时势，积极入世和实践；在学术上，主张理论联系实际，反对高谈义理、繁琐考证；在政治上，主张经邦济民，匡时救世，革除社会弊端。

在中国历史上，往往是在国家出现大的动乱或危机时，经世致用思想才遇时而兴，成为指导和催发人们振兴祖国、解除民族危机的思想动力。晚清经世思潮在中国早期现代化的发展中所扮演的重要角色毋庸置疑，洋务官吏在以匡世救民为己任的积极入世思想的催发下，为中国引进了原本只有在西方世界才能见到的现代新生事物，确立起初具规模的现代工业体系，并引起教育、思想、文化、社会风俗等各方面不同程度的转变，这些都成为古老中国走出中世纪的契机，并为早期现代化的进一步发展奠定了物质基础。

经世致用思想在中国近代化中起了重要作用。以面向实际和着意实效为特征的经世致用之学，在开明的士大夫与西学之间筑起了一座桥梁，是经世派洋务官僚发动中国早期现代化的内在动因。

但是，晚清经世致用思想本身所具有的不可避免的消极因素，极大地束缚了中国早期现代化的推进。

经世致用讲求实效的特点，使林则徐、魏源及他们的继承者洋务派，在向西方学习的过程中，难免带有强烈的实用倾向和功利色彩，他们将目光锁定于西方的物质文明，只对短期见效的应用科技、器艺感兴趣，而忽略了政治、经济、法律制度等长期的深层次的改革，更不用说思想、文化方面的变革了。

日本明治年间开国论者福泽谕吉曾特意指出："汲取欧洲文明，必须先其难者而后其易者，首先变革人心，然后改革政令，最后达到有形的物质。按照这个顺序做，虽然有困难，但是没有真正的障碍，可以顺利达到目的。倘若次序颠倒，看来似乎容易，实际上此路不通。"（《文明论概略》）这恰好可以解释为何中日两国几乎同时学习西方，而此后发展状况却大相径庭。近代中国发展陷入困境，理由虽是多种，但与经世致用思想的过于重视事物的实际效用，过于强调"学以致用"的目的性，不能说毫无干系。

经世派学者反对空疏和迂执，致力于讲究实际事物，任何偏离实用的倾向都要受到抨击和指责。在这种思维方式的制约下，较为纯粹的理论科学研究乃至于一些思想意识形态领域的研究，都缺乏存在和发展的空间。这种只重视实用科学，而对纯理论科学及社会科学缺乏兴趣的学习西方文化的态度，对中国现代化的深入和持续发展形成重大障碍。

四　如何改进我们的政风和学风？

经世致用思想是我国珍贵的文化财富，其追求实学、关注现实、注重实地考察、重视向外国学习等特点，对改进我们的政风、学风具有重要意义。

I . 务当世之实务，力戒空谈，改进我们的政风

经世致用思想主张"务当世之务"，勇于任事，不务空谈。继承经世致用传统，就要反对空谈，注重实务。

一要反对"空"谈。何谓"空"谈？就是谈得不实、不深、不透、不切合实际，泛泛而谈，夸夸其谈，不谈要害，回避关键。我们不少干部长于说话，而且大多是套话、空话，套话一二三四讲得很顺溜，就是没有多少实际内容。反对空谈，就是讲话、做报告要联系实际，要有问题意识，要有思路举措，要能解决问题。

二要反对只说不干。有些干部工作方式是习惯于召集会议或赴各种会议讲话，光会耍嘴皮子，不想事，不谋事，不成事，也不出事，但误了党和国家的大事。墨子曾说："政者，口言之，身必行之。"（《墨子·公孟》）颜元说："人生存一日，当为生民办事一日。"（《存人篇》）我们的干部要有强烈的社会责任感，勇于任事，不但会说，还要会做，用所学知识和实际行动为人民服务。

三要实干。有些人似乎在干，却是虚干假干，领导来了就干，领导能看到的地方就干，干了一点事，却全是干给领导看的，干得好不好、人民群众是否满意，不放心上。实干就是埋头苦干，认准了就干，实实在在地干，扎扎实实地干；就是要扑下身子抓落实，将文件上、讲话中要做的工作付诸实施；就是不能贪图安逸，而是要舍得流汗吃苦，不图虚名、不务虚功。

空谈误国、实干兴邦。一切难题，只有在实干中才能破解；一切

办法，只有在实干中才能见效；一切机遇，只有在实干中才能把握；一切梦想，只有在实干中才能成真。只有那些宏观谋事，微观做事，决策科学果敢，拍板掷地有声，落实组织有力，挑担土就有个堆，谋个事就成个事的人，才是真正的实干家，才能委以重任，担当大任。

II．"士当求实学"，改造我们的学风

经世致用在治学上反对空谈义理、繁琐考证，主张从事研究解决实际问题、匡时救弊的实学，开创一代崭新的学风，对中国影响深远。中国近代史上著名人物魏源、林则徐、曾国藩、毛泽东等无不受其影响。

现在学界弥漫着一种虚浮之气，很多研究项目，题目堂而皇之，却不是真命题、真问题；研究材料在网络上搜索，不实地调查；有的学者为了某种目的，以虚假的数据或事例曲成其说或生吞活剥材料，断章取义；研究结论更是浮在面上，标新立异，哗众取宠，最终却是隔靴搔痒，不能解决实际问题，徒耗人力、财力。更有不少学者，钻进象牙塔，"不知有汉，无论魏晋"，不食人间烟火，亦看不出有何理论贡献、思想光芒。

顾炎武说"士当求实学"，我们学习的时候一定要结合实际问题来学，做学问的时候，必须做有价值和意义的学问。实事求是是我国的优良传统，学界应继承"实学"精神，做到治学态度踏实、选题务实、材料真实、论证扎实、表述平实。

III．"睁眼看世界"，坚持开放和求新

鸦片战争时期经世致用思想的主要代表林则徐、魏源、龚自珍等主张"睁眼看世界"，其开放思想对中国历史影响深远。整个中国近代历史，就是无数仁人志士"睁眼看世界"，求索救国救民真理而自强不息的历史。开放观念对个体和社会进步都是很重要的。历史上频繁的文化交流不仅把世界先进思想、文明带到中国，同时也把中国的先进文化传播到世界，有利于推动中华民族和人类社会的发展和进步。现

在世界各国相互联系和依存日益加深，联系更加紧密，更需要我们保持"睁眼看世界"的开放心态。

开放，是为了走出狭隘，除旧布新。经世致用学者们主张不泥古，独立思考，有所创新。如，唐甄提倡"言我之言"，强烈反对蹈袭古人。他说："言，我之言也。名，我所称之名也。今人作述，必袭古人之文，官爵郡县，必反今世之名，何其猥而悖也。"（《潜书》）贵在创新的精神，使清初的经世致用思想家在各个学术领域都别开生面，取得巨大成就。今天，更是创新的时代，唯有创新方能不被淘汰、立于不败。时代需要我们有挑战传统、超越自我、破旧立新的精神。

增强开放意识，就要求我们进一步解放思想，抛弃任何一种保守、僵滞、封闭的观念，破除怕抢饭碗、怕占市场和肥水不流外人田的思想，强化忧患意识、机遇意识和创新意识。

Ⅳ. 重"考核异同"，大兴调查研究之风

明清以来经世致用学者比较实事求是，重调查研究。顾炎武为写《天下郡国利病书》，一年之内半宿旅店，考山川风俗，疾苦利病。"先生之游，以二马三骡载书自随，所至厄塞，即呼老兵退卒询其曲折；或与平日所闻不合，则即坊肆中发书而对勘之。"（《亭林先生神道表》）地理学家顾祖禹，"穷年累月，矻矻不休。至于舟车所经，亦必览城郭，按山川，稽里道，问关津，以及商旅之子、征戍之夫，或与从容谈论，考核异同"（《读史方舆纪要》）。这种调查研究之风，在清初学者中比较盛行，成为清初学风的一大特点。

现在一些干部不愿意、不注重调查研究，定规划、做决策、下指示，往往凭过去经验和一己之见，异想天开，闭门造车。因为不了解日新月异的真实情况和亟待解决的真实问题，很多规划、决策、部署常常是瞎折腾、瞎指挥，成为一纸空文。

我国改革和发展进入深水区，任何决策都不能刻舟求剑、闭门造车、异想天开，要像经世致用学者一样注重调查研究。

调查研究是一门科学，也是一门艺术。我们的干部搞调查研究要走群众路线，放下架子、扑下身子。调查研究的作风要实，真正做到听实话、摸实情、办实事。要认真听取各方面的意见，既听取干部汇报，又听取群众反映，既听取正面意见，又听取反面意见，掌握全面情况。要善于分析矛盾发现问题，提出切实可行的解决问题的办法。

欲知山中事，须问打柴人

《增广贤文》（节录）

近水识鱼性，近山识鸟音。

欲知山中事，须问打柴人。

他们的学风，都在这种环境中间发生出来（节录）

梁启超

我说的"环境之变迁与心理之感召"，这两项要当为"一括搭"的研究。内中环境一项，包含范围很广，而政治现象，关系最大。所以我先要把这一朝政治上几个重要关目稍为提挈，而说明其影响于学术界者何如。一六四四年三月十九日以前，是明崇祯十七年；五月初十日之后，便变成清顺治元年了。本来一姓兴亡，在历史上算不得什么一回大事，但这回却和从前有点不同。新朝是"非我族类"的满洲，而且来得太过突兀，太过侥幸。北京、南京一年之中，唾手而得，抵抗力几等于零。这种激刺，唤起国民极痛切的自觉，而自觉的率先表现实在是学者社会。鲁王、唐王在浙、闽，永历帝在两广、云南，实际上不过几十位白面书生——如黄石斋道周、钱忠介、张苍水煌言、王完勋翌、瞿文忠式耜、陈文忠子壮、张文烈家玉……诸贤在那里发动主持。他们多半是无官守无言责之人，尽可以不管闲事，不过想替本族保持一分人格，内则隐忍迁就于悍将暴卒之间，外则与"泰山压卵"的新朝为敌。虽终归失败，究竟已把残局支撑十几年，成绩也算可观了。就这一点论，那时候的学者，虽厌恶阳明学派，我们却应该从这里头认取阳明学派的价值。因为这些学者留下许多可歌可泣的事业，令我们永远景仰。他们自身，却都是——也许他们自己不认——从阳明学派这位母亲的怀里哺养出来。

这些学者虽生长在阳明学派空气之下，因为时势突变，他们的思想也像蚕蛾一般，经蜕化而得一新生命。他们对于明朝之亡，认为是学者社会的大耻辱大罪责，于是抛弃明心见性的空谈，专讲经世致用的实务。他们不是为学问而做学问，是为政治而做学问。他们许多人都是把半生涯送在悲惨困苦的政治活动中，所做学问，原想用来做新政治建设的准备，到政治完全绝望，不得已才做学者生活。他们里头，因政治活动而死去的人很多，剩下生存的也断断不肯和满洲人合作，宁可把梦想的"经世致用之学"依旧托诸空言，但求改变学风以收将来的效果。黄梨洲、顾亭林、王船山、朱舜水，便是这时候代表人物。他们的学风，都在这种环境中间发生出来。

（题目为编者所加。梁启超：《中国近三百年学术史》，商务印书馆 2011 年版）

第二十五讲
求是务实

不闻不若闻之，闻之不若见之，见之不若知之，知之不若行之。学至于行之而止矣。行之，明也，明之为圣人。圣人也者，本仁义，当是非，齐言行，不失毫厘，无它道焉，已乎行之矣。故闻之而不见，虽博必谬；见之而不知，虽识必妄；知之而不行，虽敦必困。不闻不见，则虽当，非仁也，其道百举而百陷也。

——《荀子·儒效》

名与实对。务实之心重一分，则务名之心轻一分，全是务实之心，即全无务名之心。若务实之心如饥之求食，渴之求饮，安得更有工夫好名？

——《传习录》

西汉时期，汉景帝的儿子河间献王刘德，非常喜欢儒学经典，他从民间大量收购，每当有人送来典籍善本，他都命人认真抄录，将抄本回赠给原主，还送给原主金钱布匹。于是很多人愿意向刘德献书，甚至有不远千里而来的。这些书都是先秦时期《周官》《尚书》《孟子》等。刘德还对收集到的典籍进行研究，在研究典籍时非常注重事实依据，遇到典籍之间说法不同的，一定要分清是非真伪。因此，史学家班固在《汉书》中对刘德评价道："修学好古，实事求是。"

一般认为这是"实事求是"在我国文献中的最早记录。

一　一种治学态度和方法

关于河间王的"修学好古，实事求是"，历来有不同解释。唐代颜师古为《汉书》作的注解是："务得事实，每求真是也。今流俗书本云求长长老，以是从人得善书，盖妄加之耳。"意思是说刘德研究学问，喜欢稽古考证；为了获得事实证据，每每积极搜集民间善本藏书，并据此对后来印行的书籍认真地加以校勘、订正。之前流行的所谓"求

"长长老""从人得善书"是"妄加"之论。

清代经学大师、"扬州学派"的中坚人物凌廷堪，在《戴东原先生事略状》一文中对"实事求是"做了一番解释："昔河间献王'实事求是'。夫实事在前，吾所谓是者，人不能强辞而非之，吾所谓非者，人不能强词而是之也。如六书九数及典章制度之学是也。虚理在前，吾所谓是者，人既可别持一说以为非，吾所谓非者，人亦可别持一说以为是也，如义理之学是也。"他的意思是说，"实事"是治学的基本前提，"求是"只有在"实事"的基础上才能完成。

可以说"实事求是"的最初含义，是一种通过对文献的校勘和辨伪求得事实的治学态度和方法。

这种治学态度和方法，在清代乾嘉学派那里有很好的体现。当时大批学者提倡依据史实考据，"实事求是"成为一时之学风。清代史学家钱大昕提出："俾知通儒之学，必自实事求是始。"（《卢氏郡书拾补序》）清代扬州学派的代表人物汪中总结自己的治学之道时说："及为考古之学，惟实事求是，不尚墨守。"（《新编汪中集》）。清代学者阮元也说："余之说经，推明古训，实事求是而已，非敢立异也。"（《研经室集·自序》）

可知，"实事求是"在清代是指导学者们研治经史的学术理念。

二 悠长的务实传统

虽然"实事求是"在古籍中常常作为治学尤其是治史的态度和方法出现，但其表达出来的求真务实思想，却是由来已久。

I. 孔子的循名责实

孔子主张"正名"，认为"名不正，则言不顺；言不顺，则事不成"，但又说，"名之必可言也，言之必可行也"，强调名实相符，言行一致。对于学习，他说："知之为知之，不知为不知，是知也。"（《论语·为政》）。孔子还讲："觚不觚，觚哉！觚哉！"（《论语·雍也》）说"觚"这个东西到底是不是"觚"，是要与具体事物的规定性相一致的，并不是任何一个东西都可以叫它"觚"。一天齐景公问孔子如何施政，孔子回答说："君君，臣臣，父父，子子。"表面之意是做君主的要像君主的样子，做臣子的要像臣子的样子，做父亲的要像父亲的样子，做儿子的要像儿子的样子。实际上是要求人的行为合乎其名分，反映的是循名责实的思想。

II. 孟子务实的一面

孟子被认为是一个有浓重理想主义色彩的思想家，但他也有求实务实的一面。比如，他认为"无恒产则无恒心"，主张给民以恒产，从而使民有恒心。孟子还说过："易其田畴，薄其税敛，民可使富也。食之以时，用之以礼，财不可胜用也。民非水火不生活，昏暮叩人之门户，求水火，无弗与者，至足矣。圣人治天下，使有菽粟如水火。菽粟如水火，而民焉有不仁者乎！"（《孟子·尽心上》）表现出一种务实的生活本位的伦理观。孟子讲"义、利"之辨，但他并未将两者绝对对立起来，更未以"义"彻底地遮蔽甚至掩杀"利"。他说："鱼，我所欲也，熊掌，亦我所欲也；二者不可得兼，舍鱼而取熊掌者也。"（《孟子·告子上》）还说："欲贵者，人之同心也。"（《孟子·告子上》）认为富贵是所有人的追求。

战国时期齐国著名政治家和思想家淳于髡，以博学多才、善于辩论著称，是稷下学宫中最有影响力的学者之一。孟子游历齐国的时候，淳于髡去拜访他，并问孟子："请问先生，男女授受不亲，这个是礼制所规定的吗？"孟子很客气地回答说："您说的男女授受不亲，确实是礼法所规定的。"淳于髡接着说："那么，嫂子掉进了水里，要用手去救她么？"孟子说："嫂子掉进水里了，却不去救，这简直就是狼心狗肺！"可能孟子意识到自己说的话有失体统，接着补充说道："男女授受不亲，那是礼。但嫂子掉水里，要用手去救，这个是'权'，是权宜之计，你不能见死不救啊。"（《孟子·离娄上》）一般都说这段精彩对话揭示了孟子的权变思想，其实我们从中可以感受到孟子骨子里的务实。

III. 荀子的重征验

相对于孔、孟，荀子的思想则具有更多的现实主义倾向，偏向于经验以及事功方面。荀子重征验，贵实行。他说："不闻不若闻之，闻之不若见之，见之不若知之，知之不若行之。学至于行之而止矣。"（《荀子·儒效》）认为认知的落脚点在于"行"。

IV. 诸子的名实统一观

在百家争鸣的先秦时期，除了儒家之外，其他诸子学说，也多有求是务实的思想主张。道家一系的庄子说："名者，实之宾也。"认为"实"是产生"名"的根本。墨子说："非以其名也，以其取也。"认为如果只会念诵事物的名称而对于实际事物不能正确选取，那是没有价值的。法家代表人物韩非子说："循名实而定是非，因参验而审言辞。"（《韩非子·奸劫弑臣》）意思是要遵循思想和实际是否一致，来判断是非；要通过验证来审核言辞是否正确。他曾经举例说：判断一把刀的利钝，不能光看颜色光泽，而是应当通过砍杀的检验。判断一个人的才干，也不能只看言谈辞令，而应该依据他的实际能力。

V. 汉以后，与玄学、理学、心学相伴的实学

汉以后，空谈性理思想一度涌现并成为主流，如魏晋时期的玄学及宋明时期的理学和心学，但继承传统儒学"外王""经世"思想的事功思潮，亦如影相随。

汉初流行的黄老之学，主张在"究万物之情"的基础上，坚持"因物与合"。用我们今天的话来说，叫作从实际出发，因物变化，因时变化，因地变化。东汉时，王充著《论衡》，其宗旨是"疾虚妄，归实诚"。王符在《潜夫论》中说："大人不华，君子务实。"

纸上谈兵

赵孝成王七年（前259），秦军和赵军在长平对峙。其时赵国大将赵奢已经去世，蔺相如也病重，赵王派廉颇率兵抗秦。当时秦军一再打败赵军，赵军便加强防御，不再出兵应战，即使秦军一再挑战，廉颇依然不理睬。秦国就派间谍对赵王说："秦兵最忌讳、最害怕的是赵奢的儿子赵括做赵国的统帅。"赵王信以为真，让赵括代替了廉颇。蔺相如说："陛下仅凭虚名而任用赵括，赵括这人，只会念他父亲留下的兵书罢了，并不能体悟战略上因时因势而变化的道理啊！"赵王不听，还是任赵括为将。

赵括其人，自小熟读兵法，自以为天下没有人比得上自己。有一次他与父亲谈战阵布设之道，赵奢也难不倒他。但赵奢也不因此就承认他懂得兵法，赵括的母亲问是何道理，赵奢说："战争，是关系生死的大事，而括儿竟说得轻松容易，将来赵国不用括儿为将则已，若果用了他，使赵国惨败的，不是别人，必是括儿了。"等到赵括率领的大军将要出发的时候，赵括的母亲上书给赵王，说："赵括不宜做将军。"但赵王仍不听。

赵括一经取代廉颇的职权，立即全盘修改法令，调动官吏。秦将运用奇兵，假装战败退走，却由背后偷袭，赵军大败，赵括也被乱箭射死，数十万大军束手投降。

故事出处：《史记·廉颇蔺相如列传》

与朱熹同时代的陈亮曾与朱熹发生过激烈争论，他不满当时士林风气："为士者耻言文章、行义，而曰'尽心知性'；居官者耻言政事、书判，而曰'学道爱人'，相蒙相欺，以尽废天下之'实'，则亦终于百事不理而已。"（《送吴允成运干序》）认为程、朱"尽心知性""学道爱人"之说为空言，力主回到"文章行义""政事书判"等实事中来。

南宋时期的永嘉学派因为注重事功被称为事功学派、功利学派。代表人物叶适曾经说："'正谊不谋利，明道不计功'初看极好，细看全疏阔。古人以利与人，而不自居其功，故道义光明。后世儒者，行仲舒之论，既无功利，则道义者乃无用之虚语尔。"（《宋元学案·水心学案》）。认为不讲功利，道义之类就是空话。

明中叶与王阳明同时代的王廷相说："近世学者之弊有二：一则徒为泛然讲说，一则务为虚静以守其心，皆不于实践处用功，人事上体验。往往遇事之来，徒讲说者，多失时措之宜，盖事变无穷，讲论不能尽故也；徒守心者，茫无作用之妙，盖虚寂寡实，事机不能熟故也。"（《王廷相集》）批评当时的心学"不于实践处用功，人事上体验"，主张务实的学风。

明末清初形成了经世致用的哲学思潮，其特点是不再以形而上的境界和精神作为价值取向，而有志于对经验世界及其知识的把握，主要代表人物有黄宗羲、顾炎武、王夫之等。王夫之提出"有即事以穷理，无立理以限事"，即要根据对客观事实的探索去发现规律，而不能先空想一个规律去限制客观事实，也就是"即事穷理"。还说："名非天造，必从其实。"（《思问录·外篇》）"言必拟实。"（《尚书引义·召诰无逸》）极力主张名与实际相符。

鸦片战争后，魏源等人的"师夷长技以制夷"的"经世致用"的思想，开启晚清实事求是、经世务实的向西方学习之风，对中国近现代历史影响深远。

三 可贵的求真精神

我国历史传统中的求是务实精神首先表现为求真精神。对于

"是"，《说文解字》有注："是，直也，从日正。"段玉裁注曰："以日为正则曰是。从日、正，会意。天下之物莫正于日也。"认为像太阳（"日"）那样"正"就是"是"。1979 年、1989 年出版的《辞海》在解释"实事求是"时，就把"实事求是"的本义明确地解释为"根据实证，求索真相"。因而"求是"就是说出真相。

早期儒家的求真精神在《春秋》中有充分表现，表现为历史叙事上的一种客观精神。孔子曾经说："董狐，古之良史也。"（《左传·宣公二年》）董狐是春秋时期晋国的史官，孔子为什么说他是"良史"呢？这主要是因为董狐作为史官敢于秉笔直书当朝大臣杀君主一事。当时晋国君主晋灵公夷皋聚敛民财，残害臣民，作为正卿的执政大臣赵盾，多次苦心劝谏，灵公非但不改，反而肆意残害。他先派人刺杀，未遂，又于宴会上伏甲兵袭杀。赵盾被逼无奈，只好出逃。当逃到晋国边境时，听说灵公已被其族弟赵穿带兵杀死，于是返回晋都，继续执政。史官董狐以"赵盾弑其君"记载此事，并宣示于朝臣。赵盾很不满，他说晋灵公是赵穿杀的，不是他的罪。董狐说："你作为执政大臣，在逃亡未过国境时，原有的君臣之义还没有断绝，回到朝中，就应当组织人马讨伐乱臣，不讨伐就未尽到职责，因此'弑君'之名应由你承当。"

当时，齐国的大夫崔杼杀掉了齐庄公，史官太史便在"国史"中直书"崔杼弑其君"，"弑"字含有贬斥的意思，因而，崔杼将这位史官杀掉了。而这位被杀史官的弟弟继承了哥哥的事业，继续直书其事，又被杀了。另一位弟弟仍然如实书写，崔杼不得已"乃舍之"（《左传·襄公二十五年》）。

司马迁写《史记》，也是"不虚美，不隐恶"，对于帝王如汉武帝刘彻的迷信求仙和贪功生事，将相大臣如公孙弘等人的巧诈逢迎，张汤、杜周等人的贪污残酷，以及王室子孙的荒淫乱伦等，都秉笔直书，深刻地加以讥讽和谴责。

司马光主持编修《资治通鉴》，坚持实事求是的原则。司马光一次问学者邵雍：“我是一个什么样的人？”邵雍说：“君实（司马光，字君实）脚踏实地人也。”（《邵氏闻见前录》）

苏东坡向王安石认错

苏东坡一天拜见当朝宰相王安石。相府仆人把他领进王安石的书房，说是宰相大人外出办事，马上回来，请苏学士用茶稍候。等了一会，主人还不回来，苏东坡便信步走到书桌旁，见桌上摊着一首咏菊诗。这首诗没有写完，只写了两句：

昨夜西风过园林，吹落黄花满地金。

苏东坡看了，心里不由暗暗好笑起来：“西风”明明是秋风，“黄花”就是菊花，菊花最能耐寒、耐久，敢与秋霜斗，从来所见到的菊花，只有干枯在枝头，哪见过被秋风吹落得满地皆是呢？“吹落黄花满地金”显然是大错特错了。于是，提笔就在上面续了两句：

秋花不比春花落，说与诗人仔细吟。

苏东坡搁下毛笔，又待了一会，见主人还不回来，便起身告辞了。再说王安石回家后，到书房见了苏东坡的那两句话，只是摇了摇头，并不与苏东坡计较。

后来苏东坡降到黄州去当团练副使。到黄州后住了将近一年，转眼到了九九重阳，秋风刮了多日，这天风一停，苏东坡便邀请好友陈季常到后园赏菊。到了园里一看，只见菊花纷纷落瓣，满地铺金，枝上却连半朵花也没有。他顿时目瞪口呆，想起给王安石续诗的往事，才醒悟只因自己的肤浅才犯下那种无知的错误，连忙提笔给王安石写信认错。

故事出处：冯梦龙的《警世通言》

求是务实精神表现在言行一致、知行合一。这就是重视实学、实务，反对空疏作风，强调认真做事、踏实做人的思想。在行动上就是直道而行，如敢于犯颜直谏的魏徵，刚正不阿的包拯、海瑞等。

求是务实精神还体现在脚踏实地、经世致用。这就是不能停留在认识层面，还要求脚踏实地去做。知识人要自觉地担负起关心时政、关注国事、针砭时弊甚至救国于危难之中的使命。中国古代就涌现了如唐代柳宗元、刘禹锡，宋代王安石，明代王廷相等一批关注现实、具有改革倾向的思想家。

求是务实的精神催生出了我国灿烂的科技文明。英国科学史家李约瑟说："我们必须记住，在早些时候，在中世纪时代，中国在几乎所有的科学技术领域，从制图学到化学炸药都遥遥领先于西方。从我们的文明开始到哥伦布时代，中国的科学技术常常为欧洲人所望尘莫及。"（《李约瑟文集》）在相当长的一段时期内，中国科学技术之所以在世界上处于领先地位，一个很重要的原因是注重实践，注重考察，充满务实精神。

求是务实精神也影响了一代代知识精英，牵引着他们从现实问题和困境出发，进行思考，并试图改造社会，使我国历史上的文化思潮始终处于活跃的状态，你方唱罢我登场，也造就了我国丰富多彩的、具有务实质地的精神文化作品。

四　毛泽东思想的精髓和灵魂

"实事求是"一词能具备今天的含义，与毛泽东同志是分不开的。1941年5月，毛泽东在延安干部工作会议上作《改造我们的学习》的讲话，他说：

"实事"就是客观存在的一切事物，"是"就是客观事物的内部联系，即规律性，"求"就是我们去研究。我们要从国内外、省内外、县内外、区内外的实际情况出发，从其中引出其固有的而不是臆造的规律性，即找出周围事物的内部联系，作为我们行动的向导。

这是毛泽东对"实事求是"的经典解释，指的是从实际对象出发，探求事物的内部联系及其发展的规律性，认识事物的本质。用通俗的话说，就是按照事物的实际情况办事。

毛泽东曾说："这种态度，有实事求是之意，无哗众取宠之心。这种态度，就是党性的表现，就是理论和实际统一的马克思列宁主义的作风。这是一个共产党员应该具备的起码态度。如果有了这种态度，那就既不是'头重脚轻根底浅'，也不是'嘴尖皮厚腹中空'了。"（《毛泽东选集》）

五　领导干部要做实事求是的表率

回顾中国共产党的历史可以清楚地看到，什么时候坚持实事求是，事业就兴旺，什么时候离开了实事求是，事业就会受到损失甚至严重挫折。继承和发扬传统文化中的求是务实精神，领导干部要做出表率。

1.　"言必信"，坚持讲真话、听真话

墨子说"言必信"，孔子说"知之为知之，不知为不知，是知也"（《论语·为政》），就是要求人们讲真话。讲真话与听真话互为条件，讲真话，需要听者听真话；听真话，需要说者讲真话。现在之所以有些人不愿讲真话，是因为有些听者不愿面对真话所反映的现实，所以花言巧语、弄虚作假以取悦听者。我们有些领导干部喜欢说假话、大话、空话，是因为有些领导干部喜欢听假话、大话、空话。

倡导讲真话必须倡导听真话，这就要树立求真的精神。传统文化中的求是务实精神，核心理念是求真。我们的干部要听得进逆耳真言，不要轻易把不同意见说成噪音、杂音，要奖掖讲真话的干部群众，让

讲假话者没有立足之地。当然，求真精神的养成，需要提升道德修养，需要改革完善选人用人制度，让更多的求真务实、能听真话的人，担任各级领导干部，如此，讲真话方能蔚然成风。

Ⅱ．"尽信书，不如无书"，坚持从实际出发

求是务实，作为一种学风，就是理论研究要注重事实依据，主张循名责实，它们不是一种理论到另一种理论，而是要从实际到理论。

我们有些领导干部做决策从本本出发，唯上、唯书，对下情若明若暗，其消极影响和后果不可低估。

理论如果脱离了实际，就会成为僵化的教条，就会失去其活力与生命力。理论家如果脱离了社会实践，只是从书本上来到书本上去，就会成为空洞的理论家。我们想问题、做决策、办事情必须从实际出发，而不能从本本出发。这就要多深入基层开展调查研究，没有调查就没有发言权，没有调查也就没有决策权。

Ⅲ．"征实则效存"，做足"实"上文章，做出科学的制度安排

求是务实落在"实"上。王符说："大人不华，君子务实。"（《潜夫论·叙录》）王勃说："征实则效存，徇名则功浅。"（《上刘右相书》）前一句反对华而不实。后一句的意思是，踏踏实实工作的人，会干出成效；一心专务虚名、敷衍塞责之人，功业浅薄。两人都主张务实。

在我们领导干部中，要讲求务实精神，就是要讲实情、出实招、办实事、求实效。讲实情，就是要讲真话，这个前文已经谈过。出实招，就是要按照实际情况决定工作方针，不提不切实际的口号，不提超越阶段的目标。办实事，就是要力戒空谈，不做不切实际的事情，力戒形式主义。求实效，就是要雷厉风行、狠抓落实，不抓则已、抓则必成，做出实实在在的业绩，不好大喜功，不做表面文章、不搞花

架子。如果我们的各级领导干部在各自的工作岗位上，时时处处都坚持讲实情、出实招、办实事、求实效，就会受到人民群众的拥戴。

要使党的干部自觉地求真务实，必须做出科学的制度安排。我们要完善领导干部的政绩评估制度，考核领导干部既要看经济增长，又要看群众满意度；既要看当前发展又要看可持续发展。同时要建立能者上、庸者下的用人制度等。

改造我们的学习（节录）

毛泽东

　　为了反复地说明这个意思，我想将两种互相对立的态度对照地讲一下。

　　第一种：主观主义的态度。

　　在这种态度下，就是对周围环境不作系统的周密的研究，单凭主观热情去工作，对于中国今天的面目若明若暗。在这种态度下，就是割断历史，只懂得希腊，不懂得中国，对于中国昨天和前天的面目漆黑一团。在这种态度下，就是抽象地无目的地去研究马克思列宁主义的理论。不是为了要解决中国革命的理论问题、策略问题而到马克思、恩格斯、列宁、斯大林那里找立场，找观点，找方法，而是为了单纯地学理论而去学理论。不是有的放矢，而是无的放矢。马克思、恩格斯、列宁、斯大林教导我们说：应当从客观存在着的实际事物出发，从其中引出规律，作为我们行动的向导。为此目的，就要像马克思所说的详细地占有材料，加以科学的分析和综合的研究。我们的许多人却是相反，不去这样做。其中许多人是做研究工作的，但是他们对于研究今天的中国和昨天的中国一概无兴趣，只把兴趣放在脱离实际的空洞的"理论"研究上。许多人是做实际工作的，他们也不注意客观情况的研究，往往单凭热情，把感想当政策。这两种人都凭主观，忽视客观实际事物的存在。或作讲演，则甲乙丙丁、一二三四的一大串；或作文章，则夸夸其谈的一大篇。无实事求是之意，有哗众取宠之心。华而不实，脆而不坚。自以为是，老子天下第一，"钦差大臣"满天飞。这就是我们队伍中若干同志的作风。这种作风，拿了律己，则害了自己；拿了教人，则害了别人；拿了指导革命，则害了革命。总之，这种反科学的反马克思列宁主义的主观主义的方法，是共产党的大敌，是工人阶级的大敌，是人民的大敌，是民族的大敌，是党性不纯的一种表现。大敌当前，我们有打倒它的必要。只有打倒了主观主义，马克思列宁主义的真理才会抬头，党性才会巩固，革命才会胜利。我们应当说，没有科学的态度，即没有马克思列宁主义的理论和实践统一的态度，就叫做没有党性，或叫做党性不完全。

有一副对子，是替这种人画像的。那对子说：

墙上芦苇，头重脚轻根底浅；

山间竹笋，嘴尖皮厚腹中空。

对于没有科学态度的人，对于只知背诵马克思、恩格斯、列宁、斯大林著作中的若干词句的人，对于徒有虚名并无实学的人，你们看，像不像？如果有人真正想诊治自己的毛病的话，我劝他把这副对子记下来；或者再勇敢一点，把它贴在自己房子里的墙壁上。马克思列宁主义是科学，科学是老老实实的学问，任何一点调皮都是不行的。我们还是老实一点吧！

第二种：马克思列宁主义的态度。

在这种态度下，就是应用马克思列宁主义的理论和方法，对周围环境作系统的周密的调查和研究。不是单凭热情去工作，而是如同斯大林所说的那样：把革命气概和实际精神结合起来。在这种态度下，就是不要割断历史。不单是懂得希腊就行了，还要懂得中国；不但要懂得外国革命史，还要懂得中国革命史；不但要懂得中国的今天，还要懂得中国的昨天和前天。在这种态度下，就是要有目的地去研究马克思列宁主义的理论，要使马克思列宁主义的理论和中国革命的实际运动结合起来，是为着解决中国革命的理论问题和策略问题而去从它找立场，找观点，找方法的。这种态度，就是有的放矢的态度。"的"就是中国革命，"矢"就是马克思列宁主义。我们中国共产党人所以要找这根"矢"，就是为了要射中国革命和东方革命这个"的"的。这种态度，就是实事求是的态度。"实事"就是客观存在着的一切事物，"是"就是客观事物的内部联系，即规律性，"求"就是我们去研究。我们要从国内外、省内外、县内外、区内外的实际情况出发，从其中引出其固有的而不是臆造的规律性，即找出周围事变的内部联系，作为我们行动的向导。而要这样做，就须不凭主观想象，不凭一时的热情，不凭死的书本，而凭客观存在的事实，详细地占有材料，在马克思列宁主义一般原理的指导下，从这些材料中引出正确的结论。这种结论，不是甲乙丙丁的现象罗列，也不是夸夸其谈的滥调文章，而是科学的结论。这种态度，有实事求是之意，无哗众取宠之心。这种态度，就是党性的表现，就是理论和实际统一的马克思列宁主义的作风。这是一个共产党员起码应该具备的态度。如果有了这种态度，那就既不是"头重脚轻根底浅"，也不是"嘴尖皮厚腹中空"了。

（《毛泽东选集》，人民出版社 1991 年版）

第二十六讲
民富国强

为治之本，务在宁民；宁民之本，在于足用。

——《淮南子·泰族训》

王国富民，霸国富士，仅存之国富大夫，亡道之国富仓府。

——《说苑·政理》

立国之道无他，惟在于富。自古未有国贫而可以为国者。夫富在编户，不在府库。若编户空虚，虽府库之财积如丘山，实为贫国，不可以为国矣。国家五十年以来，为政者无一人以富民为事，上言者无一人以富民为言。至于为家，则营田园，计子孙莫不求富而忧贫。何其明于家而昧于国也！

——《潜书·存言》

春秋时期，在南部楚国，有个叫芈叔的地方官，每年都不遗余力征税，有一年他所征收的赋税又比别地方多，楚王很高兴，并在朝堂上对芈叔大赞一番。令尹孙叔敖听后，却哈哈大笑。

楚王满脸的不高兴："令尹认为我做错了吗？为什么不直接指出来，却在朝廷上羞辱我？"

孙叔敖没有正面回答楚王的问题，而是给楚王讲了一个故事："在我的家乡，有一个靠池塘养殖而谋生的人。一天，有个吴人路过池塘，见里面有很多鱼虾，就对乡人说，我善于捕鱼。我的乡人听后很高兴，就给他准备了渔网、舟楫等捕鱼的设备，助他去捕鱼。可没想到的是，那吴人却跑到池塘边说，我善于捕捉池塘里的鱼。乡人面色不悦地说，我原以为你是善于捕获江河里的鱼呢，这样我就可以增加额外的收益，谁知道你是在这里捕鱼。池塘里的鱼本来就是我养殖的，还用得上你捕吗？"

讲到这里，孙叔敖停顿了一会儿，然后话锋一转说："如今楚国所有的百姓都是您的臣民，芈叔作为地方官吏，不仅没有实施善政来安抚百姓，却从本来就属于君王的赋税中多加索取，来作为他的政绩。这种做法，实际上是割下君王您腿上的肉给您吃啊。如果其他官吏都这样做，那国家也就非常危险了。"

楚王认为孙叔敖讲得很有道理，就罢免了芈叔，并下令诏示全国：各地官吏，如有效法芈叔那样盘剥百姓而肆意增加赋税的，必处大刑。

楚人听到这一诏令非常高兴，人人勤奋生产，精耕细作，三年时间就使楚国称霸于诸侯。

两千多年后，在原楚国地界出生的学者魏源，说了国家的两种征税做法，一种是"种柳树"式，一种是"割韭菜"式。前者是修整树枝，培植根本；后者是一天割光五十亩，不割光不歇手。魏源认为，统治者对百姓不能竭泽而渔，一个国家没有富民就会贫穷，没有中产之家就会很危险，人民的贫富与国家安危攸关。

民与国的关系是中国历代思想者思考的重要命题，更是历代统治者纠结的问题。是对民多征一些，先富了国再说，还是对民少征一些，民富后再征？是先让国富起来，还是先让民富起来？

一　传统富民强国思想

Ⅰ．"民富国强"初见《吴越春秋》

"民富国强"一语最早见于东汉赵晔的《吴越春秋·勾践归国外传》，原文是这样的：

越主内实府库，垦其田畴，民富国强，众安道泰。

这句话讲的是，春秋时期越王勾践卧薪尝胆，励精图治，鼓励农桑，发展农业，使得仓储丰盈，民富国强，人民安居乐业。

Ⅱ．邾文公："天生民而树之君，以利之也"

我国很早就有民富国强的思想，商周时期，重民思想即已出现。周武王有鉴于周灭殷商，说："天视自我民视，天听自我民听。"意思是，上天所看到的，来自于我们老百姓所看到的；上天所听到的，来自于我们老百姓所听到的。当时，天是神灵，需要经常祭祀。周武王居然说天所看所听到的，来自百姓，足见其对民之重视。由此产生早期的敬天、保民、利民思想。

对于利民，有必要说说邾文公迁都的感人故事。据《左传》记载，公元前614年，邾国（位于现山东省邹城市境内）的国君邾文公，准备将国都迁到峄山之阳的"绎"。这么大的事情，自然要占卜吉凶，但占卜结果却"利于民而不利于君"，就是说对老百姓有利，对国君不利。当时的人很相信占卜，非常担心邾文公的身体，纷纷劝阻迁都。邾文公却说："苟利于民，孤之利也。天生民而树之君，以利之也。民既利矣，孤必与焉。"意思是说，假如对老百姓有利，就是对我有利。老天爷之所以设立国君管理百姓，就是为了要让老百姓得到利益。迁都既然能够让老百姓得到好处，即使对我不利，我也要完成此事。他毅然迁都，定都不久后即病逝。峄山之阳，地理形势优越，易于防守；周围河流纵横，适于农业生产。邾国定都后，战乱少了，经济得到了迅速发展，百姓生活安定富裕了很多。

III. 孔子："政之急者，莫大乎使民富且寿也"

孔子讲仁义，具有鲜明的富民思想。孔子曾说："政之急者，莫大乎使民富且寿也。"（《孔子家语·贤君》）说最急迫的政事，没有比使老百姓富起来又长寿更重要的。

孔子周游至卫国后，曾对跟随他的学生冉有说道："这里人口众多，要使他们富起来。"（参《论语·子路》）

如何富民？孔子主张政府少征税。

有一回鲁哀公问政于孔子。

孔子说："要让老百姓民富起来。"

哀公问："那怎么使老百姓富起来呢？"

孔子说："您少征一些税，民就富起来了。"

哀公说："如果这样，我就不穷了吗？"

孔子说："《诗经》里不是说'恺悌君子，民之父母'，您什么时候见过儿子富裕而父母贫穷的！"

又有一回，哀公问孔子的弟子有若："发生灾荒，府库不足用，怎么办呢？"

有若答道："那您减税，收什一之税好了。"

哀公一脸狐疑："现在抽十分之二我都不够，怎么收什一的税呢？"

有若说："老百姓足了，你怎么会不足呢！老百姓不足，你怎么可能富足呢！"

"未见其子富而父母贫者""百姓足，君孰与不足？百姓不足，君孰与足？"体现出孔子及其弟子民富则国富、民足则君足的主张。

IV．孟子："有恒产""薄其税敛"，老百姓就能富起来

孟子主张施仁政于民，系统提出了重民富民思想。他说："有恒产者有恒心，无恒产者无恒心。"（《孟子·滕文公上》）为使百姓致富，孟子以井田制为基础，描绘出一幅理想化的小农经济模式。他也主张轻徭薄赋，认为："易其田畴，薄其税敛，民可使富也。"（《孟子·尽心上》）意为让百姓种好他们的地，减轻他们的赋税，就可以使百姓富足。

V．荀子：国家富足之道在于"节用裕民而善臧其余"

荀子以舟水比喻君民关系，从其民本主义思想生发出鲜明的民富国强思想。他说："下贫则上贫，下富则上富，如是上下俱富。"他的富民之道是开源节流，这就著名的"节用裕民"的思想。他说："足国之道，节用裕民而善臧其余。节用以礼，裕民以政。"（《荀子·富国》）他的意思是，使国家富足的办法，就是节约用度，使百姓富裕，并且善于储备那些节余的东西。用礼法制度节约用度，用政策使百姓富裕。

VI．管仲："必先富民，然后治之"

政治家管仲从执政中，深切领会了民富的重要性。他说："仓廪实

则知礼节，衣食足则知荣辱。"（《管子·牧民》）百姓丰衣足食了，文明道德水平就会提高，自然不会犯上作乱。对此，他有进一步的阐释："民富则易治也，民贫则难治也……是以善为国者，必先富民，然后治之。"他的富民之策，有量土征税、不误农时等。

Ⅶ. 李觏：富国在于"强本节用"

秦汉以后，儒家重民思想，一直大行其道。民富国强的思想得到延续和发展。

汉初贾谊总结秦灭亡教训后提出"富安天下"的思想。他认为，安民首先要富民。

宋代思想家李觏主张"强本节用"，强调发展生产，创造财富，节约开支。他说："所谓富国者，非曰巧筹算，析毫末，厚取于民以媒怨也。在乎强本节用，下无不足而上则有余也。"（《富国策第一》）这与荀子的"节用裕民"具有相似之处。他为富者辩护，要求封建统治者不应对富者"任之重，求之多，劳必于是，费必于是"。就是对富者不要榨取太多，否则富人转贫，税源枯竭，为君者也无从获取利益了。

Ⅷ. 张居正：使百姓富裕快乐才是为政者的功绩

到明代，丘濬提出"安富"口号，强调国君理民财必须做到"富者安其富，贫者不至于贫"。张居正有民富国强思想，在《答应天巡抚宋阳山论均粮足民》中说："惩贪吏者，所以足民也；理通负者，所以足国也。官民两足，上下俱益，所以壮根本之图，建安攘之策，倡节俭之风，兴礼义之教，明天子垂拱而御之。"意思是说，惩戒贪官，是为了百姓富足；清理税款拖欠，是为了使国家富足。家国两足，方是强国之道。为人臣者，在其位而不善谋其政，无所作为，也是一种腐败。

Ⅸ. 唐甄："立国之道在于富民"

清代学者唐甄提出了"立国之道在于富民"的思想。他认为，所谓富，首先应该反映在老百姓有钱、有吃，能够过上衣食无忧的好生活上。如果国库里财物堆积如山，而百姓却一贫如洗、辗转于沟壑之间，那只能叫作贫国。因此，只有使百姓富裕了，国家才能富强。

二 何以"民富"？何以"国强"？

历代思想家和政治家的民富国强思想，大多阐释了民富和国强的关系，有些人从不同侧面探索了民富和国强的路径。

1. 富民乃富国之本，民富则国强：民富——国家稳定、财税足——国强

很多思想家认为，只有人民生活富裕幸福，国家才能强盛。其中的理论逻辑是：民是国之本——所谓"民为邦本"。民富，社会政治就会稳定（"本固邦宁"），国家就会强大起来。民富了，国家也会富强起来；民未富起来，国家怎么富起来？

赵奢论税

赵奢是赵国负责收税的官员。他到平原君家收取租税，但平原君家人不肯缴税，赵奢根据律法处治了他们，杀了平原君家九个管事的家臣。平原君恼怒，要杀了赵奢。赵奢劝说道："您在赵国是贵公子，现在纵容您的家臣不奉行公事，法制就会削弱。法制削弱，国家就会衰弱。国家一弱，诸侯就会兴兵侵略，赵国就亡国。您今天能够这样富足，是凭着您的尊贵地位，奉行公事，遵守法律，国家因此而太平、强大、稳固，您作为赵国重臣贵戚，怎么能被天下人轻视呢？"平原君听了赵奢这一席话，觉得他是一个贤能的人。并在赵王那里说了一通赞许赵奢的话。赵王于是任用赵奢管理国家的赋税，没有多长时间，赵国就百姓富裕、国库充实。

故事出处：《史记·廉颇蔺相如列传》

思想家们认为"民"是封建赋役的直接承担者，从而亦是封建财政的主要来源，所以要民富起来。管仲就说："民富君无与贫，民贫君无与富。"（《管子·山至数》）

召信臣为民兴利

召信臣是西汉人，做过郎官、谷阳长、上蔡长以及零陵郡、南阳郡、河南郡太守和少府等官。召信臣任南阳太守的时候，为民兴利，务求使人民富裕起来。他以身作则，亲自劝勉农民耕田种地，经常出入田间小道，夜晚露宿野外。他巡行考察郡中水源，开通沟渠，修建水库闸门数十处。召信臣主持兴建的南阳水利工程，最有名的是六门堰和钳卢陂。兴修水利，扩大了灌溉面积，百姓获得了好处，粮食丰收，有了积蓄。召信臣为百姓制定了平均用水的公约，刻在石碑上，树立在田地旁边，以防发生争水的纠纷。南阳呈现出一片兴旺景象。

召信臣注意到当地风俗奢靡，流行红白事大操大办，铺张浪费严重，有的百姓因此数年不振，甚至破产；有的借贷负债，相互攀比，只为一时脸面。召信臣下令，禁止红白事大操大办，提倡勤俭节约。南阳郡的风尚大变。南阳郡的豪强势力强大，他们与府县官吏和那些纨绔子弟勾结在一起，依仗权势，为非作歹，危害百姓。召信臣采取不同办法，对他们这些地方恶势力进行严厉打击。南阳郡的人没有不努力耕田种地的，流散外地的百姓都回归到本郡，户口成倍地增加，偷盗抢劫、告状打官司之类的事逐渐减少以至绝迹。

后来召信臣到京城任少府，负责宫廷供应，职位列为九卿之一。为了减少不必要的开支，他根据实际情况，奏请减少土木工程，包括一批皇帝极少光顾的离宫别馆，停止修缮扩建和铺张陈设。后又奏请罢省戏班和由宦官组成的皇家乐队唱演诸戏等靡费之项，提议将保卫宫馆的卫队及其兵器等一应供给的物品削减一半。专供皇室膳食的太官园里建有温室，冬季为皇室提供新鲜蔬菜，温室用屋檐覆盖着，日夜生火以提高室内温度。召信臣认为这些设施劳民伤财，奏请一概罢省，为朝廷每年节省费用达数千万。

故事出处：《汉书·循吏传》

Ⅱ. 富民之道主要在于重本

那么,如何富民呢?重本,发展农业,整个封建时代统治者和知识分子都是坚持这个主张。"本富为上,末富次之。"(《史记·货殖列传》)"重农抑商""重本抑末"是中国历代封建王朝的传统国策。

重本的举措包括孔孟所主张的薄赋税、保障农民土地的井田制,荀子、李觏提出的节用,管仲提出的量土征税、不误农时等。

到近代后,随着工商业发展和国门打开,出现了"末富"的思想。魏源就说:"天下有本富,有末富,其别在有田无田。有田而富者,岁输租税、供徭役,事事受制于官,一遇饥荒,束手待尽。非若无田之富民,逐什一之利,转贩四方,无赋敛徭役,无官吏挟持,即有与民争利之桑、孔,能分其利而不能破其家也。是以有田之富可悯更甚于无田。"说的是,本富与末富的区别在于有没有田地,有田的人要承担各种赋税、徭役,受自然条件影响大,容易遭遇灾荒。而那些不靠田地的商人则没有这些负担和不确定性,因而更容易富起来,反映了近代商业经济发展起来之后的民富思想。

Ⅲ. 国强之道:富民、强本、节用

在民富国强方面,早期思想者们,从民本思想出发,多阐述和强调民富的重要性,阐述国强之道的思想者比较少。大量的思想者是从民富的角度谈国强的,如孔子、孟子、管仲、晏婴等。儒家中,荀子谈论了国强,他提出"足国之道"在于"节用裕民",也就是说,国强之道在于节约和让老百姓富起来。

先秦诸子中,法家偏重国强。如法家商鞅说:"民不逃粟,野无荒草,则国富,国富者强。"(《商君书·去强》)商鞅认为充分发展农业,国家就会富起来。墨家也比较重视国富。如墨子为国富了对老百姓生活是有好处的,他说:"国家富,财用足,百姓皆得暖衣饱食,便宁无忧。"(《墨子·天志中》)

宋代思想家李觏则综合了荀子和商鞅的思想，提出了"强本节用"的强国思想。在李觏看来，要使国家强起来，不是靠向老百姓收重税，剥脱老百姓的财富，而是主要依靠发展农业和节约费用。

传统民富国强观对我国历史产生了重要影响。"民富"思想催生出历代富民政策，如丈田分地，限制兼并，奖励耕织，兴修水利，轻徭薄赋等。富民政策的实施，在一定时期内给人民以休养生息的机会，促进了经济的发展、国力的强盛和文明的延续。凡能较认真执行重民富民思想的王朝，政治一般都较开明，社会也较安定，生产发展也较快，国力也比较强盛，如文景之治、贞观之治、开元盛世、康乾盛世等。

三　走适合中国国情的民富国强之路

以儒家为代表的传统民富国强思想，从民本思想出发，多着眼于"民富"，对"国强"关注和论说不够。但孔子的"使民富且寿""先富而后教"，孟子的"制民之产""薄其税敛"，荀子的"下富则上富""节用裕民"，晏婴的"散百官之财，施之民"，贾谊的"富安天下"，李觏的"强本节用"等思想，具有重要的理论价值，是我们思考当今民富国强问题时，必须吸收、借鉴的宝贵思想资源。

1．中华民族迎来了从站起来、富起来到强起来的伟大飞跃

现在，中国的经济实力、科技实力、国防实力、综合国力进入世界前列，国际地位得到前所未有的提升。经济保持高速和中高速增长，到2016年国民经济生产总值达到743585万亿元人民币，2017年全年国内生产总值827122亿元，稳居全球第二位，对世界经济增长贡献率超过百分之三十。货物进出口额从改革开放初期的世界第29位上升至世界第2位，外汇储备从世界第38位上升为第1位，创造了世界经济

史上的奇迹。中国国有铁路和高铁，已经成为支撑强国地位不可或缺的重要支柱，到2016年年底，全国铁路营业里程达12.4万公里，其中高速铁路2.2万公里以上。科学技术取得巨大进步，基础科学研究已经与世界前沿的水平接近或持平，在材料学、计算机、通信、制造业等方面，已经领先于世界水平，天宫、蛟龙、天眼、悟空、墨子、大飞机等重大科技成果相继问世。国防的现代化水平大幅度提高，中国自行制造的航母、无人机、隐形战机、导弹、核潜艇及大大增强的海洋控制能力，使别的国家再不敢轻易觊觎和挑衅中国，中国的国际地位和国际威信也在提高。

随着综合国力的提高，中国人民也富起来了。改革开放以来，我国7亿多人摆脱了贫困，3亿多人发展成中等收入群体，从一个难以解决温饱问题的低收入国家跃升为一个生活宽裕的上中等收入国家。人民生活水平从20世纪80年代开始，几乎每10年都上一个大台阶：20世纪80年代满足了温饱；20世纪90年代电视、冰箱、洗衣机、空调等家用电器开始普及；21世纪第一个10年住房、汽车开始作为家庭消费品进入千家万户；2010年以来通讯、旅游、休闲、娱乐、健身、异地养老等一系列新兴消费爆发式增长。

可以说，近代以来久经磨难的中华民族正以崭新和昂扬的姿态屹立于世界的东方，迎来了从站起来、富起来到强起来的伟大飞跃，迎来了实现中华民族伟大复兴的光明前景。

II．我们离民富国强还有多远?

民富，指民众生活的富裕、幸福。国强，指一个国家强大，在全球经济、科技、军事、文化等方面处于领先地位。民富、国强都是相对概念，不同的时代有不同的内涵和标准。

民富的内涵，应该有两个要素：一是人均收入达到相当高的水平；二是收入差距不太大。

那么，当代中国离民富还差多远呢?

2017 年中国的人均国民收入为 8865.99 美元，折合人民币 55412.49 元。据世界银行 2010 年发布的标准，低收入经济体为 1005 美元或以下者；下中等收入经济体在 1006—3975 美元之间；上中等收入经济体在 3976—12275 美元之间；高收入经济体为 12276 美元或以上。因此中国已进入上中等收入国家。但我国的人均国民收入与许多国家相比有相当大的差距。2017 年美国人均国民收入 57765.512 美元，英国 46719.862 美元，德国 42388.679 美元，加拿大 44095.85 美元，法国 38575.438 美元，日本 33010.024 美元，中国约为美国的 15% 和日本的 27%。

收入差距是民富的一个重要指标，国家统计局数据显示，2017 年城镇居民人均收入 36396 元，农村居民人均收入 13432 元，城乡居民人均收入倍差 2.71。虽然我国收入差距在缩小，但城乡收入差距较大，特别是在农村还存在不少贫困人口。

何谓国强？强是一种比较实力，是相对于别的国家而言的，要求既有坚实雄厚的经济、科技和国防实力，又有影响广泛的文化软实力。党的十九大报告对社会主义现代化强国作出这样的描述：我国物质文明、政治文明、精神文明、社会文明、生态文明将全面提升，实现国家治理体系和治理能力现代化，成为综合国力和国际影响力领先的国家，全体人民共同富裕基本实现，我国人民将享有更加幸福安康的生活，中华民族将以更加昂扬的姿态屹立于世界民族之林。

国内生产总值（GDP）是反映一个国家或地区总体经济实力的重要指标，是一个国家强大的重要标志。2017 年美国 GDP 总量 186979.22 亿美元，中国 GDP 总量 122539.75 亿美元，日本 GDP 总量 41706.43 亿美元。我国经济总量已居世界第二位，但人均国内生产总值仍然较低，在世界 217 个经济体中排名第 74 位，劳动生产率仍与世界发达国家特别是美国有相当大的差距。我国仍然是最大的发展中国家，人类发展指数在 188 个国家和地区中排名第 91 位。民富是国强的重要指标，如前文所言人民国民收入和可支配收入仍然不高。国强还有很多指标，比如科技、军事实力等，在一些领域我国还是落后的。因此以欧美发达国家为强国的话，中国总体还存在不少的差距。

总之，我国总体上还不是一个强国富国，仍处于社会主义初级阶段，民富国强之路仍有较长的路要走。

III. 如何使中国强起来？

我国传统文化中，就"国强"对"民富"的作用，除了法家有所倡言外，占统治地位的儒家文化，对其缺乏足够的重视和论说，甚至还有国强有害民富的理论。从历史和现实来看，这种思想具有片面性和虚伪矫情之处。历史经验表明，人民的富裕，始终离不开国家的强盛。落后就会挨打，就会处于被掠夺境地，积弱积贫。我国鸦片战争以后的历史，充分说明了这一点。

那么如何在本世纪中叶实现强国梦？

其一，中国要根据自己的国情探索适合于自己的富强之路。中国改革发展的经验启示我们，中国未来的发展要始终不渝地坚持自我探索和自我选择，在吸收外来的一切适合于中国的成功经验的同时，充分调动广大人民群众的智慧和才智，快速、稳妥地推进中国特色的社会主义发展进程。

其二，中国富强之路要着眼于人的全面发展。发展的最终目标是为了人的全面发展，必须以人民为中心作为全面发展的出发点、落脚点和核心点，不仅包括经济的富强，而且包括政治的民主、文化的文明、社会的和谐、生态的美丽等各方面。

其三，正确处理民富与国强的关系，在着力促进民富的同时，必须促进国强。这一方面要正确处理好个人利益与国家利益、地方利益与中央利益的关系，个人利益要服从国家利益，地方利益要服从中央利益。

其四，推进国家治理体系和治理能力的现代化。改革开放40年来我国经济的高速发展离不开放权，要进一步简政放权，缩减政府审批事项，赋予地方政府更多的自主权。同时，坚持依法治国、从严治党，建立法治和服务型政府。

其五，要进一步深化经济体制改革，毫不动摇地鼓励、支持和引导非公有制经济发展，使市场在资源配置中真正起决定性作用，解决垄断问题，鼓励市场竞争。

其六，经济增长要从高速增长转向高质量发展。在经济发展新常态下，发展方式从规模速度型转向质量效益型，经济结构从主要依靠增量扩能转向调整存量做优增量并举，发展动力从主要依靠资源和低成本劳动力等要素投入转向创新驱动。

其七，坚定实施重大发展战略，包括科教兴国战略、人才强国战略、创新驱动发展战略、乡村振兴战略、区域协调发展战略、可持续发展战略、军民融合发展战略等。

IV. 把富民摆在更加重要的位置

中国传统富民理论认为，治国之道必先富民。富民，是社会治理的责任，是国家稳定的保障。所谓"为治之本，务在宁民；宁民之本，在于足用"（《淮南子·泰族训》）。魏徵曰："求木之长者，必固其根本；欲流之远者，必浚其泉源。"明末清初思想家、政论家唐甄甚至提出立国之道、唯在富民的思想。他说："立国之道无他，惟在于富。自古未有国贫而可以为国者。夫富在编户，不在府库。"

"小河没水大河干，小河有水大河满"。民富则国富，人民不富裕，国家不可能富强起来。中国改革开放以来，实行了一系列富民政策。富民政策的结果，在于"留财于民"，国力也空前地增强了。

打赢脱贫攻坚战

犹太经典《圣哲箴言》说："世界上没有什么比贫穷更糟糕的了——它是所有痛苦中最可怕的……如果把世界上所有的痛苦都放在天平的一边，天平的另一边放的是贫穷，而贫穷在重量上将超过所有痛苦的总和。"一部人类发展史，是一部致富史或民富史。告别贫穷，走向富裕，一直是人类的梦想。我国当代富民，第一步就是要让贫困人口脱贫，一同进入小康社会。

由于自然环境、社会经济环境、老龄化等因素影响，我国还存在贫困人口和低收入群体。20 世纪 70 年代末的改革开放重大决策，开启了我国脱贫致富的快车。1981 年，我国有 8 亿多人生活在绝对贫困线（平均每天收入 1.9 美元）以下，这一数字占当时中国总人口的近 90%，经过近 40 年超常发展，至 2017 年底，生活在贫困线以下的人口只剩下 3000 万左右，贫困发生率可望降到 4% 以下（据《参考消息》2017 年 10 月 25 日和《人民日报》2018 年 1 月 6 日）

中国共产党人向贫困宣战，决心在 960 多万平方公里土地上彻底消灭贫困，无疑是历史的壮举。但我们要充分认识到打赢这场战争的艰巨性，需要有切实举措和坚毅努力，才能确保"脱真贫、真脱贫"。

如何使国民富起来？

如何富民？历史上主要有"减税强本"说和"节用裕民"说等。民富是全体人民的共同富裕，要让一部分人先富起来后，还要让另一部分人也富起来。这需要我们不断实施富民政策，在经济增长的同时实现居民收入同步增长、在劳动生产率提高的同时实现劳动报酬同步提高，并拓宽人们的收入渠道。

一是要尊重财富。让财富受到法律保护和社会尊重是一个法治国家的重要标志，只要不是通过违规、违法手段所得，财富就必须受到宪法和法律的保护。国家应该通过法律来确保个人财产保护制度和产权界定更加清晰，免除人们的后顾之忧，调动其创造财富的积极性。

二是要为人们就业和创业创造环境。包括：第一，调整经济结构，大力发展劳动密集型的第三产业，大力促进就业，并增加工资收入。第二，进一步改革财税、金融、投资准入等政策，为民营经济创造平等的竞争环境，促进民营经济的发展，为中小企业和普通公众提供更多的发展机会。第三，打破就业领域的行业垄断和城乡差异，保证就业机会的公平。

三是改革收入分配制度。包括提高最低工资标准、增加财政转移支付、提高对低收入阶层和农业的补助、限制垄断性行业的工资水平、提高个人所得税的起征点、增加资源税的税收负担、开征资本暴利税等。

四是厉行节约、廉政。要使人民富裕，必须建立节约型政府、廉洁政府。这需要我们的干部坚持不懈改作风、转作风，精简不必要的开支，厉行勤俭节约。通过节约政府开支，降低税费，一方面减轻企业负担，促进民间投资和企业发展，另一方面增加民众收入。

原　强

严　复

　　盖一国之事，同于人身。今夫人身，逸则弱，劳则强者，固常理也。然使病夫焉，日从事于超距赢越之间，以是求强，则有速其死而已矣。今之中国，非犹是病夫也耶？且夫中国知西法之当师，不自甲午东事败衄之后始也。海禁大开以还，所兴发者亦不少矣：译署，一也；同文馆，二也；船政，三也；出洋肄业局，四也；轮船招商，五也；制造，六也；海军，七也；海署，八也；洋操，九也；学堂，十也；出使，十一也；矿务，十二也；电邮，十三也；铁路，十四也。拉杂数之，盖不止一二十事。此中大半，皆西洋以富以强之基，而自吾人行之，则淮橘为枳，若存若亡，不能实收其效者，则又何也？苏子瞻曰："天下之祸，莫大于上作而下不应。上作而下不应，则上亦将穷而自止。"斯宾塞尔曰："富强不可为也，政不足与治也。相其宜，动其机，培其本根，卫其成长，则其效乃不期而自立。"是故苟民力已茶，民智已卑，民德已薄，虽有富强之政，莫之能行。盖政如草木焉，置之其地而发生滋大者，必其地之肥硗燥湿寒暑与其种性最宜者而后可。否则，萎苶而已，再甚则僵槁而已。往者，王介甫之变法也，法非不良，意非不美也，而其效浸淫至于亡宋，此其故可深长思也。管、商变法而行，介甫变法而败，在其时之风俗人心与其法之宜不宜而已矣。达尔文曰："物各竞存，最宜者立。"动植如是，政教亦如是也。

　　夫如是，则中国今日之所宜为，大可见矣。夫所谓富强云者，质而言之，不外利民云尔。然政欲利民，必自民各能自利始；民各能自利，又必自皆得自由始；欲听其皆得自由，尤必自其各能自治始，反是且乱。顾彼民之能自治而自由者，皆其力、其智、其德诚优者也。是以今日要政，统于三端：一曰鼓民力，二曰开民智，三曰新民德。

夫为一弱于群强之间，政之所施，固常有标本缓急之可论。唯是使三者诚进，则其治标而标立；三者不进，则其标虽治，终亦无功，此舍本言标者之所以为无当也。虽然，其事至难言矣。夫中国今日之民，其力、智、德三者，苟通而言之，则经数千年之层递积累，本之乎山川风土之攸殊，导之乎刑政教俗之屡变，陶钧炉锤而成此最后之一境。今日欲以旦暮之为，谓有能淘洗改革，求以合于当前之世变，以自存于勔勤烦扰之中，此其胜负通室之数，殆可不待再计而知矣。然而自微积之理而观之，则曲之为变，固有疾徐；自力学之理而明之，则物动有由，皆资外力。今者外力逼迫，为我权借，变率至疾，方在此时。智者慎守力权，勿任旁守，则天下事正于此乎而大可为也。即彼西洋之克有今日者，其变动之速，远之亦不过二百年，近之亦不过五十年已耳，则我何为而不奋发也耶！

〔国务院参事室、中央文史研究馆编：《中华传统文化经典百篇》（下），中华书局 2016 年版〕

后　记

　　终于到了可以写《后记》的阶段。2017年初春，本书主编顾作义动议编写一套关于宣传和弘扬传统文化价值、精神和道德的书，并列出条目和要点。当时中共中央办公厅、国务院办公厅刚刚出台了《关于实施中华优秀传统文化传承发展工程的意见》，文件要求坚守中华文化立场、传承中华文化基因，坚持创造性转化、创新性发展，以汲取中国智慧，弘扬中国精神，传播中国价值。中国传统文化的核心是传统价值理念，为广大读者提供有关中国传统文化理念的通俗文化读物，显得十分必要。

　　由于当时想快一点推出，因而采取"兵团作战"的做法。经过一段时间对选题内容和写作体例的筹划，我们组织了写作团队，对条目做了一些分工：顾作义负责全书统筹；钟永宁负责撰写"自强不息""厚德载物""天人合一""求是务实""经世致用""民为邦本""见利思义"，钱丰负责"民富国强""天下为公"，张贤明负责"中庸之道""革故鼎新"，夏素玲负责"包容会通""敬业乐群"，李展鹏负责"清廉自守""勤俭节约"，姜懂懂负责"公平正义""博施众利"，王红星负责"谦和好礼""讲信修睦"，廖智聪负责"隆礼重法""精忠报国"，伍茗欣负责"仁者爱人""扶危济困"，林冕负责"居安思危"，周惊涛负责"孝老爱亲"，黄良起负责"和谐共生"。诸君在繁重的本职工作之余，积极收集相关材料，写出初稿，非常感谢诸君付出的艰辛和努力。之后，在顾作义谋划和指导下，钟永宁对初稿进行了多次修改、调整和补写，数易其稿；顾作义最后审改稿件，形成现在面貌。

　　进入编写过程后，我们更深切感受到中国传统文化的博大精深，写好一部有关传统文化理念的通俗读物，需要深厚的传统文化学养。在编写过程中，我们尽量多查阅原典和文献，尽量多参阅相关领域权威专家的已有阐释和研究成果，不敢望文生义，擅做结论，非常感激学人们的思想对我们的滋养。

　　编者虽然想编出一部有思想深度、理论高度、知识密度、现实感强、通俗好读的中国传统文化读物，但由于学力笔力有限，书稿与原定目标有较大差距，书中也定会存在不少粗疏讹误之处，敬请读者批评指正，以便有机会重版时修订完善。

编者

2018 年 5 月 2 日